基礎から始める
アオリイカ釣り入門

つり情報BOOKS

「堤防 磯 投げ つり情報」&「つり情報」編集部◎編

日東書院

豊田直之の アオリイカ水中観察眼

Toyoda Naoyuki

episode 01

『噴射』 *Jet*

●速やかに忍び寄る

アオリイカは2つのエンジンを持っている。まずひとつは、ロウトによるジェット噴射。これは外敵から襲われたときなど、瞬間的にジェット噴射を行い、強烈な推進力を得る場合に使われる。

ときにはここから海水と一緒にスミを吐く場合もある。スミは粘性が高く、セピア色に濁らせて煙幕を張るというよりも、スミが塊として残り、外敵の目をあざむく効果がある。

もうひとつのエンジンは、俗称エンペラと呼ばれるヒレ。胴部の側面に沿ってあり、魚のヒレのように波打たせ、エサに音もなく近づいて襲ったり、細かい軌道修正などに用いられる。

episode 02

『住処』

Home

●海藻の際へ潜む、産卵する

アオリイカの好むのは海藻のある場所。どちらかというと細長いタイプの海藻を好むようである。そのような場所で、まるで擬態するかのように海藻の頂上付近でホバリング（ヘリコプターなどが、空中のある一点で上昇も下降もしないようにとどまること）していることが多い。これは外敵から身を隠す意味と、エサとなる生き物を待ち伏せするためと考えられている。

最近は、産卵期である初夏前に、漁業関係者たちによってシイの木の枝などが浅い海底に沈められる。この枝に卵が生みつけられるが、この枝陰に潜んでいる場合もある。

豊田直之の
Toyoda Naoyuki

アオリイカ水中観察眼

episode 03

『群れ』
School

●成体になると単独行動する

アオリイカは、幼体のときは海面付近に100～200杯ぐらいの群れを形成する。おそらく表層付近にいるイワシなどの稚魚を捕食するためと、下層にいる外敵に対し、水面の反射にまぎれて身を隠すためのようである。

しかし、大きくなるにつれ群れを構成する数は減り、完全なる成体になると単独、もしくは3～5杯ぐらいの小さな群れに分かれる。

産卵期になると、散らばっていた個体が集結し、産卵場所となる藻場や、前述の人為的な産卵床の周辺に50～100杯ぐらいが、オスとメスの混合で集まってくる。

episode 04

『夜光』

Noctilucence

●体色の変化でコミュニケーション

釣り上げた瞬間などは、レッド、ブラウン、パープル、ゴールド、グリーン、オレンジイエロー、ブルーといった様ざまなネオンのように光り、その美しさはため息モノである。

彼ら（彼女ら？）は、海の中でも色を変える。とくにエサを見つけたとき、外敵に襲われそうなときなどは、まるでＳＦ映画の空間飛行艇のようにめまぐるしく色を変える。

また、産卵期にオス同士がメスを取り合うときなどは黒紫っぽい色に、メスと交接するときは白っぽい色に変化する。おそらく体色の変化は、興奮や求愛、攻撃といった感情表現のひとつなのだろう。

AORI-IKA
UNDERWATER SHARP EYE

SHORE

【陸っぱり】1 エギング

アクティブに、テンポよく！ 陸っぱりエギングは 軽快なラン&ガンで楽しもう

陸っぱりからのエギングは、身軽にポイントを移動しながらアクティブに楽しもう。

エギをキャストしたら、キュン、キュン、キュンと軽快にシャクってアオリイカを誘う。そこにイカがいさえすれば、エギにアタックしてくる確率は高い。反応がなければ、さっさと見切りを付けて、新しいポイントを攻めればいい。

テンポよく釣りを展開することで、釣果ものびる。陸っぱりのエギングはそんな釣りだ。

1キロ前後になると、重量感もあって釣っていてもおもしろい

⬇堤防に比べ、場荒れの少ない磯。釣れる確率も高い

⬆陸っぱりでは3〜3.5号のエギを使うことが多い

➡秋のアオリイカは数は出るものの型が小さい
⬇初秋のころは、握り拳サイズ以下の小型が堤防際で群れている光景をよく見かける

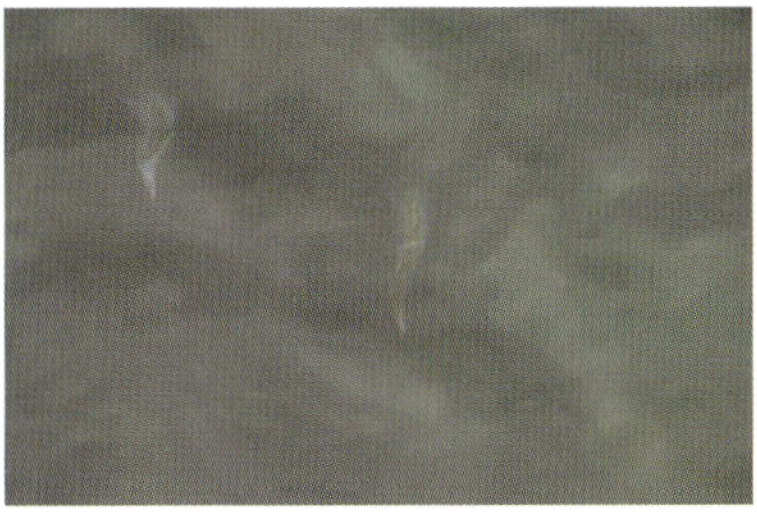

⬆堤防にはスミ跡がたくさん残っている所もある。アオリイカが釣れた証拠だ
⬇身軽に、気軽に、テンポよく。陸っぱりエギングはアクティブな釣りだ

SHORE

【陸っぱり】2 電気ウキ釣り

漆黒の海に漂う電気ウキの明かり。この幻想的な雰囲気も電気ウキ釣り魅力のひとつだ

シーズンになると、堤防や地磯には電気ウキ釣りを楽しむ人たちが訪れる。真っ暗な海にポツンポツンと赤い電気ウキの明かりが漂う様は、一種独特の雰囲気がある。

ウキの下には仕掛けを背負った生きアジ。アオリイカが抱きつくと、海面がにじむようにジワジワーッと明かりが引き込まれていく。このときのワクワク感がなんともたまらない。

しばらく食い込ませてから軽く合わせると、ドスンという感触でイカの重みが竿に乗る。あとは慌てずに一定のテンションでイカを寄せればいい。

夜釣りの雰囲気とともに、電気ウキ釣りを楽しんでほしい。

夜釣りには独特の幻想的な雰囲気がある

生きアジに掛かるアオリイカは、比較的型のいいものが多い

⬆エサは生きアジが入手しやすく最も ポピュラーだ
⬇電気ウキ仕掛けは市販品を利用するのが便利

⬆夜釣りを行う際は日のあるうちに釣り場に入り、足場や海の様子を確認しておくこと

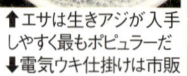

SHORE

【陸っぱり】3 ヤエン釣り

アタリは多いが、バラシも多いといわれるヤエンの釣り。ハラハラドキドキの刺激的な釣法だ

ハリの付いていない状態で生きエサを泳がせ、アオリイカが抱きついてからヤエンと呼ばれる掛けバリを投入する、ユニークな釣法がヤエン釣り。

イカがエサに抱きついたら、ヤエンの投入できる距離まで間合いを詰めなければならないが、これはすなわち、ハリ掛かりしていないイカとヤリトリするということだ。

もちろんイカがエサを放してしまえばオシマイ。このハラハラドキドキこそヤエン釣りの魅力だ。

投入したヤエンがうまく掛かり、竿にグングンとイカの重みが乗った瞬間にすべてが報われる。

←無事、取り込み成功。思わず笑みがこぼれる

↓ハリ掛かりしていないイカとのヤリトリはスリル満点。ヤエン釣りはじつにおもしろい釣りだ

←ヤエン投入!

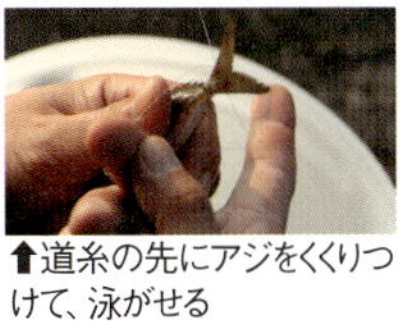

↑道糸の先にアジをくくりつけて、泳がせる

←アオリイカは、アジの頭の後ろ(急所)に噛みつく

OFF-SHORE

【船釣り】

当たれば天国、外せば地獄。船釣りならではのエギ選びの迷宮へ

船釣りのスタイルは中オモリを介してエギをアオリイカの泳層まで沈め、シャクリを繰り返しながらポイントの上を流してゆく。「エギシャクリ」とも呼ばれるこの釣りは、潮向きに対する席のほかは船上の釣り人がイコールコンディションとなるため、エギの色やシャクリ方が釣果を大きく左右する。

　色と釣果に一喜一憂する、船釣りならではのエギ選びの迷宮は、ときに初心者に竿頭や大型の栄誉を与え、名手を痛い目に遭わせる。

⬅船釣りではオレンジまたはピンクの背、腹はマーブルがトレンド

⬆手軽に、高い確率でアオリイカを手にできる船釣り。秋の数釣りのほか、春先から初夏にかけての大型狙いもおもしろい！

⬇1.6メートルほどのショートロッドで力強くシャクる

⬆2.7〜3メートルのアオリ用ロングロッドも人気

⬇ 2メートル前後の軟らかいゲームロッドも人気。イカが乗った瞬間がたまらない

⬅船のアオリイカ釣りでは膨大な数のエギを持参する人が多い。なぜなら、船釣りで最も釣果を左右するのがエギの色と言われているからだ

⬇エギは3.5〜4号、中オモリは8〜10号、ハリスは4〜5号5メートル前後が一般的

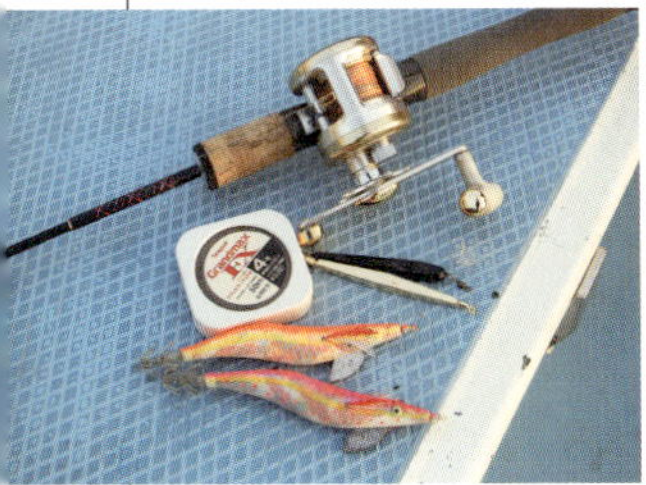

➡船釣りでは両軸受け（ベイトキャストタイプ）リールが主流。竿は軟らかめの専用竿のほか、小物竿が流用できる

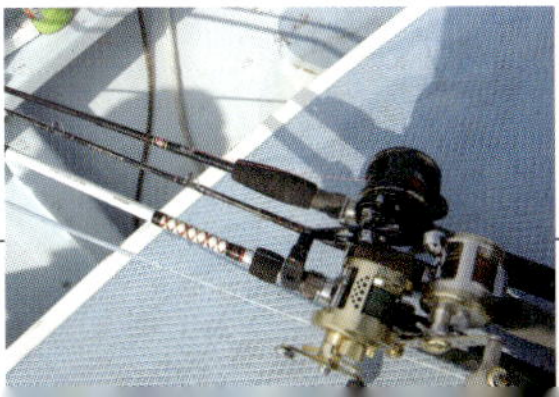

南房〜伊豆半島まで広い範囲で乗合船が出ている

OFF-SHORE
［ボート釣り］

いざ未開のポイントへ。ボートでアオリの巣窟へアクセスせよ！

今、岸からほんの少し離れた沖合で楽しむボートエギングがちょっとしたブームだ。

　乗り込むのはごく小さなボート。陸っぱりでは届かないし、大きな釣り船も入りにくい。そんな磯周りや隠れ根に接近して、果敢にエギをキャストすることができる。

　そこには、まだスレてないアオリイカが数多く残されている。連続するアタリ。信じられない夢のビッグワン。うまくすれば、そんな未開のアオリパラダイスに遭遇できるかもしれない。

⬆基本は陸からのエギングと同じでOK
➡春、ビッグサイズを手にできる確率も高い

⬅ポイントを探し当てれば、すべて独り占め！

アオリイカ料理

特選レシピ

釣りたてを
おいしく
いただく

イカの種類は非常に多いが、アオリイカは食味の点でトップクラス。だれもが認める高級食材だ。これをどう味わうか。まずはお造りが定番だろうが、ほかにもいろんな料理で楽しみたい。165ページからの本文で10品のレシピを掲載したが、カラーページではアオリイカのさばき方を詳しく解説する。プロの調理人から教わった、表皮の下に隠れている硬くて舌触りの悪い薄皮が一緒にむける方法だ

photo&text: 葛島 一美 *Kazushima Kazumi*

AORI-IKA COOKING

アオリイカのさばき方

●下ごしらえ～料理の前に～

アオリイカは表皮の下の薄皮（といっても、決して薄くはないが……）が非常に硬く、これが残っているとロ当たりがとても悪い。ここでは、表皮と一緒に薄皮を剥く方法を紹介する。うまく剥くには慣れが必要だが、ぜひともマスターしてほしい

1

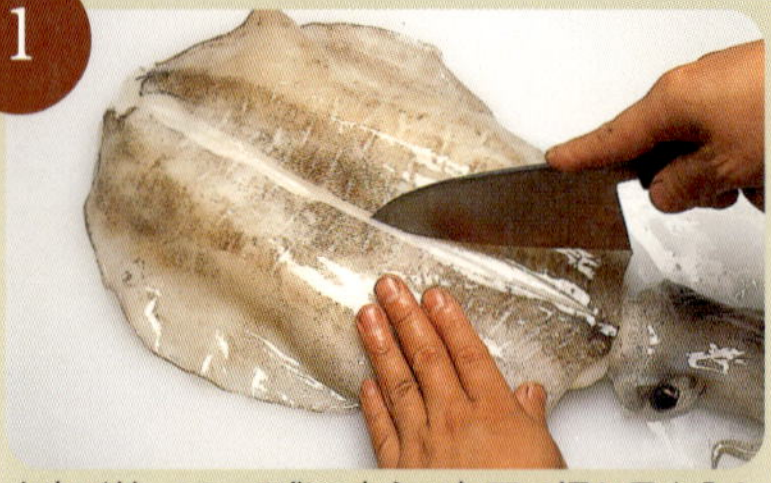

表皮が付いている背の中心に包丁で切れ目を入れる

2

両手を使って切り口を開き…

3

透明な甲を取り出す

4

続いて下から内臓を支えるようにしてゲソの部分をはがし…

5

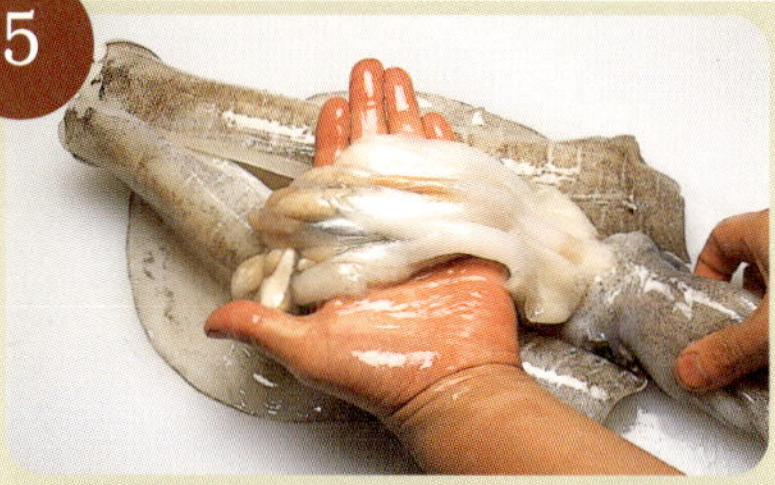

スミ袋を破らないように注意しながら、内臓とゲソを一緒に取り除く。この時点できれいに水洗いをし、よく水気をふき取っておく

6

次にイカの胴を裏返して置き、胴とエンペラの接合部分に沿って切れ目を入れたら…

7

爪先や指先を使って、胴からエンペラを引きはがす

8

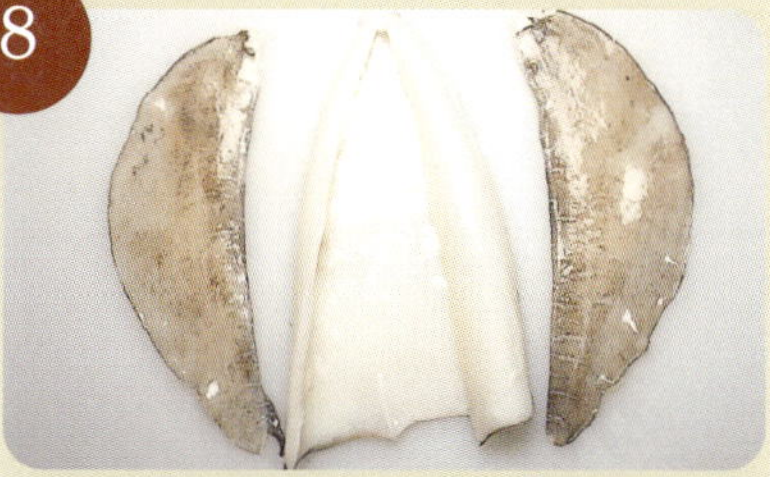

胴とエンペラ2枚に分かれた状態。この時、胴にはまだ表皮が付いたまま

9

胴の皮を剥く下準備として、胴を裏返して置き、身の縁に沿って幅3～4ミリの切れ目を入れる。この際、下に付いている表皮まで切らないよう要注意!

10

今度は表皮を上に向けて置き直し、幅3～4ミリの切れ目を折り返す感じで、表皮とその下の薄皮を一緒にはがしていく。乾いたペーパータオルを併用し、一手ずつグイッ、グイッと力を入れながら行うこと

11

表皮に隠れていた薄皮が分かるだろうか。途中で皮が切れてしまった場合には、その切れ口をペーパータオルで擦り上げて丁寧に続けること

12

表皮側が剥けたら裏返し、まずは胴の脇に付着している硬い身の部分を切り取る

13

裏側の薄皮は胴の先端に近い部分から剥き始めるのが前提。この薄皮は胴に対して縦に走っているので、乾いたペーパータオルを利用して横から擦って指先でめくり上げ…

14

焦らずジワッ、ジワッと薄皮を剥いていく。アオリイカの薄皮は他のイカと違って、一度にペロリと剥けることが少なく、途中で切れた時には根気よく横から擦ってめくり直し、薄皮を縦に引くようにはがすのがキーポイント

15

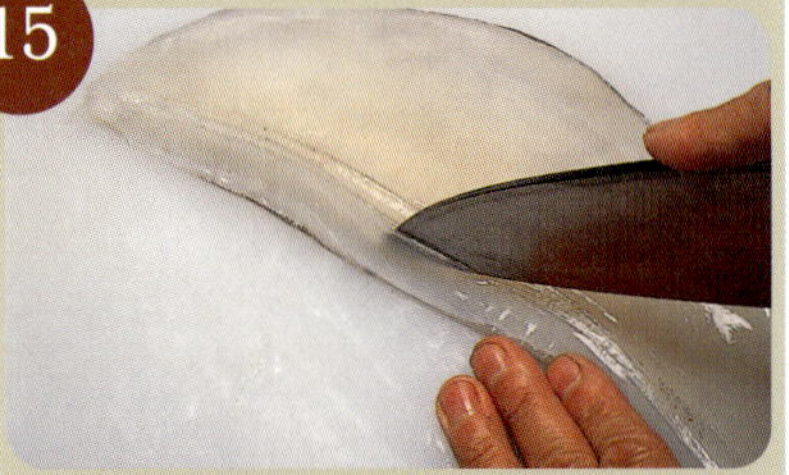

エンペラの皮を剥く時も同じで、表皮を下にして置いたら切り口に沿って薄く切れ目を入れ、この切れ端をつかんで表皮をはがし…

16

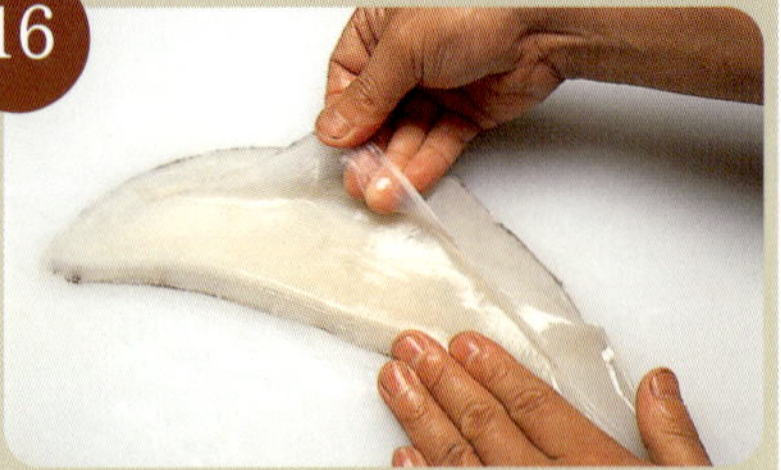

裏側の薄皮も胴の剥き方と同じ要領でよい

17

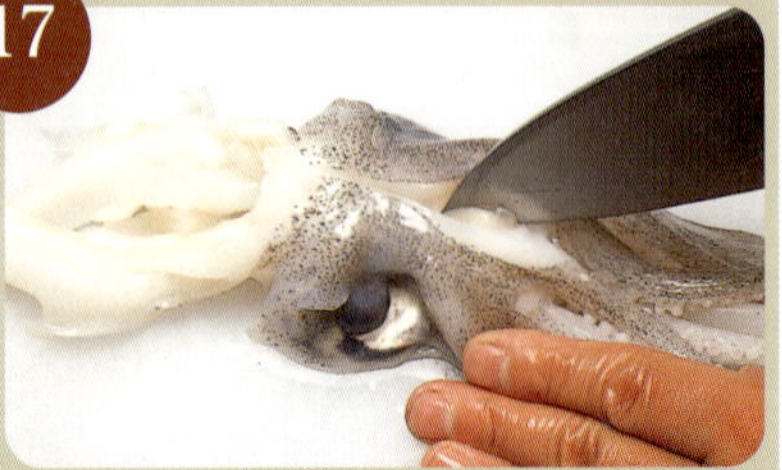

頭部を掃除するには目と目の間を切り開き…

18

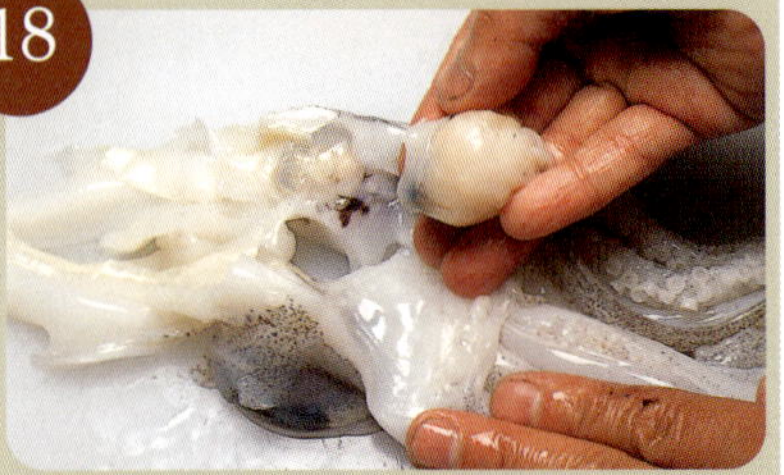

カラストンビと呼ばれるクチバシを取り出した後、小さな切れ目を入れて目を取り除く

ONE POINT ADVICE

よくアオリイカは1～2日寝かせたほうがうまいといわれるが、これはあくまで個人の好み。当日は身の歯ごたえが強いため、300グラム級であればコリコリ感を楽しめるが、800グラムの良型になると身も厚く噛むのに苦労する。そこで、小型は当日、良型は下処理後1～2日寝かせ、身が柔らかくなって甘みも出たころに食べるというのが釣り人流。

AORI-IKA COOKING

いざ、アオリイカを釣りに出かけよう！

沿岸性が強く、岸近くに生息するアオリイカ。数あるイカのなかで、一二を争うほど食味がいい。そんなアオリイカが、陸っぱりから意外に手軽に釣れることをごぞんじだろうか。近年はやりのエギングのほか、生きた小魚をエサに狙うウキ釣りやヤエンの釣りも独特の釣趣があって、実に楽しい。もちろん船釣りで狙うのもおもしろい。近年は乗合船の数も増え、気軽に楽しめるようになった。また、レンタルボート店でミニボートを借りて狙う、ボート釣りもひと味違った楽しさがある。さあ、次の週末は、好みのスタイルでアオリイカ釣りに出かけよう！

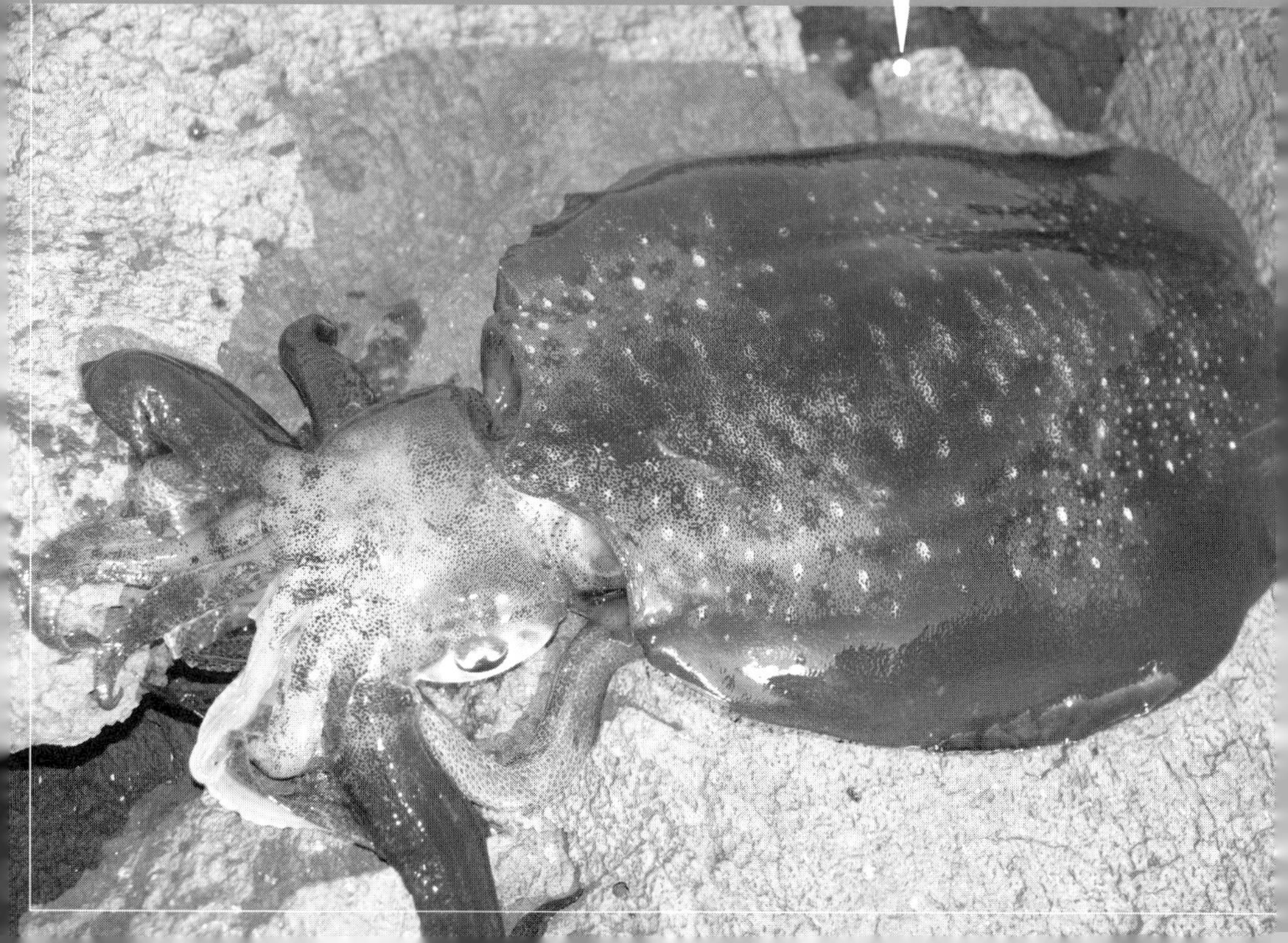

基礎からから始める

アオリイカ釣り入門

CONTENTS

002 豊田直之のアオリイカ水中観察眼
AORI-IKA UNDERWATER SHARP EYE
episode 01 噴射 *Jet*
episode 02 住処 *Home*
episode 03 群れ *School*
episode 04 夜光 *Noctilucence*

006 ILLUSTRATED【アオリイカ釣り】
SHORE【陸っぱり】①エギング ②電気ウキ釣り ③ヤエン釣り
OFF-SHORE【船釣り】
OFF-SHORE【ボート釣り】

013 アオリイカ料理特選レシピ
下ごしらえ～料理の前に～

017 はじめに

第1部 SHORE FISHING
陸っぱりでアオリイカを狙う

022【序章】フィールドに出る前に 陸っぱり釣りの基礎知識

023 知識1 堤防の釣り場｜堤防イコール初心者向きじゃない！ とくにテトラでの釣りは慎重に

026 知識2 磯の釣り場｜スパイクブーツとフローティングベストは必ず着用すること

028 知識3 釣り場の天候を読む 天候や波・ウネリの予報に注意！ 判断ミスは命にかかわるぞ
030 知識4 釣り場で気をつけること 荷物はコンパクトに！ 釣り場でのマナーも大切だ

033 【第一章】エギング
034 エギングのシーズン
036 エギングのタックル・ロッド
038 エギングのタックル・リール
040 エギングのタックル・ライン&小物
042 エギのサイズはこう決める
044 エギの基本カラーはピンクとオレンジ
046 エギングの基本的な仕掛けと結び
050 キャスティングの基本とコツ
052 エギの基本操作 着底を知る
054 エギの基本操作 シャクリ方
056 アオリイカの代表的な釣り場 港&磯
058 アオリイカの代表的な釣り場 サーフ&岸壁
060 春の大型イカを狙え!!
062 秋はサイトフィッシングで狙え!!
064 覚えておきたいカーブフォール
066 アオリイカが掛かったら

069 【第二章】電気ウキ釣り
070 電気ウキ釣りって、どんな釣り？
072 タックルと仕掛け
076 エサと装餌
078 釣り場・ポイント
082 仕掛けの流し方・泳がせ方
084 アタリ〜合わせ〜取り込み
086 夜釣りで気をつけること

091 【第三章】ヤエン釣り
092 ヤエン釣りって、どんな釣り？
094 タックルと仕掛け
100 エサと装餌
102 釣り場・ポイント
104 アジの流し方・泳がせ方
106 アタリ〜ヤエンの投入
110 取り込み
112 生きエサを上手に管理しよう

第2部 OFF-SHORE FISHING

船釣りでアオリイカを狙う

118 船釣りの常識
122 エギシャクリの道具立て
126 アオリを誘うシャクリ方
134 メリットが多い長竿のシャクリ
138 長竿釣法のタックル&テクニック

CONTENTS

AORI-IKA

142 船釣りのアオリイカ Q&A
142 エギは魚かそれともエビか
143 何色のエギから釣り始めればいい？
144 万能なエギは存在するのか？
145 投入合図が出たら即投入、は釣れる確率が高いのか
146 タナの指示が意味するものとは
146 自分でタナを調節のは有効か？
147 さあ一人目が釣れた！ そのときあなたはどうする？
148 でかいエギにはでかいアオリ!? コレ、本当？

第3部 OFF-SHORE FISHING
ボート釣りでアオリイカを狙う
150 ボート釣りの魅力
152 タックル＆装備
155 ポイントの選択
158 ボートでキャストエギング
162 ボートで深場釣り
164 Boat-Eging Column 風をなめると痛い目に！

165 アオリイカ料理特選レシピ
166 刺身三種盛り
167 変わり小鉢和え四種
168 ゲソとセロリのぬた
169 ナメロウ
170 風味焼き三種盛り
171 ゲソ入りかき揚げ
172 中華風ひすい炒め
173 地中海風オリーブソテー
174 わさびドレッシングの海鮮サラダ
175 アオリとアスパラのスパゲティ

[column] SHORE SQUID FISHING A LA CART 陸っぱり イカ釣りア・ラ・カルト
032 ヤリイカ
068 コウイカ
090 ジンドウイカ
116 シリヤケイカ

第1部

SHORE FISHING

陸っぱりでアオリイカを狙う

ここ10年ほどで爆発的に広まったエギングを始め、
電気ウキ釣りやヤエン釣りなど、アオリイカ釣りは
陸っぱりから狙うのが最もポピュラーだ

【序章】フィールドに出る前に

陸っぱり釣りの基礎知識

堤防や磯で釣りをする場合、釣り場の特徴をよく理解し、しっかりと準備を整えることが楽しい釣りの第一歩だ——

text: 高木道郎 *Takagi Michiro*

堤防や磯の特徴をよく理解して、安全に楽しく釣りを楽しみたい。こんな釣果だって決して夢じゃない

釣りは自然相手の遊びである。それはターゲットが違っても、フィールドが違っても、アプローチ方法が違っても変わらない。自然には自然のサイクルがあり、釣り人の側の都合に合わせて条件を整えてはくれない。

気まぐれな自然を相手に釣りを楽しむコツがあるとすれば、それは「自然のサイクルに合わせて楽しみ方を変える」ということだろう。海が荒れた日は予定していた釣り場を諦めて、安全な釣り場を探す「勇気」が必要となる。台風が接近しているときには、釣行そのものを断念する潔さも大切だ。アオリイカは夜釣りで狙うことが多いため、とくにそのへんの判断は慎重に行いたいものである。

知識1 堤防の釣り場

堤防イコール初心者向きじゃない！とくにテトラでの釣りは慎重に

堤防は足場がよく、夜釣りでも釣りやすい

自然相手の遊びでは、フィールドに対する知識と安全面の準備（装備）も大きなテーマだ。釣りでの事故の多くは、そういった基本的なフィールドの知識や装備が欠けていることが原因となっているのだ。

よく「堤防はファミリーフィッシングや初心者の釣り場、磯は中級者やベテランの釣り場」という区分けをする人がいるが、必ずしも磯が堤防よりも危険だとは限らない。堤防は足場が平らだからこそ、堤防自体が低いと波をかぶったときは逃げ場がなくなる。波シブキが堤防を越えているときや堤防が濡れているときは、外側の（一番沖に突き出た）堤防には入らないほうが賢明だ。離島の堤防やゴロタ浜に長く突き出た堤防などは、不意に大きなウネリに襲われるケースも少なくないため、とくに十分な注意が必要である。

また、テトラポットは磯のように凹凸がないため滑りやすく、万が一転落するとテトラに頭を打ちつけたり、テトラに付着したイガイなどで切り傷を負ったり、波でテトラの隙間に引き込まれたりすることが少なくない。ある意味では磯よりもはるかに危険なフィールドなのだ。

テトラで釣りをするときは、必ず足場のよい場所を探して、そこから移動せずにヤリトリや取り込みが可能な場所に釣り座を構えること。荷物は堤防に置き、どうしても必要な道具だけを持って釣り座に入るようにすること。仕掛け作りやエサ付けはテトラの上ではなく、後方の堤防上で行うこと。夜は近くに常夜灯があって、自分の姿が周囲の人から見えるような場所を選ぶことも大切である。

堤防からの釣りでも必ずスパイクブーツを履き、フローティングベストを着用すること。「ボクは泳ぎが得意だからフローティングベストなんて必要ない」と

堤防上は平坦で足場がよい。油断は禁物だが、釣りやすいフィールドだ

考えていたら大きな間違いだ。

海に自分から落ちるという人はまずいないだろう。転落は不意の事故であり、身構えて飛び込むのとは違い、体のバランスを崩したり、どこかに強く打ちつけられる。それが運悪く頭部だったとすれば意識も薄れているはずだ。そんなときにいくら泳ぎが得意でもあまり意味はない。スパイクブーツは転落事故を防止するための装備、フローティングベストは万が一転落したときのための装備にほかならない。

夜の海は意外に寒いので、気温の高い季節であっても防風・防寒を兼ねたレインスーツ（雨具の上下）とトレーナーくらいは持参しよう。フィッシングキャップ（ツバ付き帽子）は、突然の雨や眩し

堤防の釣り場にはテトラの上から竿を出す所もある。安全第一で釣り座を決めよう

い光をさえぎるためにも役立つ。

フィッシンググローブ（釣り用手袋）は手を保護するだけではなく、生きた小魚を握ってハナカンを通すときにも便利。素手で握ると小アジの鋭いヒレやゼイゴに刺されたりするし、体表にヌルのあるベラなどは滑って掴みにくい。また、鼻カンを通すために小魚を長時間素手で握っていると、せっかくの生きエサが「低温火傷」状態になって弱ってしまうこともある。そういう意味でもフィッシンググローブは必需品なのだ。

もちろん、夜釣りの場合は照明器具も欠かせないアイテムとなるが、雨やシブキに濡れることも考え、できれば防水タイプのヘッドランプを準備しよう。予備電池も必需品である。

足場のよい堤防でじっくり腰を落ち着け、良型をキャッチ

夜の電気ウキ釣りの基本スタイルと装備

ヘッドランプ
フィッシングキャップ
フローティングベスト
※必要な小物類はすべてベストのポケットに収納
竿ケース
（収納スペースのいっぱいあるタイプが便利）
中身／
リールをセットした磯竿×1
予備竿×1
玉の柄＋玉網×1
エサ釣り用ノベ竿×1
コマセヒシャク×1
サビキ仕掛け×3〜5
アオリイカ仕掛け×3〜5
夜釣りウキ×2〜5
トレーナー×1
予備電池
化学発光体など
フィッシンググローブ
レインスーツ（防寒用）
スパイクブーツ
（堤防はラジアルブーツでもよい）
フタ付きバッカン
中身／
水くみバケツ×1
ブク付き生かしバケツ×1（エサ用小魚を入れておく）
タオル×1〜2
ゴミ袋×5〜6（釣ったアオリイカを入れるのにも使う）
飲み物
氷（ダイヤアイスで十分）
※夏場はクーラーボックスを使用

知識 2
磯の釣り場

スパイクブーツとフローティングベストは必ず着用すること

磯は、釣り場までの道中が楽じゃないし、足場も悪い。そのため堤防に比べて釣り人が少なく、釣果も上がりやすい

フィールドが磯の場合も基本的な装備は同じ。凹凸の多い滑りやすい岩場を歩くことになるため、スパイクブーツは絶対に必要だ。フローティングベストの着用は磯で釣りをするときの義務と思っていただきたい。周囲が明るいうちに釣り場に入り、足場のよい場所に釣り座を構えるのは当然だが、その際に周囲の地形もよく見ておくと暗闇での動きがスムースになる。

荷物は一段高い場所へコンパクトにまとめておく。荷物を釣り座の周辺へ広げると邪魔になり、視界の悪い暗闇でつまずいたりすると危険でもあるからだ。混雑する釣り場では大切な予備竿を踏まれてしまうこともある。これは釣り場でのマナーとして厳守してほしい。

日中と違って夜は波の状態が分かりづらい。波をかぶりやすい先端の低い場所には立たないことである。たとえナギ日和であっても、海はいつその牙を剥くか予測できないのだ。「日中よりも一段高い場所に釣り座を構えて、一歩下がって竿を出す」というのが夜釣りのルール。

堤防でも磯でも、釣りをする際は必ずライフジャケットを着用しよう

磯や堤防は不用意に手をつくとケガをすることがある。グローブは必需品だ

磯ではスパイクブーツを着用すること

磯は滑りやすく、低い所だと足元を波が洗うこともある。万全の装備で臨みたい

また、仕掛けを投入する際は周囲の釣り人に声をかけてから行うこと。

単独釣行は避け、必ず数人のグループで釣りに出かけるようにしよう。単独で出かけた場合は近くに釣り人がいる場所を選び、釣りをする前に声をかけておくことも大切だ。夜はちょっと離れていると、転落事故があっても気づかないケースが多い。

周囲の釣り人とは同じ場所で数時間をいっしょに過ごすわけだから、自分のほうから「よろしくお願いします」とあいさつする。その釣り人が常連なら、釣り場の状況やポイントを教えてもらえるかもしれない。アオリイカの釣れる条件や時期、乗りのよいエサ、仕掛けについても貴重なアドバイスをしてもらえる可能性だってある。最初に声をかけておけば取り込みのサポートも頼みやすい。

もちろん季節や条件にもよるが、磯では1人で2ケタ釣果が上がることもある

天候や波・ウネリの予報に注意！判断ミスは命にかかわるぞ

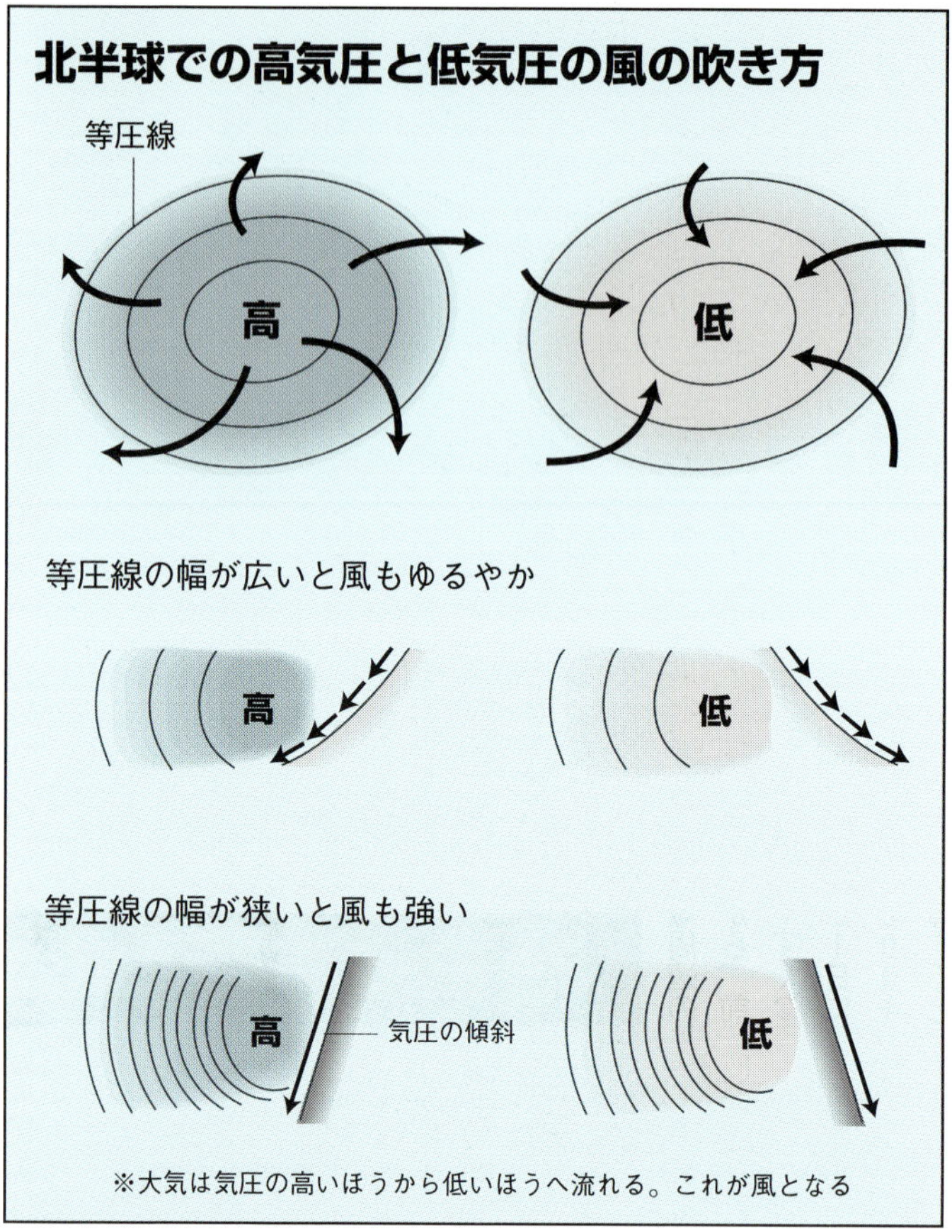
北半球での高気圧と低気圧の風の吹き方
等圧線
高
低
等圧線の幅が広いと風もゆるやか
高
低
等圧線の幅が狭いと風も強い
高
気圧の傾斜
低
※大気は気圧の高いほうから低いほうへ流れる。これが風となる

すでに書いたように、釣りは自然相手の遊びである。その自然条件を最も大きく左右するのが天候だ。だから、釣りに出かけるときは「気象予報」に注目しなければならない。

アオリイカ釣りの場合、渡船を利用する沖堤や沖磯よりも漁港堤防や地磯で釣ることが多い。沖の離れ磯は危険、地磯のほうが安全というイメージがあるだろうが、実際には地磯での事故も少なくないことを知っておきたい。

渡船利用の場合、釣り場へ行くかどうかという判断は船長が行い、天候が急変すれば船長が「撤収」を指示する。しかしながら、地磯や堤防では自分がすべてを判断しなければならないため、「この程度なら大丈夫だろう」とか「まだ大丈夫だろう」と勝手に思い込んでしまう。ついつい判断が甘くなるのだ。これが命取りとなる。

天候の予測は、ＮＨＫ総合ＴＶで午後6時50分すぎから放映される「気象情報」を目安とする。とくに注意しておかなければならないのは気圧配置、前線の位置

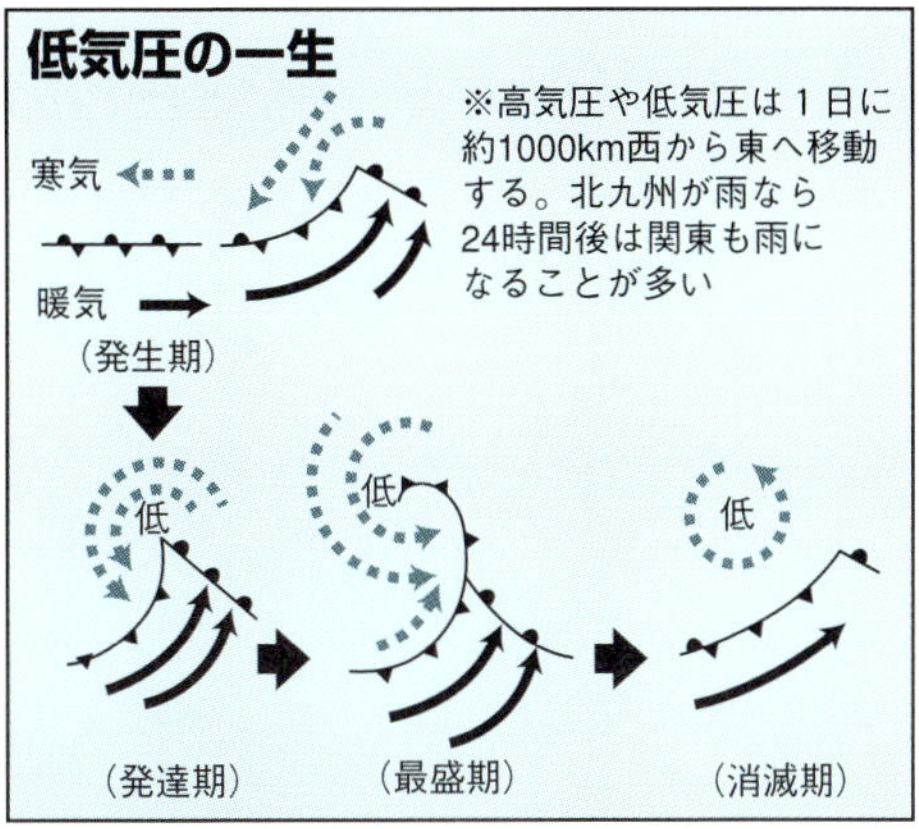

と動き、等圧線の間隔などである。風は気圧の高い所から低いほうへと向かって吹く。等圧線の間隔が広ければ傾斜はなだらかだから風も弱く、間隔が狭ければ傾斜は急ということだから風も強くなるのが基本。等圧線の間隔が広い高気圧に広く覆われているときは風も弱く、天候も安定しているわけだ。

前線は偏西風に乗って西から東へと移動し、前線が近づくと等圧線は押されて狭くなり、次第に風も強くなり、前線の位置によって釣り場周辺の風向きも変わる。当然のことながら、前線の動きが速いと天候が急変しやすくなる。

風や低気圧の影響を受けると海は荒れる。無理をして釣行しても危険なだけだ

高気圧や低気圧が1日に移動する距離は平均すると約1000キロメートルといわれ、時速に換算すると40キロメートルである。東京から1000キロメートル西は福岡、さらに1000キロメートル西は上海だから、現在の福岡の天候が24時間後の東京周辺の天候となり、現在の上海の天候が48時間後の東京周辺の天候になるパターンが多い。アオリイカは夜釣りが主体なので、翌日釣りに出かけるときは、関東なら北九州あたりの天候に注目して天気図を見るとよいだろう。

また、地方予報では風向きと風の強さに加えて波の高さも表示されるから、これも参考にする。肝心なのは風や波が収まる方向か、高くなる方向なのかという点だ。アオリイカは海が荒れ気味だと活性が悪くなってしまうため、できれば穏やかな天候の日を選んで釣行することをおすすめしたい。悪天候の日に無理に出かけても、あまりよい結果は得られないケースが多い。波の高さは1.5メートル以下が理想だ。

最近はパソコンを使って、より詳しい気象予報を見ることができるし、携帯電話を使って釣り関係のサイトにアクセスすれば、地域別に日の出・日の入りの時間や満潮・干潮の時間、波の高さもチェックできる。風向きや天候についても3時間ごとに表示されるため、自分が出かける地域のデータを読み出せるように登録しておくとよい。

荷物はコンパクトに！ 釣り場でのマナーも大切だ

磯での釣り座と荷物のまとめ方

夜は高い場所から
（なるべく一歩下がって！）
荷物は一段高い場所へ
まとめて置いておく
エサ用バケツ
3～4mが理想的
日中はここからでもOK
※釣り座が高くて玉網が届かないときは
取り込み時だけ降りる。目印代わりに
化学発光体を置いておこう

荷物はコンパクトにまとめ、よけいな荷物を持ち込まないようにすると場所移動や釣り座の移動もスムースになる。たとえば必要なタックル類はすべて竿ケースに収納するようにし、生きエサ釣り用のサビキ仕掛けや電気ウキも竿ケースのポケット部に入れてしまえば、バッグを1つ減らすことができる。近ごろは収納スペースの大きい竿ケースも市販されているので、そうしたものを使えばかさばる雨具なども無理なく詰め込める。

　エサ用の小魚を泳がせておくバケツはクーラーボックスに入れ、これに飲み物と氷を入れておく。夏場以外はクーラーボックスの代わりにフタ付きバッカンを使ってもかまわないだろう。最近は外側にポケットやタオル掛けを付けたハードタイプの便利なバッカンもあり、多目的に活用できる。

　飲み物は持ち帰りやすいペットボトルがおすすめ。缶は堤防や磯から転がり落ちてゴミになることが多い。夏場の夜釣りなどはビールを飲みたくなるが、釣り場での飲酒は厳禁。お酒は家に帰ってか

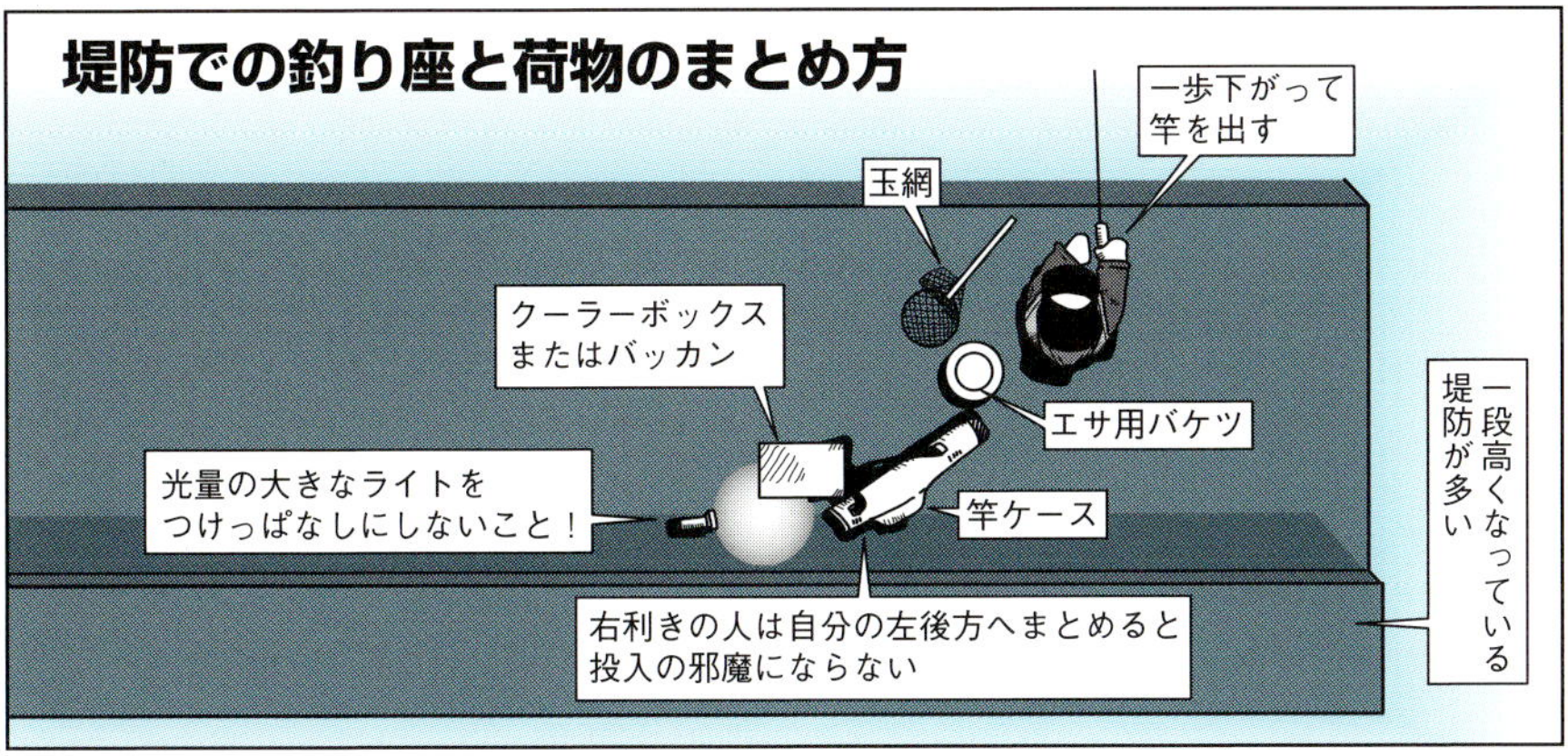
堤防での釣り座と荷物のまとめ方
一歩下がって
竿を出す
玉網
クーラーボックス
またはバッカン
エサ用バケツ
光量の大きなライトを
つけっぱなしにしないこと！
竿ケース
一段高くなっている
堤防が多い
右利きの人は自分の左後方へまとめると
投入の邪魔にならない

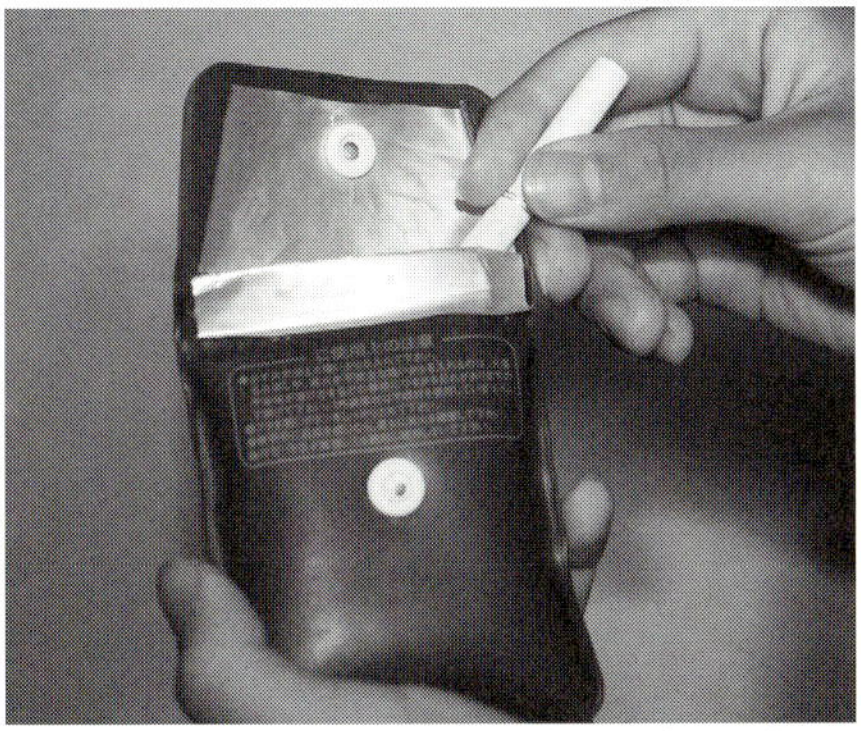
タバコのポイ捨ては釣り人として最低の行為。携帯灰皿を使おう!

釣り人のマナーが悪いせいで立入禁止になった堤防は少なくない

立入禁止
千葉県南部漁港事務所

ら釣りたてのアオリイカの刺し身を肴に飲んでほしい。それまで我慢。ゴミはビニール袋にまとめ、風で飛ばされないようにバッカンの中に入れておくこと。これも大切なマナーだ。

タバコの吸殻も携帯灰皿に入れて持ち帰ろう。海へ捨てたタバコのフィルターは半永久的に海を漂うことになり、結果的に魚やイカの寄りを悪くしてしまうのだ。大切なフィールドを自分たちで潰すようなことは慎みたいものである。

ゴミだらけの釣り場が好きだという人はいないはず。堤防や地磯に散らばった空き缶やビニール袋を見ると、「これでは釣り禁止や立ち入り禁止になっても仕方ないな」と思ってしまう。きれいな釣り場で気持ちよく釣りを楽しめるかどうかは、各個人のマナー次第だ。

ゴミになるものはなるべく持ち込まないこと。ゴミは必ず持ち帰ること。釣りをする人がこれを徹底すれば、いつだって気分よく楽しい釣りをすることができる。決して難しいことではないと思うのだが……。

Column 1

陸っぱり イカ釣りア・ラ・カルト

SHORE SQUID FISHING A LA CART

【ヤリイカ】

関東では冬場に夜釣りで狙う。外海に面した堤防や磯がポイントだ

ヤリイカは船釣りからのターゲットとして有名だが、産卵のために陸近くに回遊してくる冬場（関東周辺では12月〜3月ごろ）は陸からも釣れる。日中に釣れることはまれで、もっぱら夜釣りのターゲットだ。ヤリイカは水深の深い場所で釣れることが多いため、足下から水深のある外洋の磯や堤防が釣り場となる。

釣り方は鶏のササミ、サメやカジキの身エサを巻いたエサ巻きエギやテイラを使った電気ウキ釣りが主流だ。これらはいずれもヤリイカ釣りが盛んな地域の釣具店で買い求めることができる。

テクニックとして、乗りが悪い時はときおり竿先を立ててエサ巻きエギやテイラを踊らせてやるのがコツ。浮かせたあとに道糸をたるませた直後にアタリが出るパターンが多い。

アタリは勢いよく消し込んだり、モゾモゾと上下したり、斜めに横走りしたりする。ウキに変化が出たら竿先で軽く聞き合わせるようにするとよい。

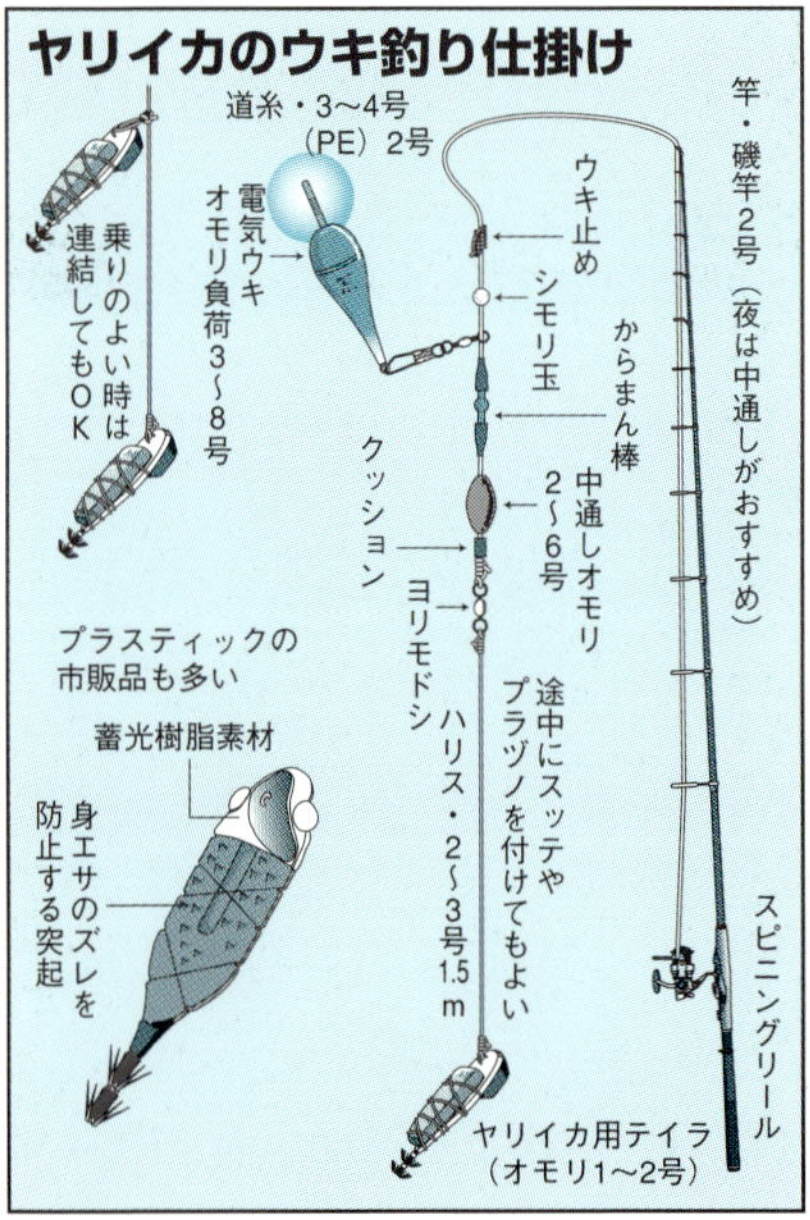

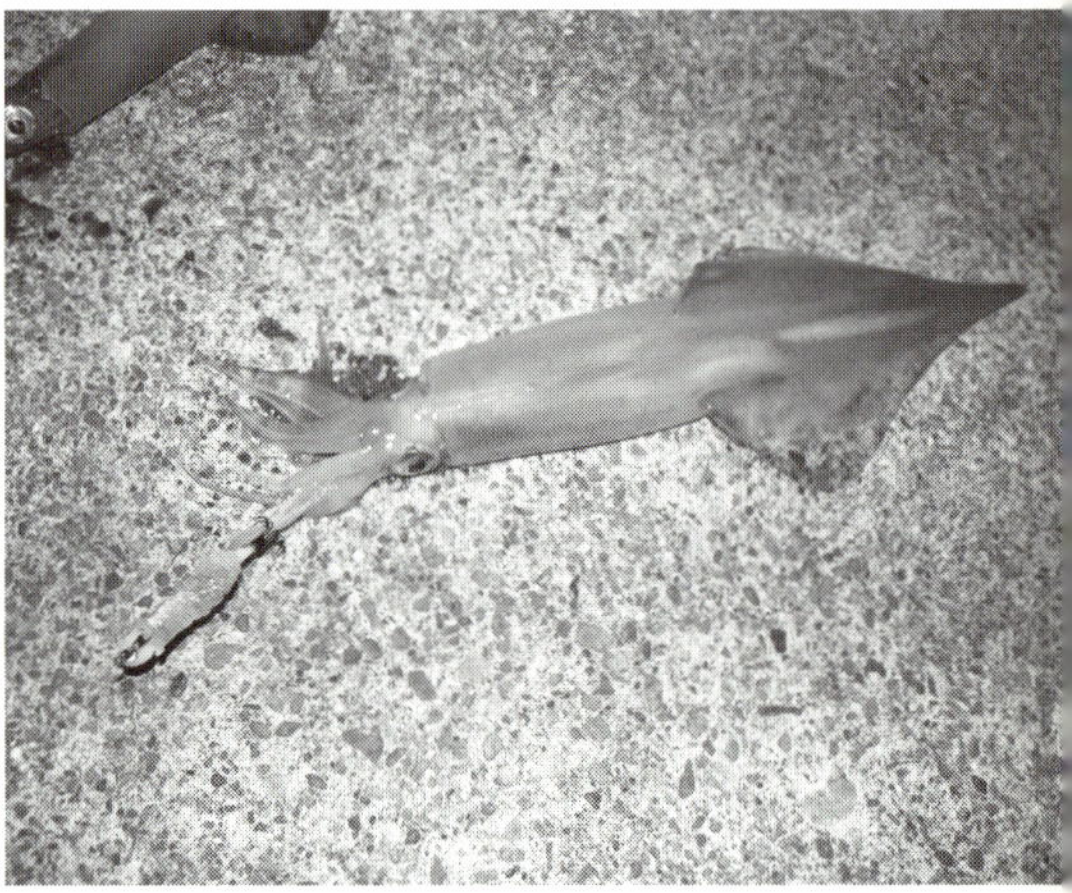

YARIIKA

第 1 部
SHORE FISHING

陸っぱりでアオリイカを狙う

第一章

【エギング】

text: 村越正海 *Murakoshi Seikai*

ルアーフィッシングでは、メタルジグを使った釣りを「ジギング」と呼び、ミノーを使った釣りを「ミノーイング」と呼ぶ。したがって、エギを使う釣りは「エギング」と呼ばれているのである。エギングは身軽なうえ、テンポよく攻めながら釣り場を次つぎに移動できるため、アオリイカに出会えるチャンスは非常に多い

秋は数釣りのシーズン。小型主体ながらサイトフィッシングが楽しめる

エギングのシーズン

春は産卵にきた大型を狙え!! 秋はサイトフィッシングで数釣りも可能!!

エギングは、ほぼ周年を通して行われている釣りであるが、最も厳しいのは真夏。産卵を終えた親イカが姿を消し、代わって登場する子イカも、まだまだエギングの対象となるほどには育っていないからだ。

本格的なシーズンが始まるのは、秋。9月になれば、春に生まれたアオリイカたちが、どうにかエギに抱きついてくるサイズにまで成長する。コロッケサイズからせいぜいトンカツサイズといった小型主体の釣りになるが、なんといっても数が多い。

沖からエギをシャクってくると、後ろから何杯ものアオリイカがぞろぞろ付いてくるケースもあるし、水辺の浅場を注意深く観察しながら歩いていると、水中に漂うアオリイカを発見することも少なくない。それら目視できるアオリイカを相手に、エギの動かし方や沈め方を研究したり、エギに対する反応を試したりする。秋は、小型の数釣りが主体となるが、エギングを覚えるには絶好のシーズンなのである。

10月から11月ごろになると、アオリイカのサイズがグッと大きくなる。アベレージサイズこそ中型であるが、1キロオーバーの良型も交じり始めるのが大きな特徴である。引き続き見えイカを狙う「サイトフィッシング」も可能だし、良型を狙うこともできることから、一年中で最も面白いシーズンであるといえよう。

12月に入り水温が急激に低下すると、夜間のエギングが圧倒的に有利となる。数はまったくといってよいほど望めないけれど、良型が釣れる楽しみがある。目標釣果は5杯程度で、目標サイズは1キロオーバーといったところだろうか。

じっと我慢の冬場が過ぎ、水温が上昇し始める春になれば、大型狙いのシーズン到来である。狙いはズバリ、1キロオ

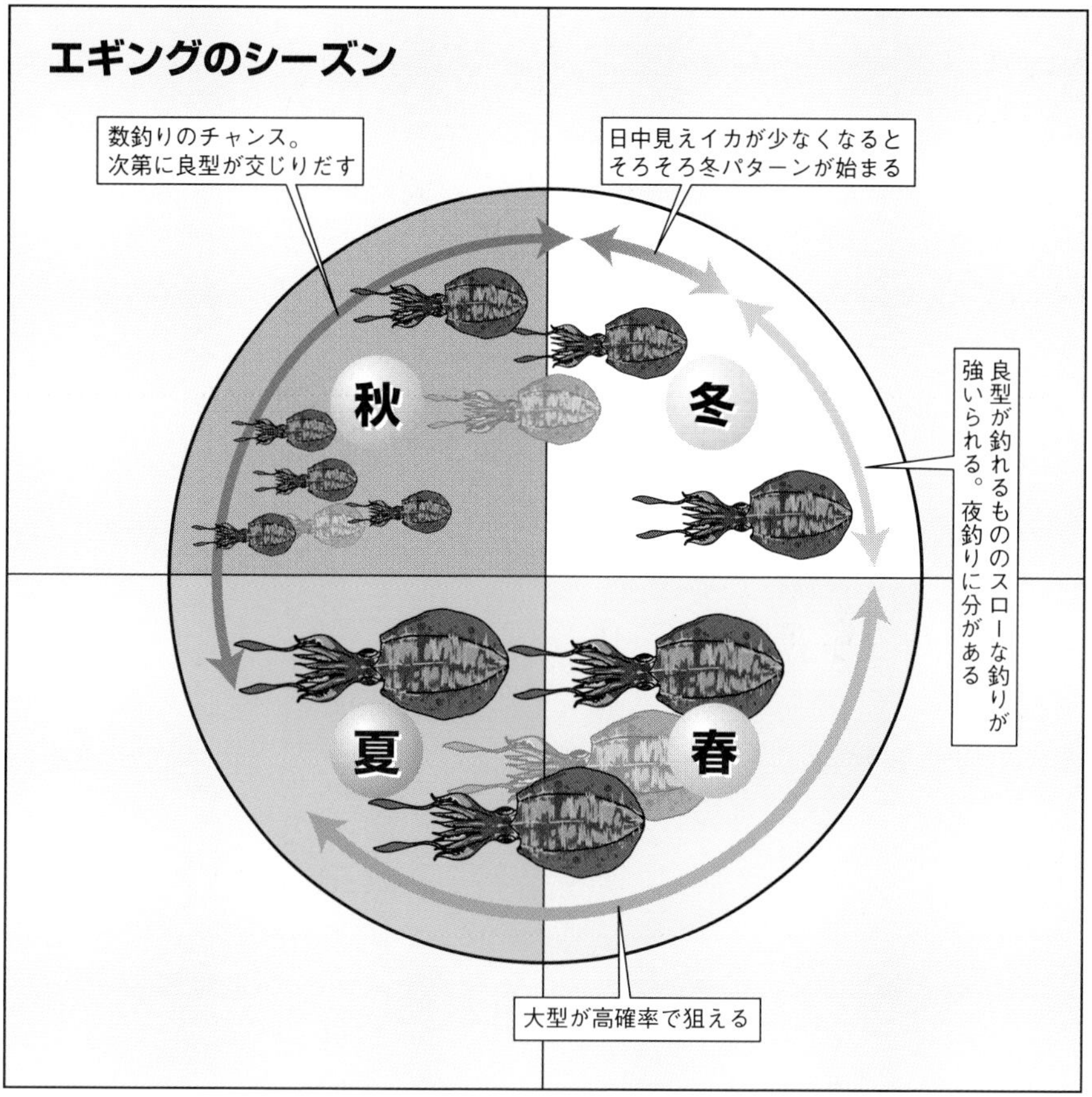
エギングのシーズン
数釣りのチャンス。
次第に良型が交じりだす
日中見えイカが少なくなると
そろそろ冬パターンが始まる
良型が釣れるもののスローな釣りが強いられる。夜釣りに分がある
秋
冬
夏
春
大型が高確率で狙える

春の産卵シーズンは、こんな大型がエギにヒットしてくる

ーバー。自己記録更新を目指すなら、4月から7月にかけての水温上昇期がチャンスである。

エギングのタックル・ロッド

エギングロッドに求められるのは、とにかくラインが絡みにくいこと!!

ライントラブルの心配がないインナーロッドはPEラインでのフルキャストも安心

カーボン素材でできた長さ7〜9フィートのシーバスロッドであれば、一応エギングを行うことはできる。ただし、ガイドにラインが絡みやすく、絡んだままシャクると穂先を破損しやすいため、オススメはできない。

安心なのは、エギング専用として市販されているロッド。専用ロッドとなれば、穂先にラインが絡みにくいようガイド数が増やしてあったり、ラインの絡みにくいガイドが装着されていたり、ロッドの中にラインを通す仕様になっていたりといった種々多様の工夫が凝らされている。

これらを見てお分かりの通り、肝心なのは、シャクった際に穂先にラインが絡みつかないこと。あるいは、絡みついたラインがスルリと抜けてトラブルを未然に回避してくれること。

エギングロッドに求められるのは、とにかく、ラインが絡みにくいことなのである。

オススメは、ラインがロッドの中を通る「インターライン・ロッド」。元ガイドの位置からラインをロッドの内部に挿入し、トップガイドの位置で出すという構造は、エギングには最適。最近では、ロッド内部の作りが進歩したため、ラインの抵抗がとっても少なくなった。

特に、PEラインを使用している限りにおいては、エギの飛距離も、ガイド付きロッドとまったく変わらないか、風が

ナイトフィッシングでも使いやすいインナーロッド

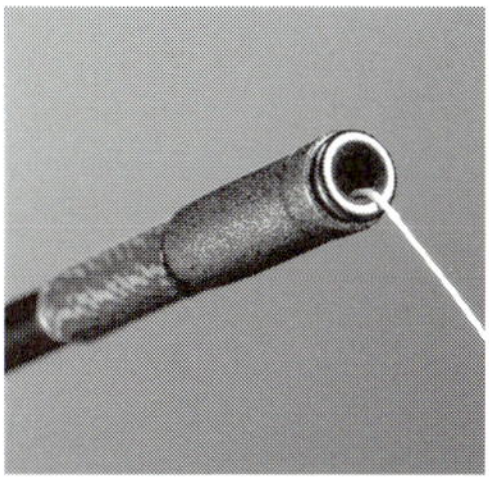

PEライン使用のエギングでは糸絡みのないインターラインロッドが最適

強い日などはむしろ勝っている。

新たにエギングロッドを買い求めようというのであれば、インターライン・ロッドがオススメである。

長さと調子については、本来なら使用するエギや対象となるアオリイカのサイズに合わせて決めるべきであるが、現実には、あらゆるシーンを1本のロッドでこなしている人のほうが圧倒的に多い。

一応、使い分けを記しておくと、大きな（重い）エギを使用するのであれば、8～9フィートの長さで硬めの調子、小さな（軽い）エギを使用するのなら、7～8フィートの長さで軟らかめを選ぶ。

すでに述べたように、現実にはあらゆるシーンを1本のロッドでこなしている人が多い。もし、1本のロッドを選ぶ場合は、長さが8フィート前後で、やや硬めの調子を選んでおけば安心である。

まずは万能に使えるロッドを購入しておき、必要性を感じてから、秋の小型サイズ用軟調ショートロッドや、真冬の遠投用硬調ロングロッドなどを買い足していくようにするのが得策といえよう。

外ガイド・ロッドとインターライン・ロッド

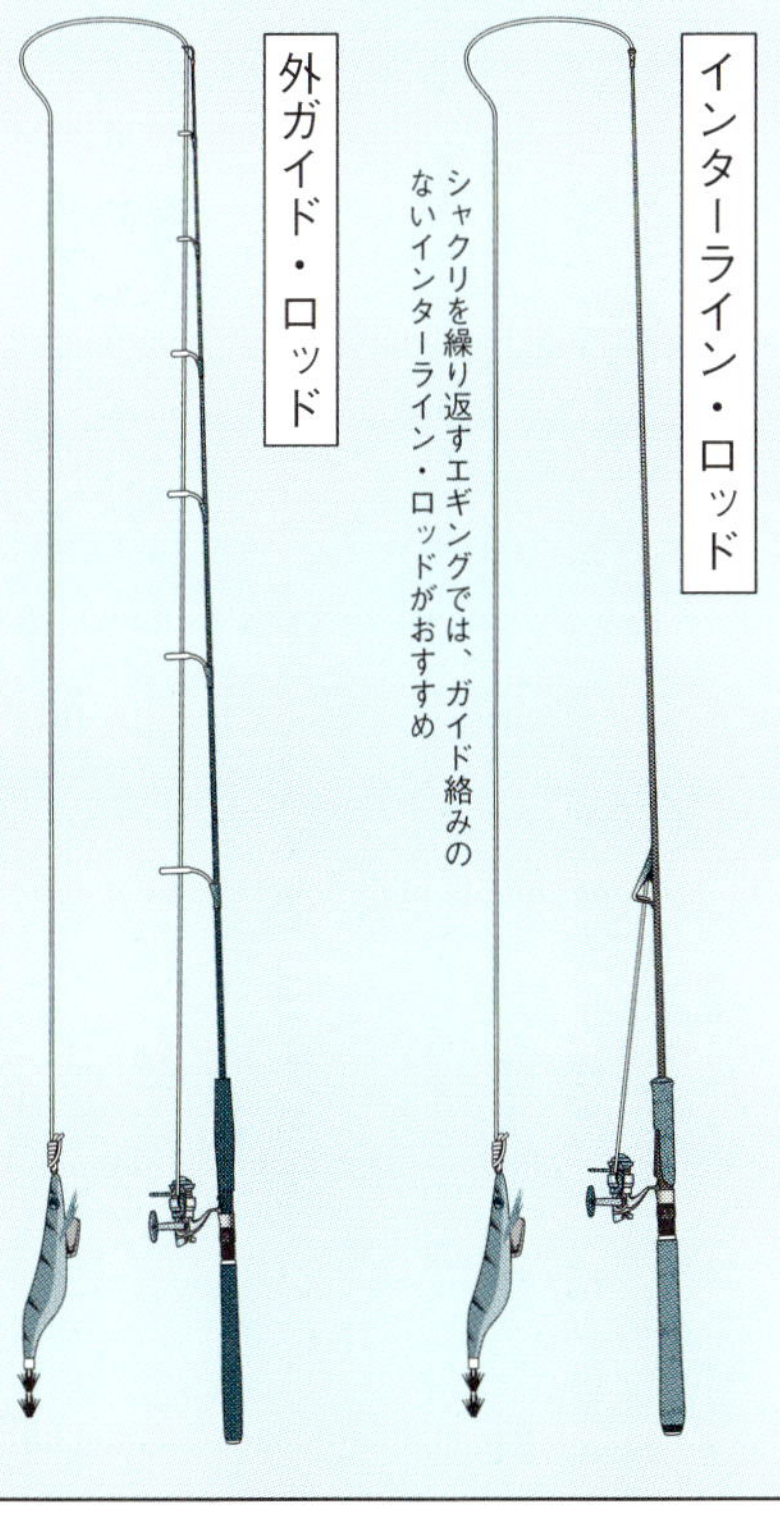
インターライン・ロッド
外ガイド・ロッド
シャクリを繰り返すエギングでは、ガイド絡みのないインターライン・ロッドがおすすめ

エギングのタックル・リール

PEラインに適したスピニングリールの逆テーパー、浅溝スプールがオススメ

エギングにはスピニングリールを使用する

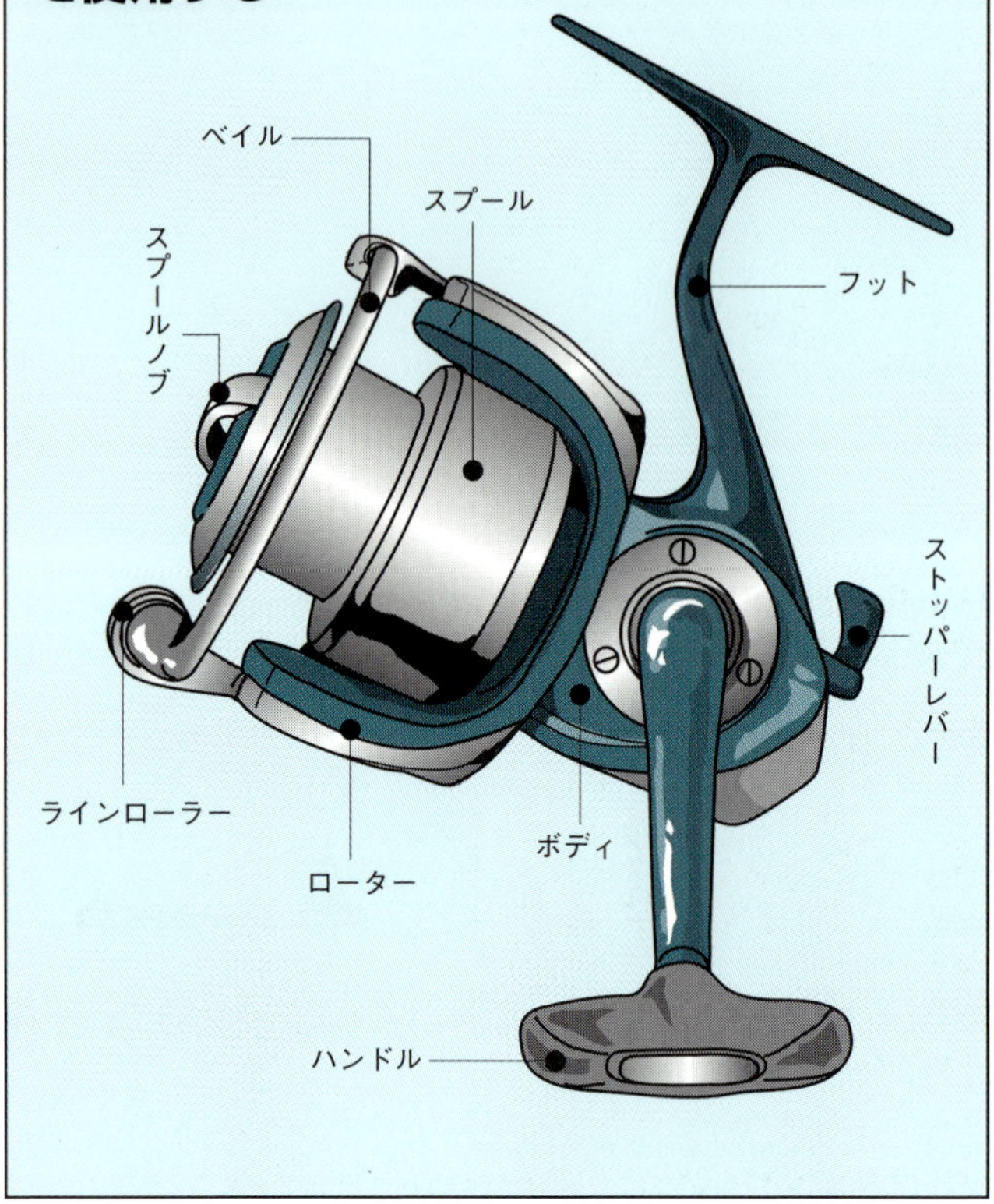
ベイル
スプール
スプールノブ
フット
ストッパーレバー
ラインローラー
ローター
ボディ
ハンドル

リールには、スピニングタイプと両軸タイプの2種類がある。エギングに使用するのは、キャスティング性能に優れ、トラブルの少ないスピニングタイプ。小さなエギから大きなエギまで対応できる上、初心者でもほんの少し練習するだけで十分使いこなせるようになるからだ。

スピニングリールでややこしいのは、メーカーによってサイズの基準がまちまちなこと。ここでは混乱を避けるため、ダイワ精工のスピニングリールを基準として、話を進めさせていただく。

エギングで使用するリールのサイズは、ずばり2500番。ロッドが7フィートであれ、9フィートであれ、2500番サイズのリールが1台あれば、共用が可能だ。グレードとしては、最近のモデルで中級クラス以上なら問題ない。

選ぶ基準は、ライントラブルを未然に防ぐため、PEラインを使うのに適したリールを選ぶことが肝心。ナイロンラインを使うのに適したリールと、PEラインを使うのに適したリールは、明らかにコンセプトが異なるからだ。

最も異なっているのは、スプールの形状。PEラインを使用する際のスプール形状は、コップを立てたような「逆テーパー」がよい。少なくとも、台座とエッジの径が同じ、平行スプールでなくてはならない。さらに、ラインの巻き過ぎにも気をつけること。ドンピシャに合わせるのが難しければ、やや少なめに収めておけばトラブルは防げる。

できることなら、浅溝スプールを購入し、下巻きをしないで心地よくラインを巻き込みたいものだ。ちなみにダイワ精工の2500番リールには、「2508」と「2506」という替えスプールがオプションとして売られている。「2508」の糸巻き量は、PE1号が200メートル。PE0.8号を直接200メートル巻き込んでも凹みすぎることはない。「2506」スプールの標準糸巻き量は、PE0.8号が140メートル。PE0.6号を150メートル巻き込んで使用するのがオススメ。

あとは、適度にテンションをかけながらきつめにラインを巻き込むことと、太すぎるラインを使用しないことが、ライントラブルを未然に防ぐコツといえよう。

要は、いくらハイクオリティのリールを購入したとしても、作りそのものがPEラインに対応していなかったり、ラインの巻きがいい加減だったりすれば、十分な性能を発揮することはできないのである。

リールの大きさはメーカーによって違う。ダイワなら2500番、シマノなら3000番がおすすめだ

スプールの形状と対応ライン

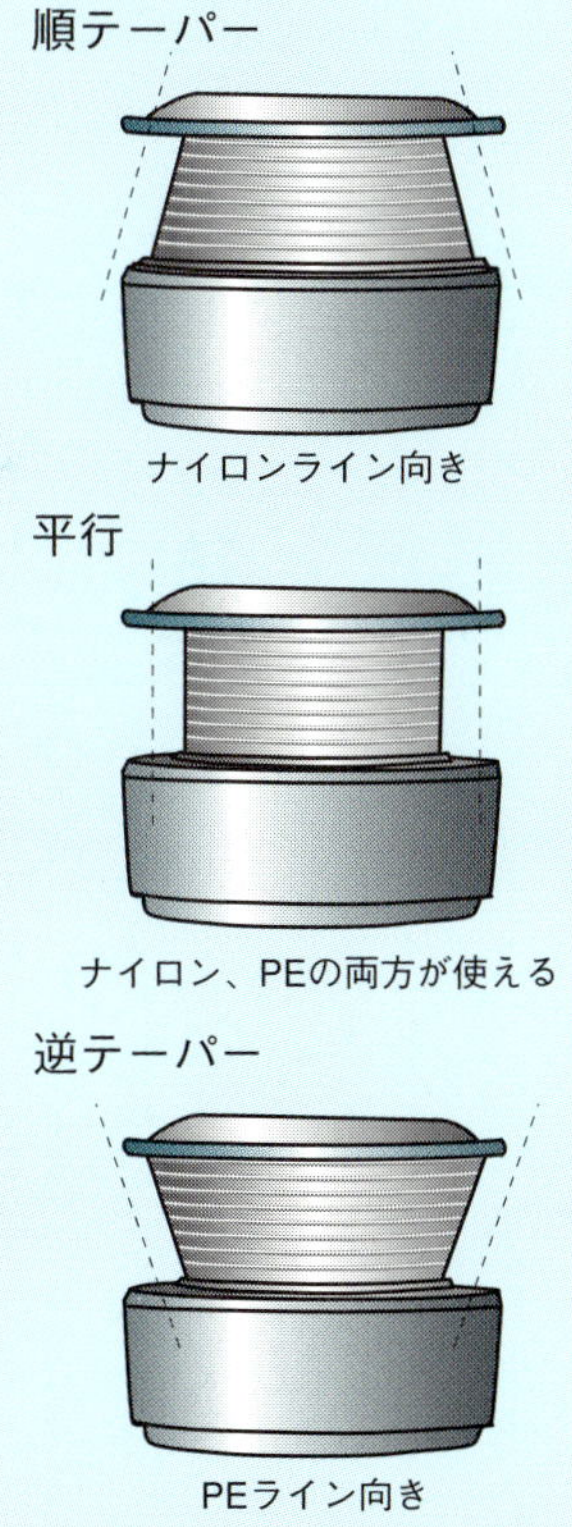
順テーパー
ナイロンライン向き
平行
ナイロン、PEの両方が使える
逆テーパー
PEライン向き

エギングのタックル・ライン&小物

ラインは伸びの少ないPEに限る!! その他、必要な小物たちを紹介

リールの項でも述べたように、使用するラインはPEに限る。この、ほとんど伸びのないブレイデッドライン（より糸）は、釣り人がシャクり上げたロッドの動きを、ラインの先のエギまで正確に伝えてくれるからだ。

使用するラインの太さは0.6号から1号まで。しばしば、「私は初心者だから太めのPEラインをリールに巻き込もうと思ってます」といった類の話を耳にするが、それは大きな間違い。PEに限らず（PEはとくに）、リールに巻くラインは太ければ太いほど、キャスト時のトラブルが発生しやすい。

強さに対する不安を拭い去れないのであれば、1号を使えばよい。PEラインの1号は、ナイロンモノフィラメントラインの3号（12ポンドテスト）相当の強さがあるので安心である。

もちろん、PEラインを使用する際は、最大の欠点である結びの弱さをカバーするために、リーダー（フロロカーボン）をつなげておく必要がある。太さは2号か2.5号が一般的だ。

■ギャフorネット
できればネットではなくギャフがよい。持ち運びがかさばらなくて便利なうえ、取り込み時、ネットに比べてアオリイカが驚きにくく、すんなり取り込むことができるからだ。

■偏光グラス
これがなければ釣果が半減するといってしまってもよい。とりわけ、サイトフィッシングが主体となる秋は、重要度が高い。もちろん春も、海藻のある位置や海藻の生え具合の確認や、その周辺に保護色でいるアオリイカを発見するのに欠かせない。

●PEライン

●リーダー

PEライン、リーダーともにエギング専用のアイテムが市販されている

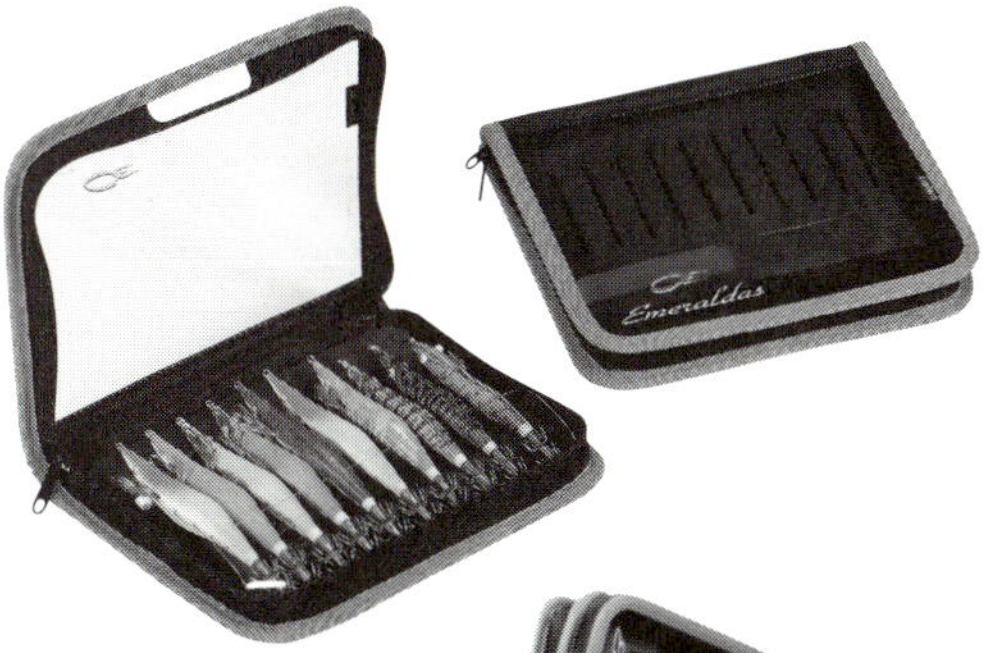

■キャリーバッグ
エギング専用のキャリーバッグが各社から発売されているので、気に入ったものを購入するとよい。タイプとしては、エギを直接入れて素早く取り出せるものと、種類ごとに整理して収めたフォルダを、いくつかまとめて入れ込むものがある。エギを大量に持参したい人は後者、シンプルにいきたい人は前者が使いやすい。

その他、エギングに欠かせないアイテムを紹介してみよう。

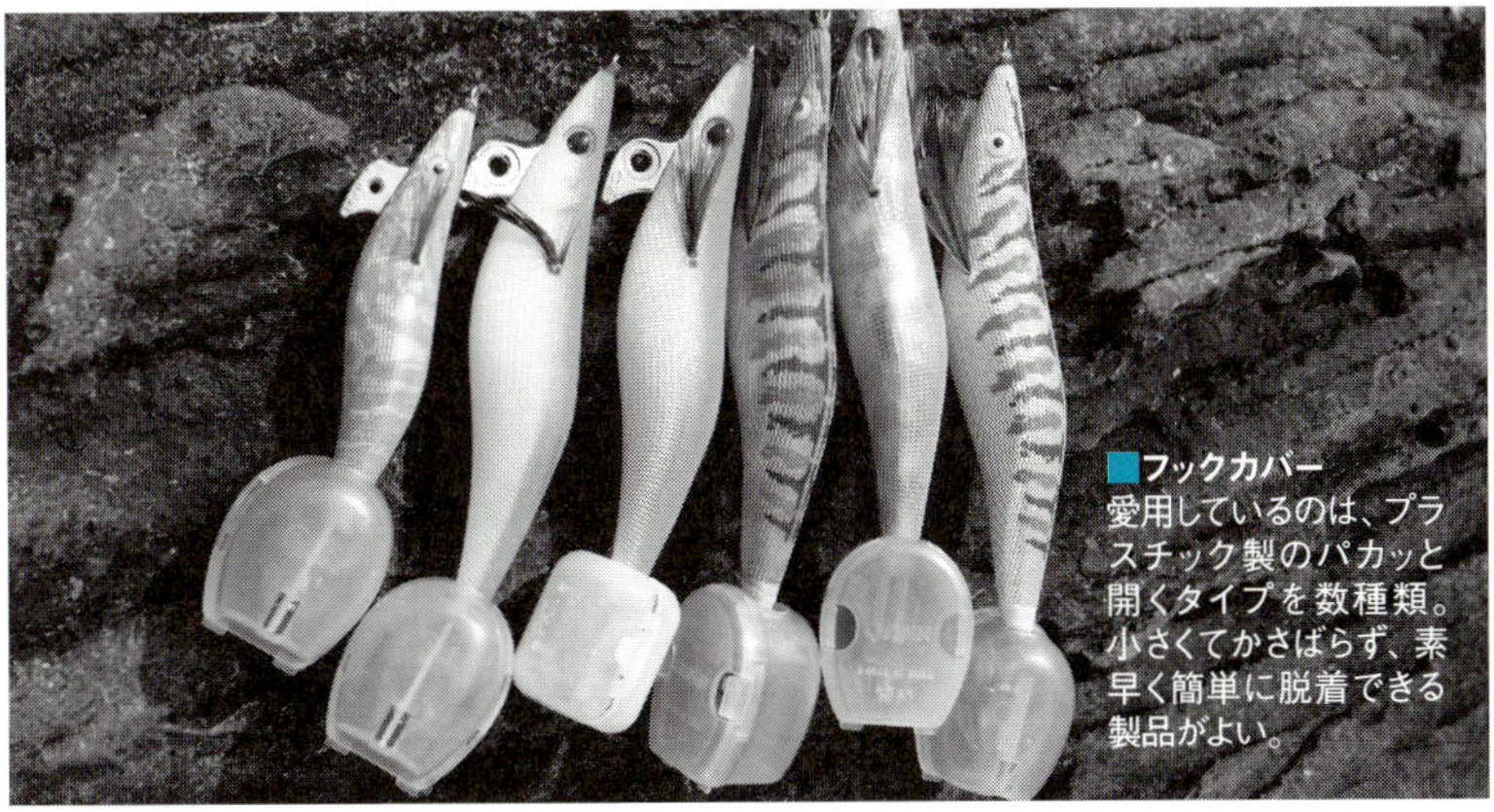

■フックカバー
愛用しているのは、プラスチック製のパカッと開くタイプを数種類。小さくてかさばらず、素早く簡単に脱着できる製品がよい。

エギのサイズはこう決める

アオリイカの大きさはもとより、スレ具合、水深、風の強さでサイズを見極めろ

市販されているエギのサイズは、おおむね2号から4.5号程度まで。これらサイズの違うエギを何種類か持ち歩き、カラーセレクトとともに、状況に応じて使い分けることになる。

一般的なのは、対象となるアオリイカが小さければ小型エギを、大きければ大型エギをといった使い分け方。例えば、100～300グラム程度のコロッケからトンカツクラスがメインとなる秋は3号のエギを、キロサイズが交じりだす冬は3.5～4号を、大型ベースでときに超大型が飛び出す晩春から初夏にかけては4～4.5号を、といった具合だ。

もちろんこれは一般的なモデルケースとしての話であるから、各々釣り場ごとに、あるいはその年の状況次第で、実際に使うエギのサイズを決定する必要がある。失敗が少ないのは、年間を通して3～3.5号をベースにしておくこと。このサイズを使っておけば、小型でも大型でもそつなく釣ることができるからである。

さて、一般的には、対象となるアオリイカのサイズでエギのサイズを決定する、と書いたが、アオリイカの反応具合によってサイズを選び、好結果につなげるという方法もある。

例えば、3.5号のエギを使ってエギングを開始する。フルキャストしたエギをいったんボトムまで沈め、鋭いシャクリを繰り返しつつ誘っていて、エギの後ろにアオリイカがついてきたとしよう。

素直でやる気のあるアオリイカなら、さらにひとシャクリを加え、そのままフリーフォールで沈めてやれば、しっかり抱きついてくるのが普通だ。

ところが、釣り人の増加でプレッシャーのかかった釣り場では、スーッと寄ってはくるのになかなか抱きつくまでいたらないケースが少なくない。

そんなときは、素早くワンサイズ小さなエギに交換し、再び目の前で沈めてやれば、躊躇せず飛びついてくる。

その場合、威力が発揮されたのは、エギのサイズが小さくなったことではなく、エギの沈下速度が遅くなったこと。スロースピードで沈んで行く小さなエギは、アオリイカにとってこの上なく魅力的に見えるようなのだ。

追ってきたオアリイカを抱き付かせるためには!?

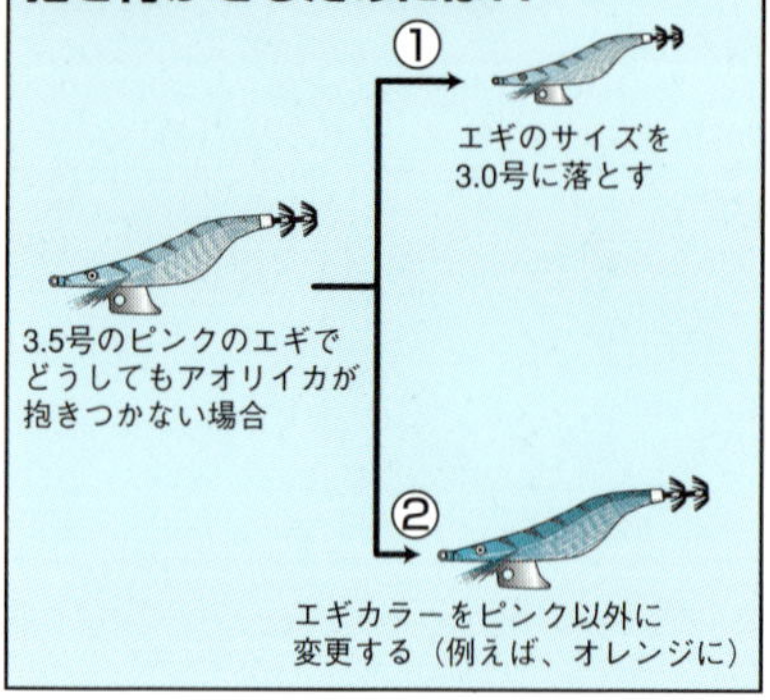
①
エギのサイズを
3.0号に落とす
3.5号のピンクのエギで
どうしてもアオリイカが
抱きつかない場合
②
エギカラーをピンク以外に
変更する（例えば、オレンジに）

【エギ・原寸大】

エギの基本カラーはピンクとオレンジ

基本は見やすいこと。潮色、天候、時間帯で使い分ける

エギのカラーは、釣り人が視認しやすいことが大切

エギのカラーは実に多彩だ。すべてのカラーの特色を把握し、効果的に使い分けることなど不可能に近い。ここでは、ぼく自身が実践している、ごくシンプルな使い分け方を紹介させていただくことにする。

少なくともぼくは、日本中のあらゆる釣り場、すべての季節、すべての時間帯

エギは視認性が大事!!
引いてきたエギを1秒でも早く発見し、沈んでいくエギを1秒でも長く確認できるカラーがよい。
オススメは、ピンクとオレンジ

を、おおむね2色のエギの使い分けで乗り切っている。重要なのは、カラーセレクトよりも、シャクリ方やフォールのさせ方にあると考えているからだ。

もちろん、だからといって、カラーにまったく関心がないわけではない。ルアーフィッシング同様、ときにはカラーによる釣果の差が、歴然と現れることもあるからだ。それでも、あえてぼくが2色のカラーで通しているのは、エギングゲームのややこしさをできるだけ整理し、シンプルに組み立てたいため。

とかく、細かいテクニックや微妙なカラーセレクトの効果ばかりが取り沙汰されやすい昨今、エギングがシンプルな釣りであることを、エギのカラーバリエーションに惑わされすぎてはいけないことを、多くの釣り人たちに知っていただきたいのである。

ぼくが常に携行している2色とは、オレンジとピンク。どちらも派手なカラーであるが、基本としているのは、できるだけ見やすいカラーのエギを使うこと。

具体的には、日中のピーカン時や潮色が澄んでいる時はピンク系を、潮が濁り気味の時や朝夕のマヅメ時、あるいは夜間のゲームでは、主にオレンジ系を使用している。

オレンジ系とピンク系のエギがあれば、とりあえず日本中、世界中、どこの釣り場へ行っても、どんなタイミングでエギングを展開するにもぼくは困らないのである。その2色とて、オレンジとピンクでなければアオリイカが乗ってこないからということではなく、ただ単に、釣り人側から見やすいから、という単純な理由にすぎない。

エギの動きを直接目で見て観察したり、エギを追ってきたアオリイカをいち早く発見し、素早くエギをフォールさせ抱きつかせることができるからだ。

エギが擬餌である以上、同じ場所で同じエギを使い続ければアオリイカの反応が次第に薄れ、やがてはまるで反応しなくなる。そんなときは、カラーチェンジで目先を変えてやるのが効果的で手っ取り早い。何色か、別カラーのエギを持っていれば、それだけ手の内が多くなるのである。

●エギのカラーバリエーション

【オレンジ・バリエーション】背のカラーがオレンジベース。朝夕のマヅメ時、あるいは夜間のゲームでは、主にオレンジ系を使用。

【ピンク・バリエーション】背のカラーがピンクで視認性がよい。日中のピーカン時や潮色が澄んでいる時に使用。

【その他のバリエーション】アジカラー、モスグリーンなど多彩なカラーバリエーションに加え、タイガー柄などの縞模様タイプもある。

また、エギのカラーは背の色が基本となるが、腹側の色や下地の色など違ったアイテムがある。例えばゴールドベースのピンクカラーやレインボーベースのオレンジカラーなどだ。

基本的にピンクとオレンジのカラーバリエーションを数本ずつ用意したい

エギングの基本的な仕掛けと結び

⬇エギングの仕掛け作りで、一番大切なのが、各部の結び方だ

エギングを行う際、PEラインには、リーダー（先糸）としてフロロカーボン製ラインを必ず繋ぐ。

PEラインは強度に優れていて伸びがないなどメリットは多いのであるが、コシがなくフニャフニャしているためにエギに絡みやすい、あるいは結んだ部分が極端に弱くなってしまうといったデメリットも少なくないのである。

そのデメリットをカバーするためにリーダーをつないで使用することになるが、フロロカーボン製を使用するわけは、ナイロンモノフィラメント製に比べ格段に根ズレに強いため。海藻帯や根周りを狙うことの多いエギングでは、多少の根ズレは避けられないからだ。

ここでは、リールにPEラインを巻き始めるところから、ダブルラインの作り方、ダブルラインとリーダーとの接続、リーダーとスイベルの結びを図解ですすめていく。

また、より手軽にダブルラインを作らずPEラインとリーダーを直接結んでしまう方法もある。いずれの結びも、素早く確実にできるよう、あらかじめ何度も練習を重ねておいていただきたい。

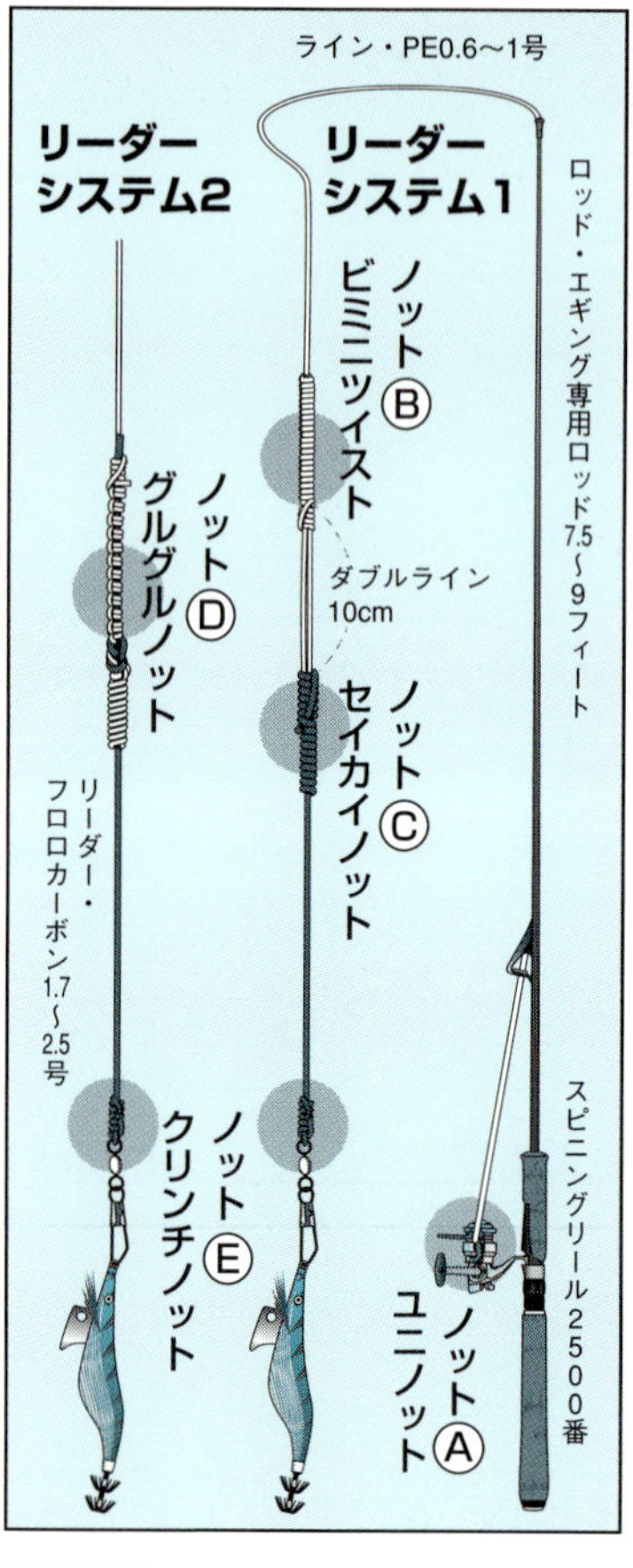
ライン・PE0.6～1号
ロッド・エギング専用ロッド7.5～9フィート
リーダーシステム1
リーダーシステム2
ノットⒷビミニツイスト
ダブルライン10cm
ノットⒸセイカイノット
ノットⒹグルグルノット
リーダー・フロロカーボン1.7～2.5号
スピニングリール2500番
ノットⒶユニノット
ノットⒺクリンチノット

PEラインとリーダーを接続するラインシステムは覚えておきたい

ノットB［ビミニツイスト］

① 糸の先端を二重にして手首を回し
20〜30回ヨリを入れる

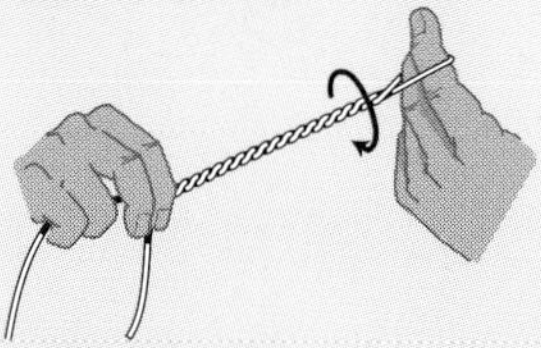

② 先端を引っ張りながら
指を広げヨリを詰める

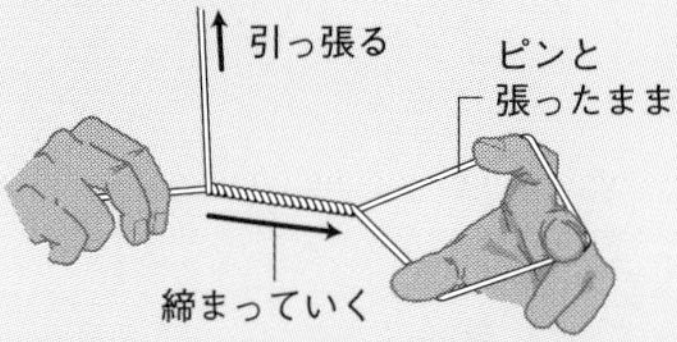
引っ張る
ピンと
張ったまま
締まっていく

③ 先端を緩めるとヨリの部分に巻き付いていく

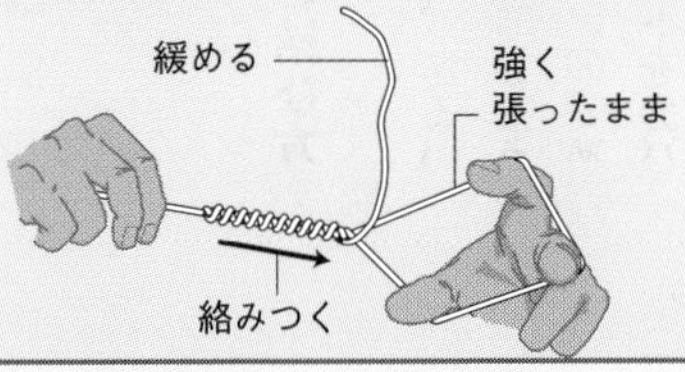
緩める
強く
張ったまま
絡みつく

④ 最後まで巻き付けたら指で押さえ、先端を
ダブルラインの一方に絡めて仮止めする

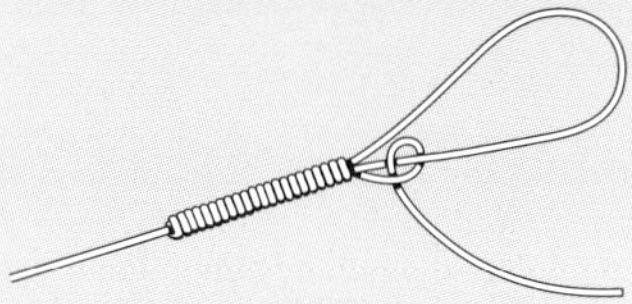

⑤ ダブルラインに3〜5回巻き
付けてしっかり締め込む

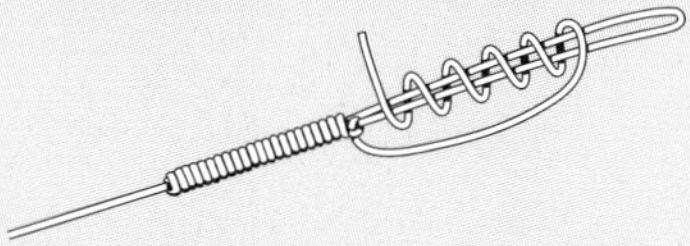

ノットA［ユニノット］

① スプールに
糸を掛ける

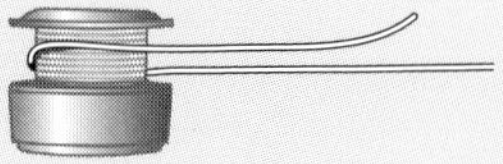

② 輪をつくる

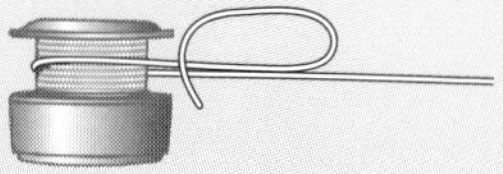

③ 輪の中に糸を
3〜4回通す

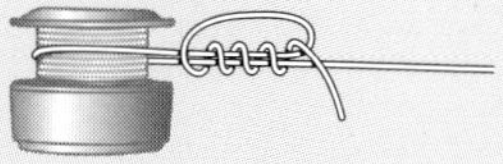

④ ゆっくり引き
強く引き締めてから切る

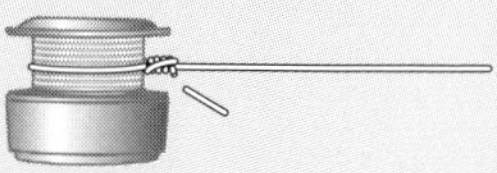

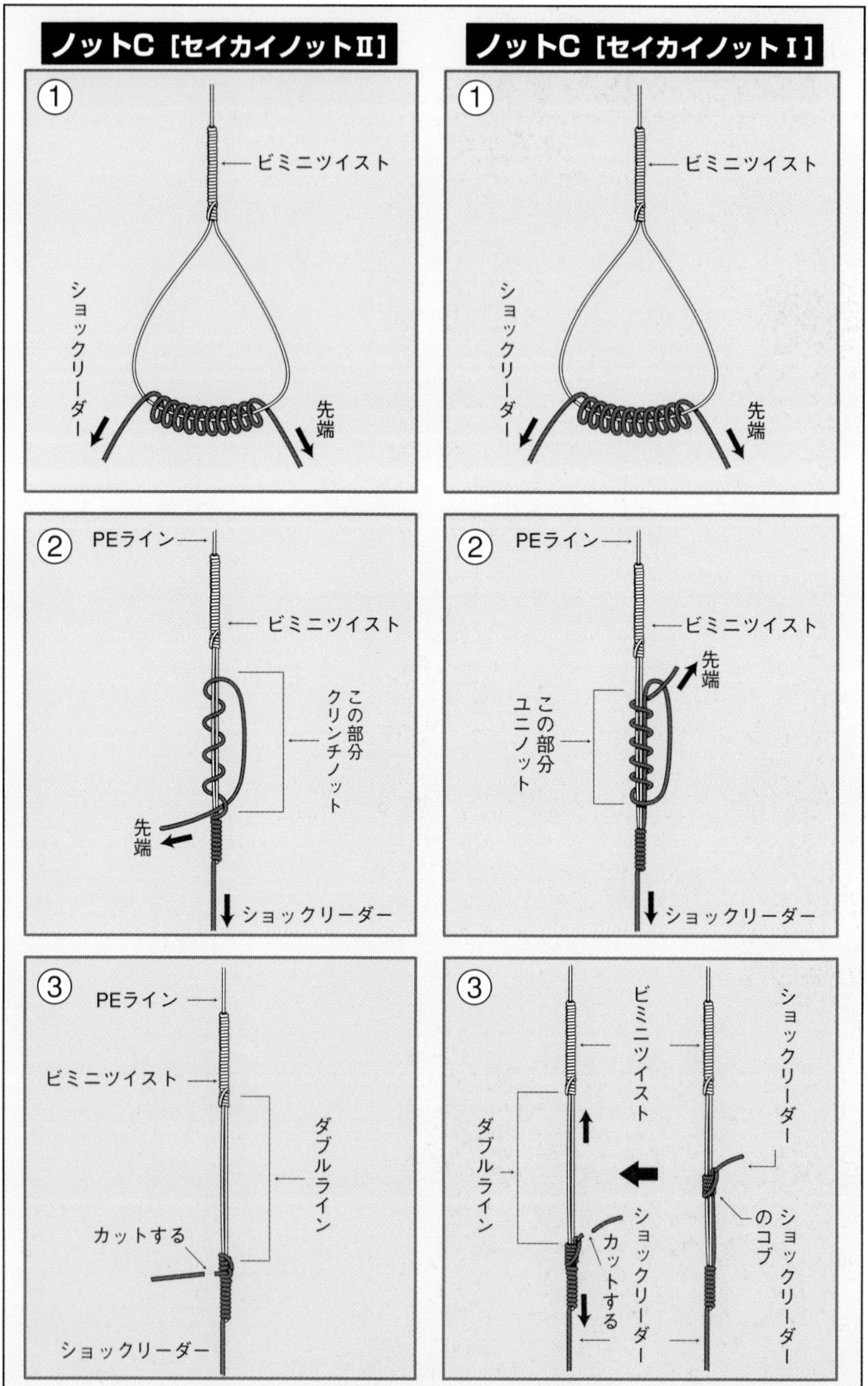
ノットC［セイカイノットⅡ］
ノットC［セイカイノットⅠ］
①
ビミニツイスト
ショックリーダー
先端
①
ビミニツイスト
ショックリーダー
先端
②
PEライン
ビミニツイスト
この部分クリンチノット
先端
ショックリーダー
②
PEライン
ビミニツイスト
先端
この部分ユニノット
ショックリーダー
③
PEライン
ビミニツイスト
ダブルライン
カットする
ショックリーダー
③
ビミニツイスト
ショックリーダー
ダブルライン
ショックリーダーのコブ
ショックリーダー
カットする
ショックリーダー

ノットD［グルグルノット］

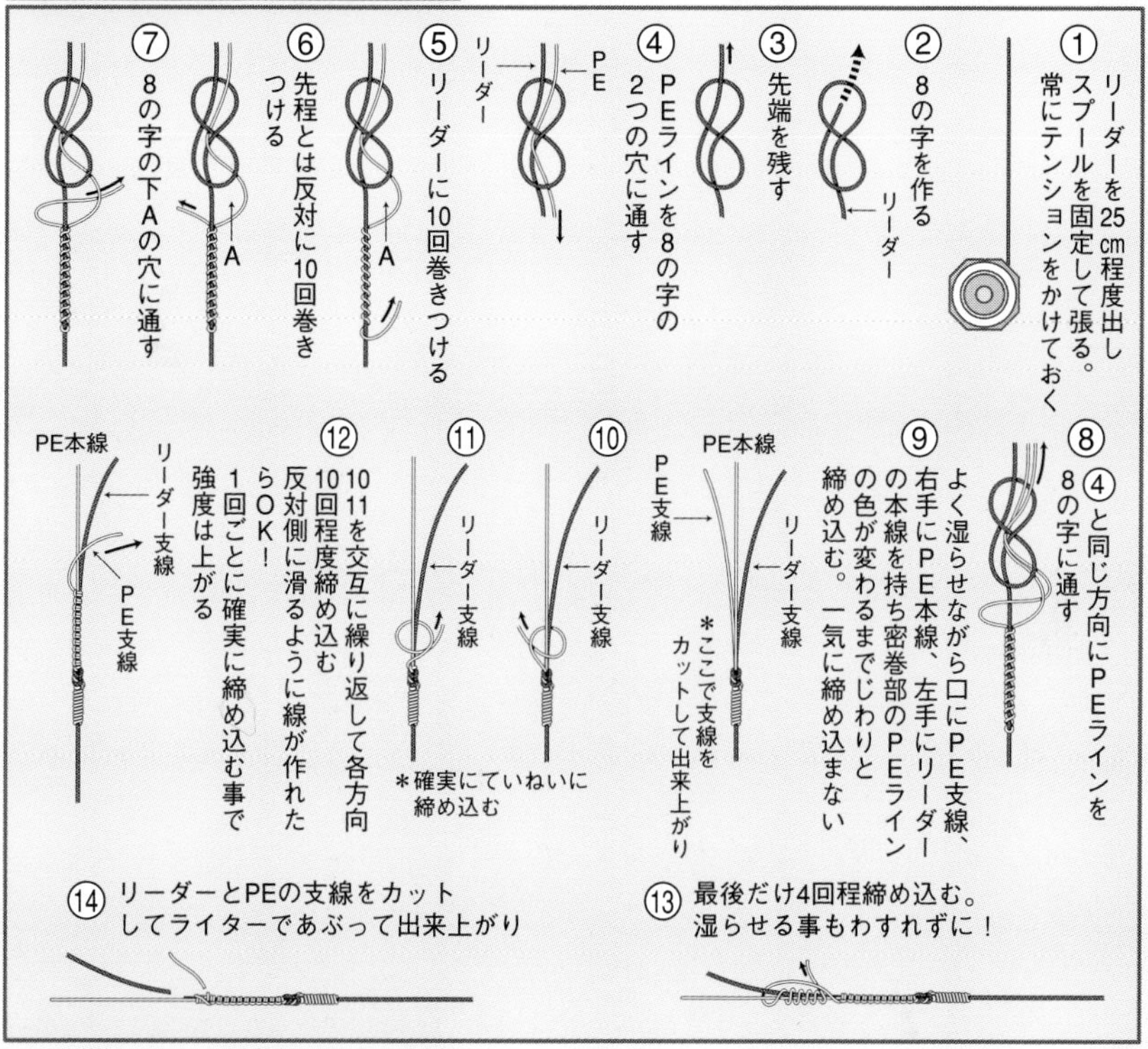
① リーダーを25㎝程度出しスプールを固定して張る。常にテンションをかけておく
② 8の字を作る
リーダー
③ 先端を残す
④ PEラインを8の字の2つの穴に通す
PE
リーダー
⑤ リーダーに10回巻きつける
A
⑥ 先程とは反対に10回巻きつける
A
⑦ 8の字の下Aの穴に通す
⑧ ④と同じ方向にPEラインを8の字に通す
⑨ よく湿らせながら口にPE支線、右手にPE本線、左手にリーダーの本線を持ち密巻部のPEラインの色が変わるまでじわりと締め込む。一気に締め込まない
PE本線
PE支線
リーダー支線
＊ここで支線をカットして出来上がり
⑩
リーダー支線
⑪
リーダー支線
＊確実にていねいに締め込む
⑫ 10 11を交互に繰り返して各方向10回程度締め込む
反対側に滑るように線が作れたらOK!
1回ごとに確実に締め込む事で強度は上がる
PE本線
リーダー支線
PE支線
⑬ 最後だけ4回程締め込む。湿らせる事もわすれずに！
⑭ リーダーとPEの支線をカットしてライターであぶって出来上がり

ノットE［クリンチノット］

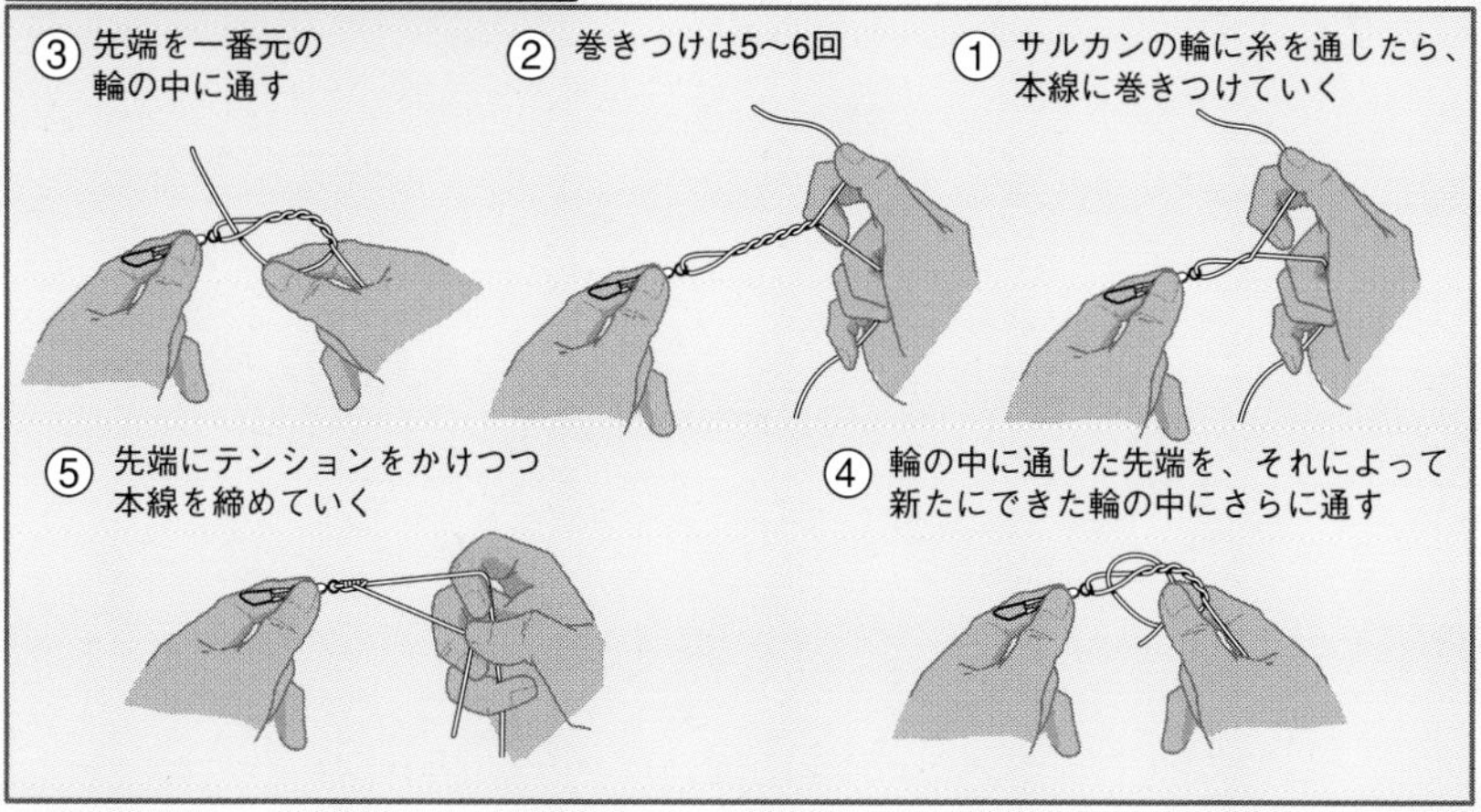
① サルカンの輪に糸を通したら、本線に巻きつけていく
② 巻きつけは5〜6回
③ 先端を一番元の輪の中に通す
④ 輪の中に通した先端を、それによって新たにできた輪の中にさらに通す
⑤ 先端にテンションをかけつつ本線を締めていく

キャスティングの基本とコツ

オーバーヘッドキャストで正確なキャストを心がけ、それから飛距離を伸ばそう

まずはオーバーヘッドキャストを習得すること

陸っぱりのキャスティングゲームでは、ルアーフィッシングであれ投げ釣りであれ、遠くへ投げられれば投げられるほど大きなアドバンテージを手に入れることができる。ルアーや仕掛けを遠くまで運べば、それだけ広い範囲を探れ、当然ターゲットと遭遇する確率が高くなるからだ。ただし、いくら遠くへキャストできたとしても、右へ行ったり左へ行ったりコントロールが定まらないというのでは、せっかくのロングキャストを十分に生かしきれない。

正確に、かつロングキャストができてこそ始めて、実際のゲームに生かすことができるのである。ここでは、キャスティングの基本とロングキャストのコツ、そして真っすぐ投げるための注意点を紹介する。まず、覚えてほしいのがオーバーヘッドキャストだ。

右手の握り（右利きの場合）は、リールのフットを中指と薬指の間か、薬指と小指の間に挟み、掌全体でロッドを包み込むようにする。力を入れるのは小指から中指までの3本だけで、人差し指と親指は力を入れず、添える程度でよい。

左手の握りは、グリップエンド（ロッドの下端）を包み込むような感じで、力を入れすぎず、ふんわりと。

リールのベイルを起こし、ロッドの先端からルアーまでの距離（タラシ）を40～50センチとしておき、右手の人差し指でラインを引っ掛ける。剣道で「面」を打つような格好でロッドを頭上に振り上げ、グリップエンドを目標方向に、ロッドティップを後方に向け、キャストの体勢に入る。

キャストは、左手で握ったグリップエンドを体の正面に引きつけながら、右手を軽く前方へ振り出し、人差し指で引っ掛けていたラインを放す。そのタイミングを言葉で表現するなら、ロッドが前方11時の位置に差しかかった時。遅すぎるよりは早めに!! だ。

ロッドの振り幅をできるだけ小さくしておき、タイミングがつかめてきたら、徐々に振り幅を広げていくようにする。

SHORE FISHING

オーバーヘッド・キャスト

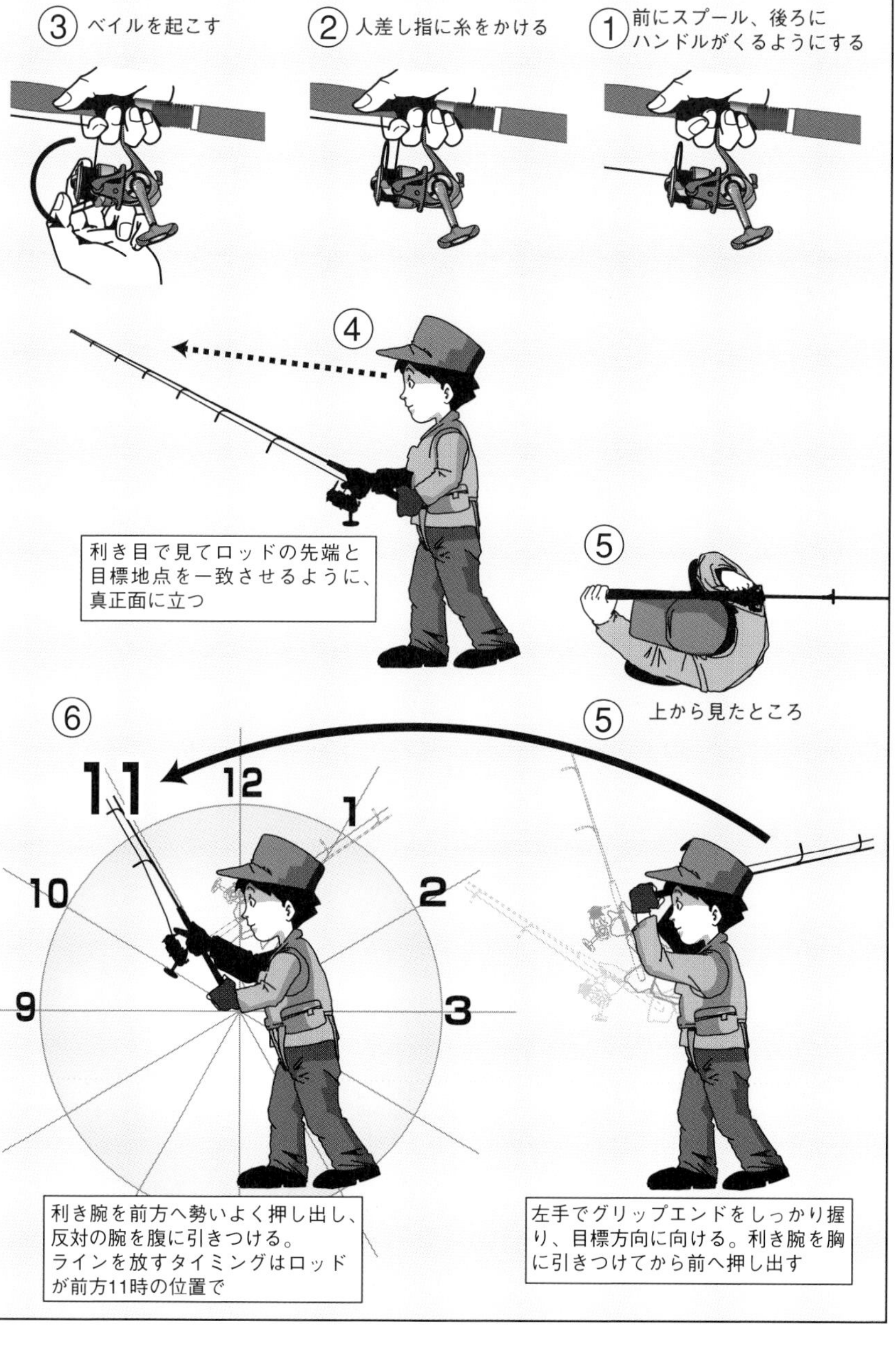
③ ベイルを起こす
② 人差し指に糸をかける
① 前にスプール、後ろにハンドルがくるようにする
④
利き目で見てロッドの先端と目標地点を一致させるように、真正面に立つ
⑤
⑤ 上から見たところ
⑥
11
12
1
10
2
9
3
利き腕を前方へ勢いよく押し出し、反対の腕を腹に引きつける。ラインを放すタイミングはロッドが前方11時の位置で
左手でグリップエンドをしっかり握り、目標方向に向ける。利き腕を胸に引きつけてから前へ押し出す

エギの基本操作【着底を知る】

まずはエギの着底を確認する術を学ぶ。風、潮で流されるラインも修正する

ラインの動きでエギの着底を認識する

エギの操作の基本は、キャストしたエギをボトムまで確実に沈め、シャクリを繰り返しながらアオリイカを誘い、抱きつかせるというもの。

しかし、確実にボトムまで沈めることというのが、簡単そうで実は意外と難しい。無風でベタナギの日並みならともかく、風が吹いていたり、流れがあったり、海面がザワついていたりすれば、初心者にはエギの着底がなかなか分かりづらい。

一般に、キャストしたエギの着底は、ラインのたるみで判断する釣り人が圧倒的に多い。エギをキャストした後、リールのベイルを戻すことなくそのままラインを出し続け、パラパラと引き出されていたラインがフワッとたるんだ瞬間をとらえて、着底を見極めているのだ。

そのタイミングを見逃すと、ラインは潮の流れに引かれて再びパラパラ出始め、そのまま延々と出続けることになる。

ではどうするか。具体的に注目しなければならないのは、水面に漂うライン。水面に航跡のような波紋を残しつつスーッと引かれている間はエギが沈んでいる証拠。エギがボトムに到達したのと同時に、波紋を引き起こしていたラインの動きがピタリと止まるはずだ。

エギがボトムに到達した瞬間である。ところが水深が深かったり、風が強かったり、潮の流れが速かったり、水面がザワついていたりすると、その瞬間が実に分かりづらい。慣れないうちは、重量の重い大きなサイズのエギを使うのも手。

潮の流れが速い場合は、メンディングと呼ばれる方法が効果的だ。メンディングというのは、潮に流され湾曲したラインを、空中でターンさせるようにして、再び直線状に戻すこと。

具体的な方法は、キャストしたエギを沈めている最中、潮に流されラインがたるんだところで、縄跳びの縄を2人で大きく回すような感じで元の方向へ戻してやる。再びラインが流されたらその都度何度でも行い、ラインのなびき具合を調整できるため、潮流ばかりでなく、風の影響を受けた際にも応用が可能だ。

エギが沈んでいる最中

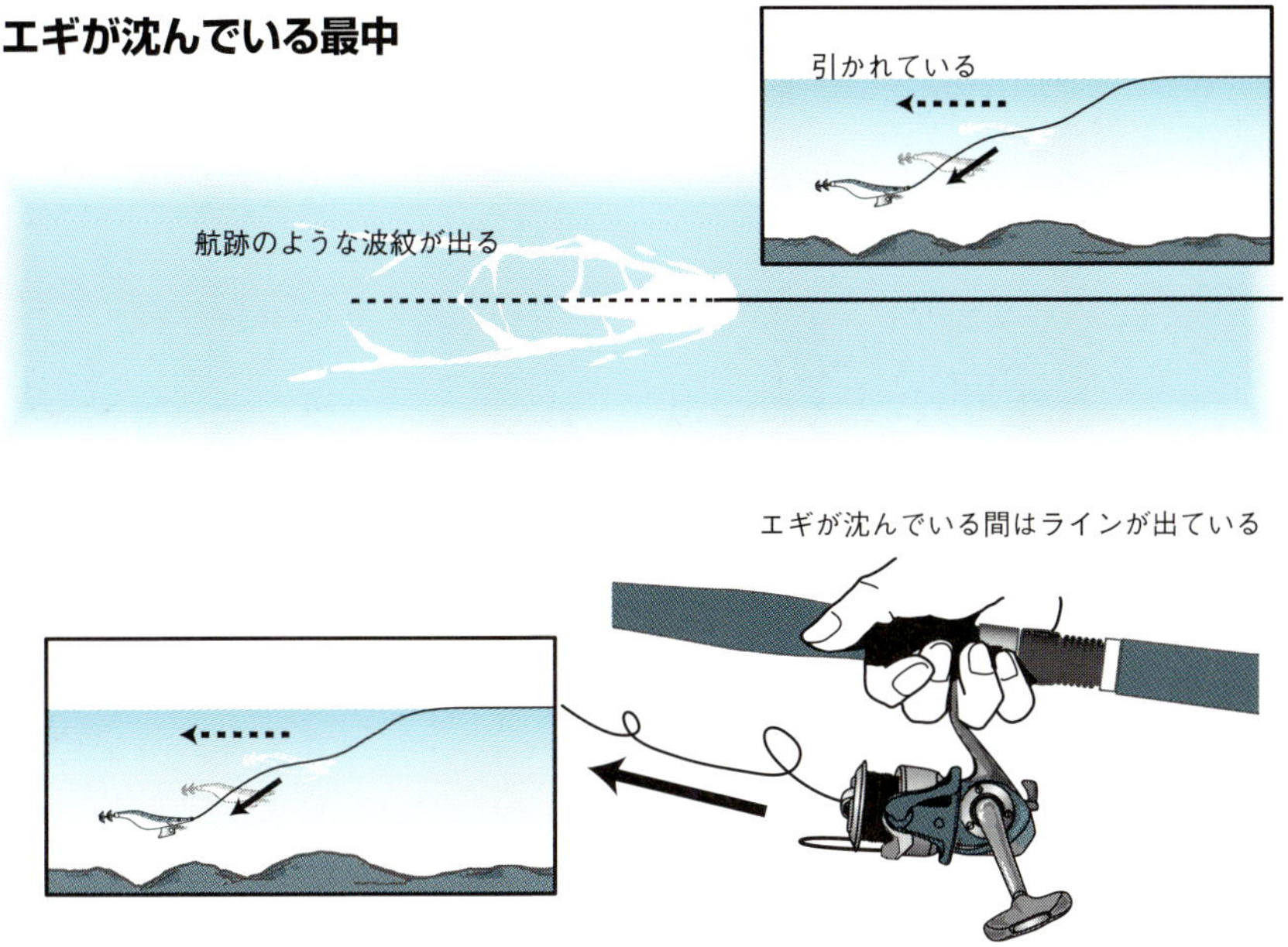
引かれている
航跡のような波紋が出る
エギが沈んでいる間はラインが出ている

エギが着底した瞬間

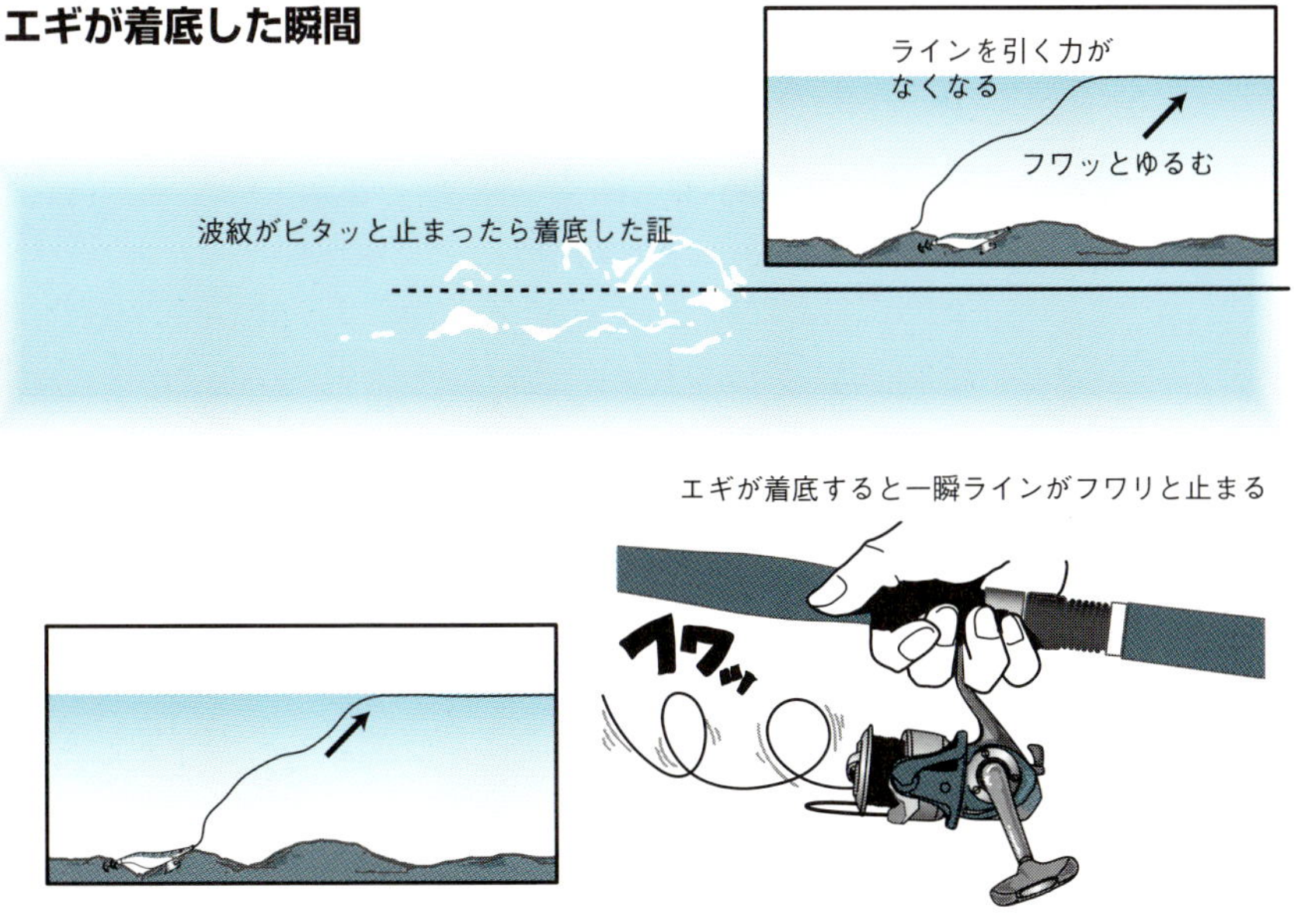
ラインを引く力が
なくなる
フワッとゆるむ
波紋がピタッと止まったら着底した証
エギが着底すると一瞬ラインがフワリと止まる
フワッ

エギの基本操作【シャクリ方】

シャクリ。エギがバランスを崩してスライドするよう、急激に力を加えることだ

シャクリ方の基本
※シャクリは激しく!!
キャストしたエギが着底したら、できるだけ激しくシャクリ上げそのまま沈める。エギを引くのではなく跳ね上げる感覚で！

エギをキャストし、ボトムまで沈めたら、いよいよシャクリを開始する。

シャクリの基本は、できるだけ鋭く、その場でエギが跳ね上がるようにすること。鋭くシャクってアオリイカに興味を与え、フォーリングに移行して抱きつかせるのが理想的なパターン。

アオリイカがエギに抱きつくための時間を長く取るためにも、できるだけ高く跳ね上げフォーリングに持ち込むのが理想だ。

シャクリのパターンはいくつかある。1段シャクリ、2段シャクリ、3段シャクリ、片手シャクリ、両手シャクリなどであるが、共通していえるのは、エギがバランスを崩してスライドするよう、急激に力を加えること。

ラインを、ほんの少したるませ気味にしておき、そこから一気にシャクリ上げる。ゼロのスピードから一瞬のうちに100のスピードに持ち込む感じ、といったらお分かりいただけるだろうか。

そうすることによって、エギが手前にスーッと移動するのを防ぎ、勢いよく真上に跳ね上がるのだ。片手の1段シャクリで難しければ、両手の1段シャクリか片手の2段シャクリで、それでも難しけ

跳ね上げが足りないと思ったら、ダブルハンドルで大きくシャクるのも手

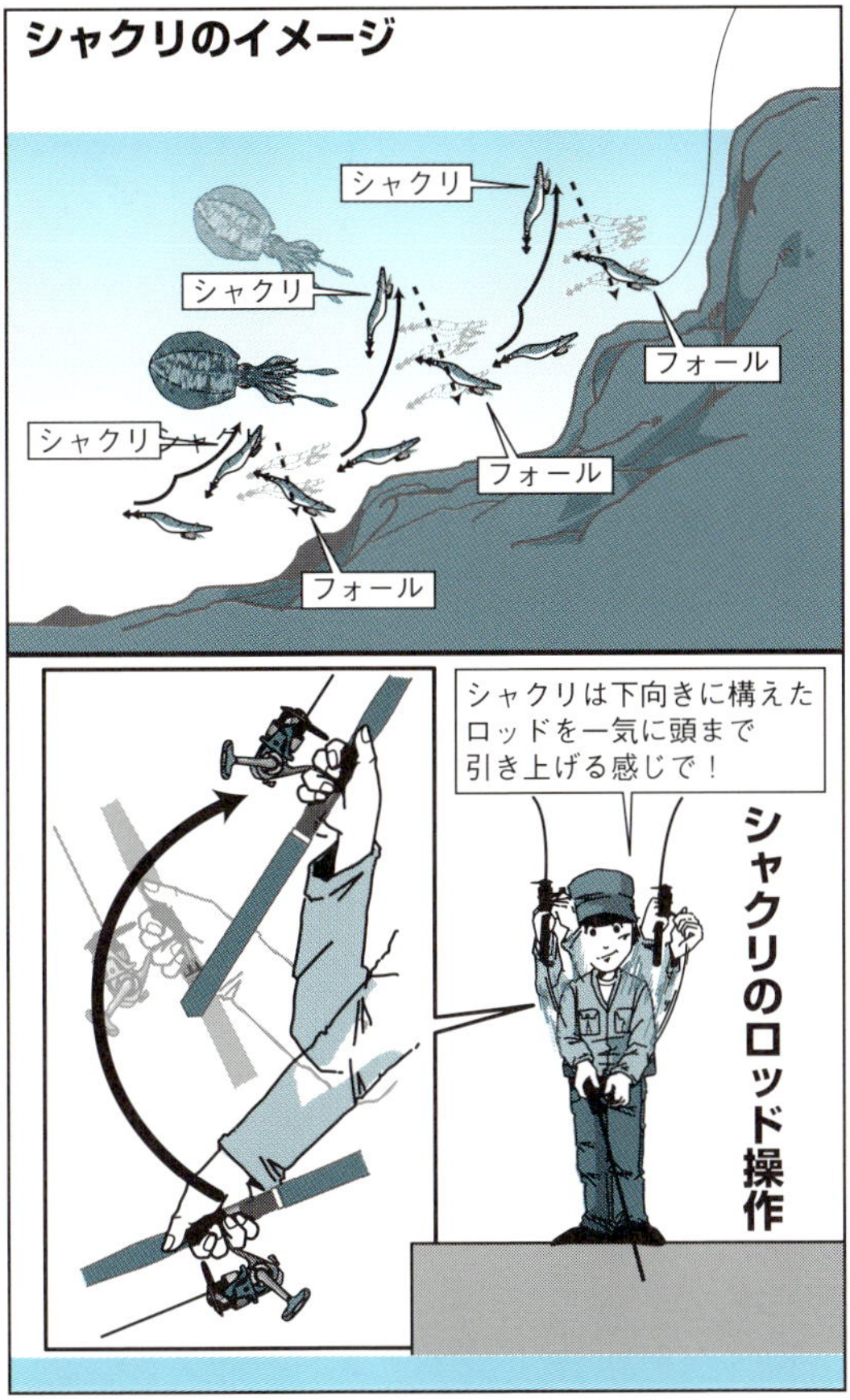
シャクリのイメージ
シャクリ
シャクリ
シャクリ
フォール
フォール
フォール
シャクリは下向きに構えたロッドを一気に頭まで引き上げる感じで！
シャクリのロッド操作

れば、両手の2段シャクリで、なにがなんでもエギを跳ね上げることである。

基本は、片手の1段シャクリ。構えは、自然体で立った状態のまま、ロッドを持った手のヒジを軽く曲げ、ロッドティップを下向きにする。手首を返しながら、腕全体を頭上に突き上げるような気持ちでロッドを一気に振り上げる。その際、ラインとロッドがムチのように、ビシッと鋭い音を発するようなら、うまくシャクリ上げることができた証拠。

ロッドが長めであったり、エギが大きめでうまくシャクれない場合は、まず1段目を軽く跳ね上げておき、その動きが消えないうちに2段目を強く跳ね上げる。

すなわち、1段目は2段目のための前段ということになる。両手でシャクる場合は、左手をグリップエンドに添え、下方向に強く押し出しながら行う。

最後の詰めともいえるフォーリングは、基本的にはフリーフォール、すなわち、ただ自然に沈めてゆくだけでよい。シャクリでエギに十分興味を持ち、十分じらされている状態ができ上がっていれば、フォーリングに切り替えるや否や、すぐにガッチリ抱きついてくるものである。

ヒットの瞬間は、突然やってくる。シャクリの動作に移った際ズンッときて一瞬動かなくなったり、フォーリング中にラインがツツーッと走っていく場合など、パターンは色いろ。共通しているのは、ズンッときた後、ラインを張り気味にしてしばらく待つと、グンッグンッグンッと生き物の動きが伝わってくること。

そこからさらに合わせを入れる必要はない。大きさにもよるが、沖に向かって走っている間はじっと待ち、引きが止まったらすかさずリールを巻いて引き寄せにかかる。

アオリイカの代表的な釣り場【港&磯】

↓港では一番大きな堤防、沖側の堤防を探る。スレていない磯は思わぬ大釣りも!!

堤防や岸壁などでも、潮通しのよいポイントならアオリイカは狙い目

【港のポイント】

アオリイカの釣り場で日本国中、最も人気が高く、釣果も安定しているのが港周り。堤防あり、係船あり、消波ブロックあり、沈み根あり、海藻あり、船道あり、そして時には流れ込みありといった具合に、アオリイカの集まるポイントが実に多い。

港の規模にもよるが、最有力は大堤防。すなわち、その港の中で最も大きな堤防が、メインの釣り場と思ってよい。もし仮に、大きな港で沖に向かって堤防が何本も続いているようなら、一番外側に位置する堤防。

その外側と内側をきっちりチェックするだけで、その港のアオリイカ釣り場としてのポテンシャルを知ることができる。

基本的には、水の動きに変化のあるところか、ストラクチャー周り。水の動きに変化があるところというのは、例えば堤防の角、先端、付け根、そして流れ込み周辺など。ストラクチャーというのは沈み根、海藻、船道、消波ブロック、係船の各周辺。

スレていないだけにエギへの反応もダイレクトな磯のポイント

SHORE FISHING

それらの周辺でエギをキャストし、順次チェックしていくか、秋から初冬にかけての見えイカシーズンであれば、前述のポイント周辺にアオリイカの姿を探しつつ、めぐってみるとよい。

【磯のポイント】

近年、エギングをはじめとするアオリイカ釣りブームの影響で、手軽に入れて釣果も安定している港周りの釣り場が、休日には釣り人で埋め尽くされ、思うように入れないことも多くなった。

あるいは、シーズン只中となれば、入れ替わり立ち替わり釣り人が訪れるため、アオリイカがスレにスレ、エギにまったく反応しないケースも少なくない。そんな時は港を離れ、思い切って磯へ入ってみるとよい。

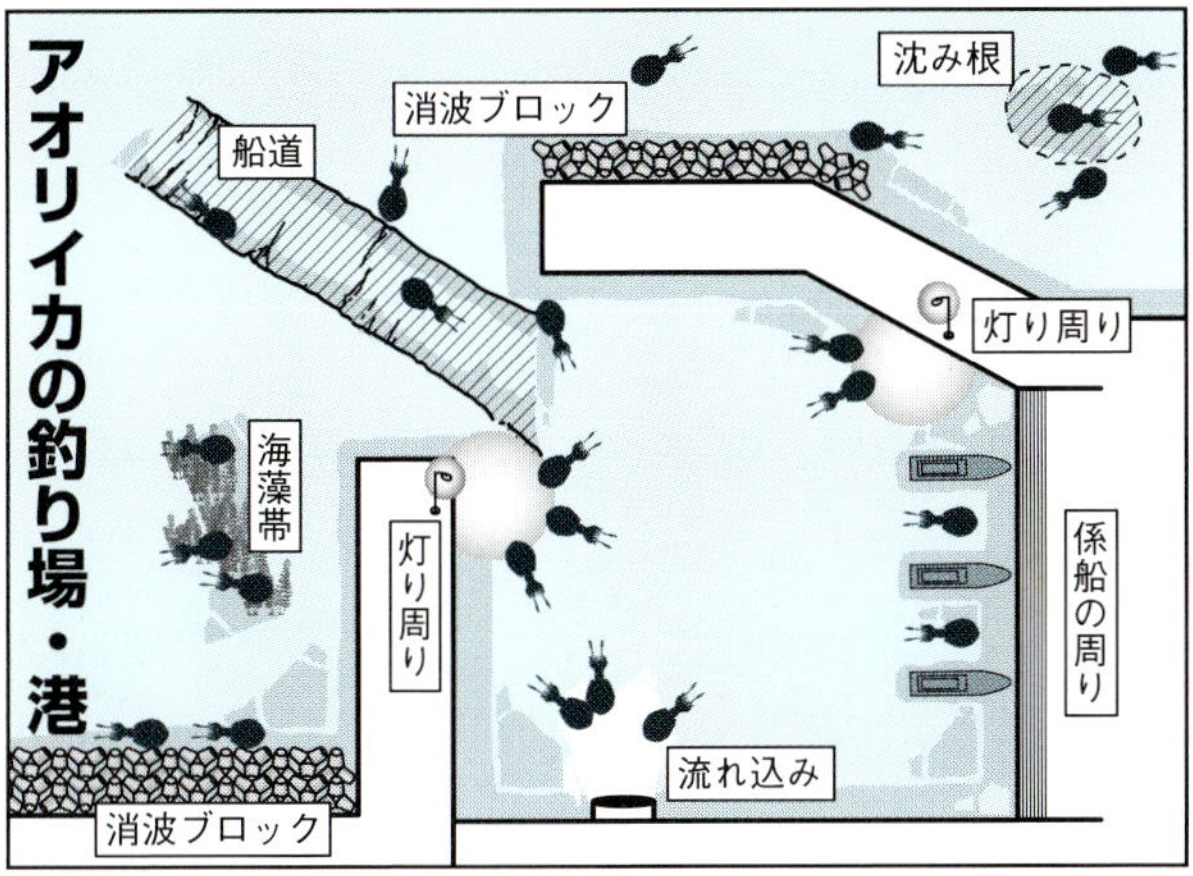
アオリイカの釣り場・港
沈み根
消波ブロック
船道
灯り周り
海藻帯
灯り周り
係船の周り
流れ込み
消波ブロック

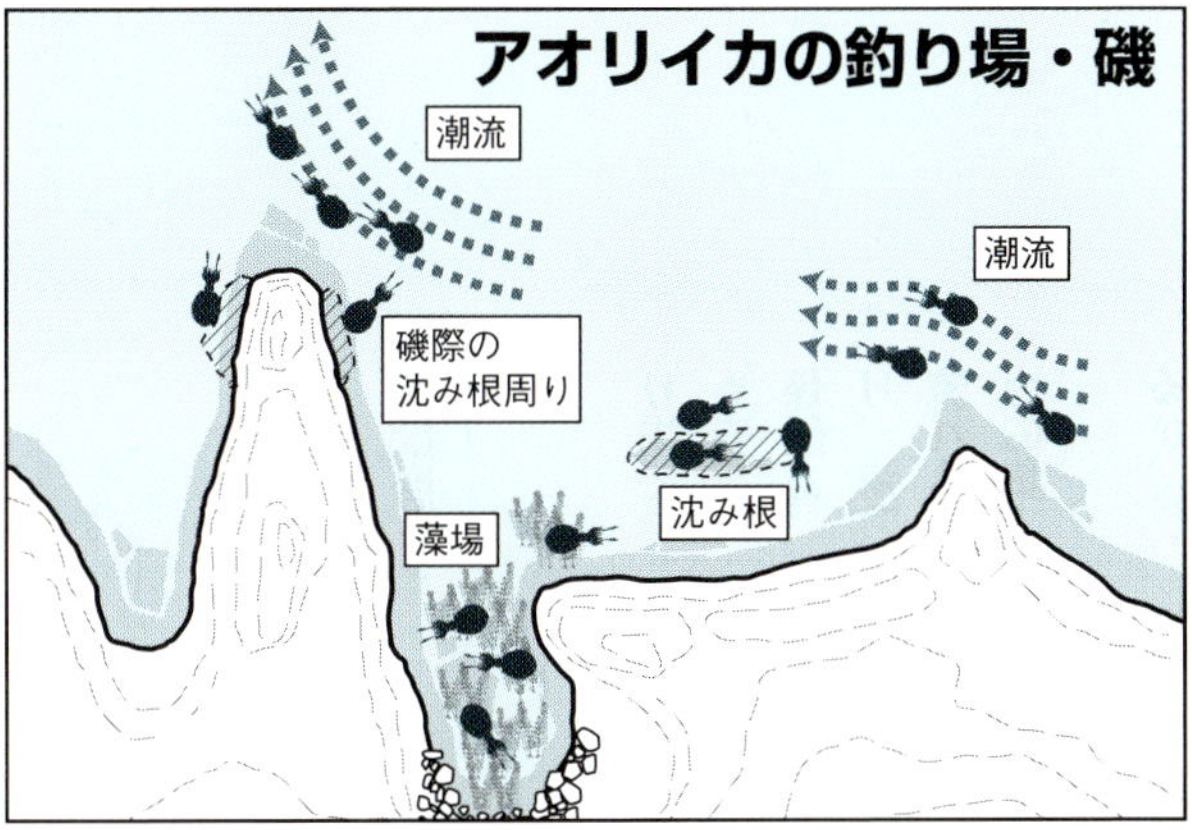
アオリイカの釣り場・磯
潮流
潮流
磯際の沈み根周り
沈み根
藻場

磯への第一歩は、港に隣接した足場のよいところがおすすめ。港周りであれば、磯とはいえそれほど険しい場所は少ないからだ。もちろん、だからといって甘く見てはいけない。装備を万全に整えてから出かけるのは、当然のことである。

磯でアオリイカを狙う場合は、海藻や沈み根の周りと、潮通しのよいところを重点的にチェックしていく。10投ほどキャストして反応がないようなら、狙いを次の沈み根（海藻）に替えるといった具合にテンポよく、ひとつでも多くの沈み根をチェックしてみることだ。

潮通しがよいのは、突き出た磯の先端周辺。潮の流れが直接ぶつかっているようならヒットの可能性は高い。通常、アオリイカは流れの上手に頭を向け、泳ぎつつほぼ同じ位置をキープしていることが多いので、流れの下手にキャストを行い、流れに逆らってエギを引いてくるようにする。

アオリイカの代表的な釣り場【サーフ&岸壁】

↓サーフはエギング釣り場の最後の砦。水深がありサイト&大型も狙える岸壁

まだまだ未知のポイントが点在するサーフ

【サーフのポイント】

アオリイカ釣りの人気が高まり、手軽な港は釣り人で埋め尽くされてしまうケースが多くなった。そこで、より入りにくい磯へ出かけ、エギングを展開する釣り人が増えてきているわけであるが、経験を積んだベテランでなければ行き着けない危険な場所も少なくない。

そこで、もうひとつの逃げ場である、砂浜やジャリ浜などサーフでエギングを展開する釣り人も、年々増えてきた。

サーフのよいところは、ここといった特定のポイントを絞り込むことができないため、先を争うことなく、いくらでも釣り人の収容力があることと、極めて安全性が高いこと。

しかし、いくら砂浜が広くてポイントの見当がつかないからといって、どこでもよいだろうと適当な場所を釣り場と決め、延々粘り抜いたところで釣果を得られる確率は極めて低い。

サーフからアオリイカを狙う場合も、港や磯の時と同様、沈み根や海藻帯を見つけて狙い撃ちするのが基本となる。いや、狙って釣るには、他の方法は見当た

サイトフィッシングから大型狙いまで、オールマイティーな岸壁

らないといってしまってもよい。

水深が深くて海底の様子が分からない場合は、水色がぐっと濃くなるカケ上がり周辺を重点的に攻める。カケ上がり自体がひとつの壁、すなわち根と同じ効果を発揮していることになるからだ。カケ上がりは急激であればあるほど、アオリイカが着きやすい。

アオリイカの釣り場（砂浜・ジャリ浜）
沈み根
沈み根
海藻帯

【岸壁のポイント】

港や堤防と並んで、コンクリートで作られた岸壁も、アオリイカの代表的な釣り場の一つ。船を接岸し、魚網の揚げ降ろしをしたり、荷物の積み下ろしをしたりといった作業目的であるケースが多いため、沖側の水深はおおむね深い。

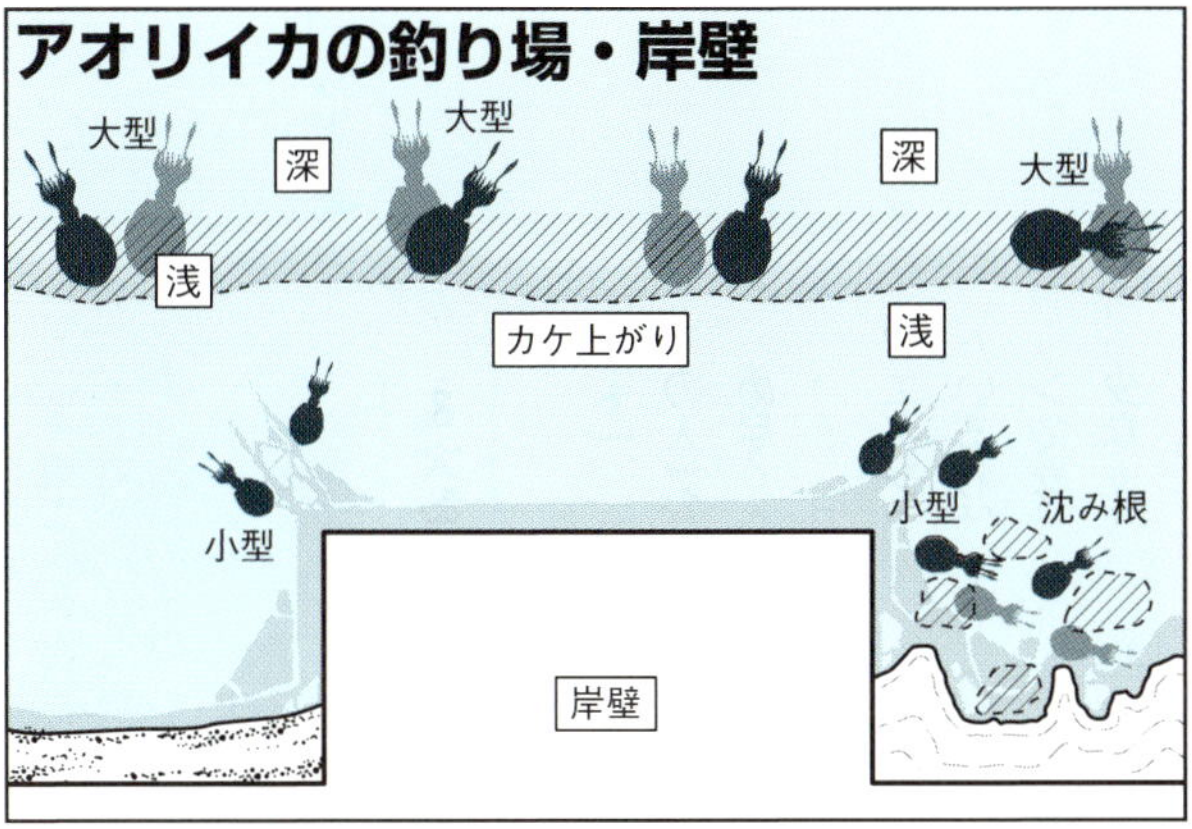
アオリイカの釣り場・岸壁
大型
大型
大型
深
深
浅
浅
カケ上がり
小型
小型
沈み根
岸壁

こんな釣り場では、季節にもよるが、手前で主にサイトフィッシング（アオリイカを見ながら釣る方法）にこだわって中小型の数釣りに終始することもできるし、沖の深場でエギをじっくり沈め、大型のみに的を絞るという釣り方もできる。

最初にチェックしたいのは、堤防の付け根。消波ブロックが並んでいるようなら、その消波ブロックの前面あたりを凝視し、アオリイカの有無を確認する。

次は、堤防の角まで一気に歩く。ただし、移動しながら、水中にアオリイカが見えないか、堤防上にスミ跡が残されていないかのチェックは怠りなく。

角に着いたら、扇型にエギをキャストし、手際よくシャクって活性の高いアオリイカを探してみる。水中と堤防上をチェックしつつ堤防の先端まで行き着いたら、外側の角を中心に扇形に攻め、次に内側の角へと移動する。さらに内側を水中、堤防上、そして係船の間をチェックしながら付け根に戻るのである。

春の大型イカを狙え!!

でっかいアオリイカを狙い撃つなら、沖目で勝負。実績釣り場で粘ってみる!!

キロオーバーを狙うなら粘りも必要

年間で最も大きなアオリイカが釣れるのは、春から初夏にかけて。狙いは、ずばりキロオーバー。この時期のエギングには、秋のように見えるアオリイカを探して狙い撃つパターンと、沖の深場やカケ上がりをじっくり探るパターンの2通りがある。

見えるアオリイカを探して釣る方法は、秋の小型イカ狙いのそれと変わらないので、ここでは割愛させていただくこととし、もう一方の、遠投して沖合で勝負する方法を紹介させていただくことにする。

使用するエギのサイズは、3.5号を標準としたいところであるが、大型のみにこだわる場合や、先行者に攻められていない沖合のポイントを狙い撃つ場合などは、さらに大きな4号か4.5号が有効となる。

ともあれ、でっかいエギを遠投し、深く沈めて、でっかいアオリイカを狙い撃つのも楽しいものである。

具体的な釣り方としては、ここぞとおぼしきポイントに向け、エギをできるだ

春のイカは
沖目のボトムが狙い目。
鋭くシャクって、自然に沈める
シャクリ
フォール中に乗る
春のアオリイカは
こんな所にいる
海藻帯
深場

け遠くへキャストする。エギが着水してもすぐにリールのベイルを元に戻さず、エギに引かれるままにラインを送り出していく。

フワッとラインがフケ、着底を確認したら、余分なラインを素早く巻き取り、シャクリを開始。シャクリは、鋭く、強く行うことになるが、重量のある大きなエギで、しかも、遠く深く離れているわけであるから、普段にも増して気合を入れて跳ね上げねばならない。

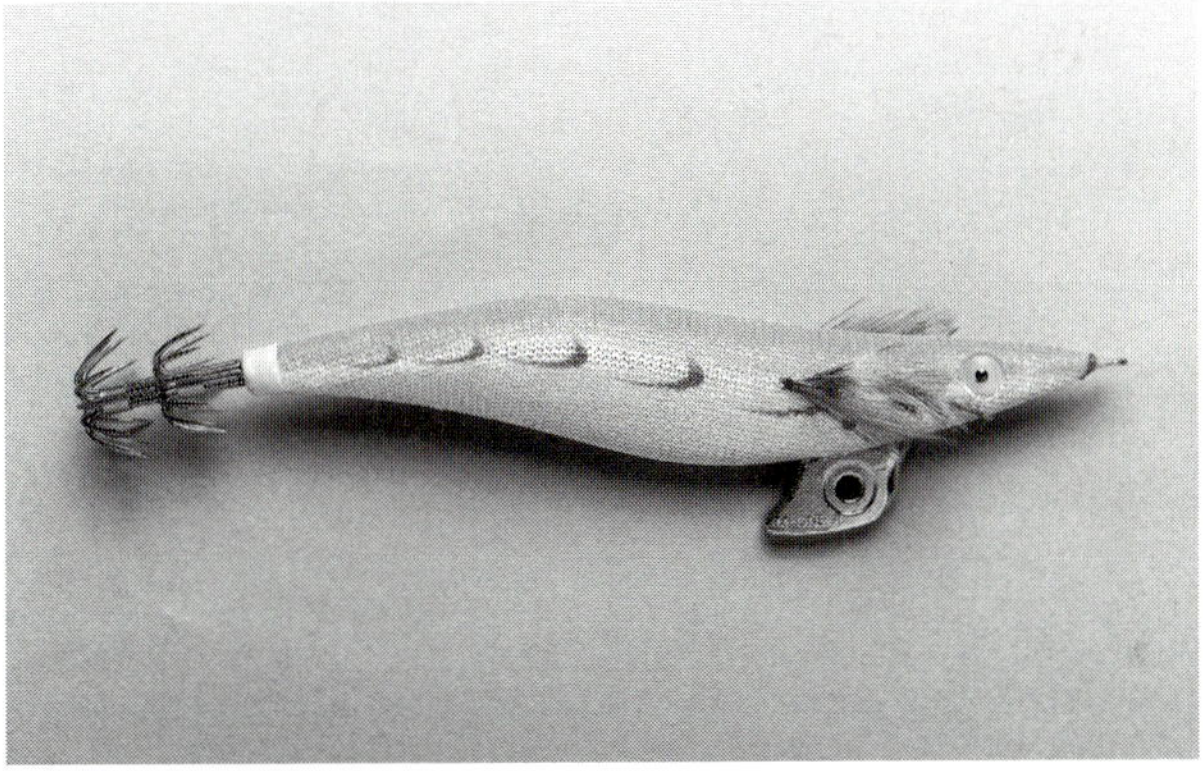
大型狙いにはエギも大きいサイズを使う。写真は4.25号

イメージとしては、常に真上に跳ね上げるような気持ちでシャクリを繰り返す。

跳ね上げたエギは、再びフォーリングに移り、ボトムまで沈める。沈めたまましばし待って、またしてもシャクる。その繰り返しだ。

もうひとつ、重要なことは、大型のアオリイカはそれほど広くない範囲を回遊しているため、ある程度粘ることも必要である。どういう目的なのかはよく分からないが、中小型のアオリイカに比べ一カ所にとどまらず、常に回遊している固体が少なくないのである。

傾向としては、大型が釣れる釣り場は何度も大型が釣れる。釣れない釣り場はトンとさっぱり、というものである。でっかいアオリイカを真剣に狙おうと思うなら、時には実績のある釣り場でじっくり粘ってみるのも、一法である。

秋はサイトフィッシングで狙え!!

見えイカはこうやって釣る!! シャクリで誘い、フォールで抱かせるのが基本

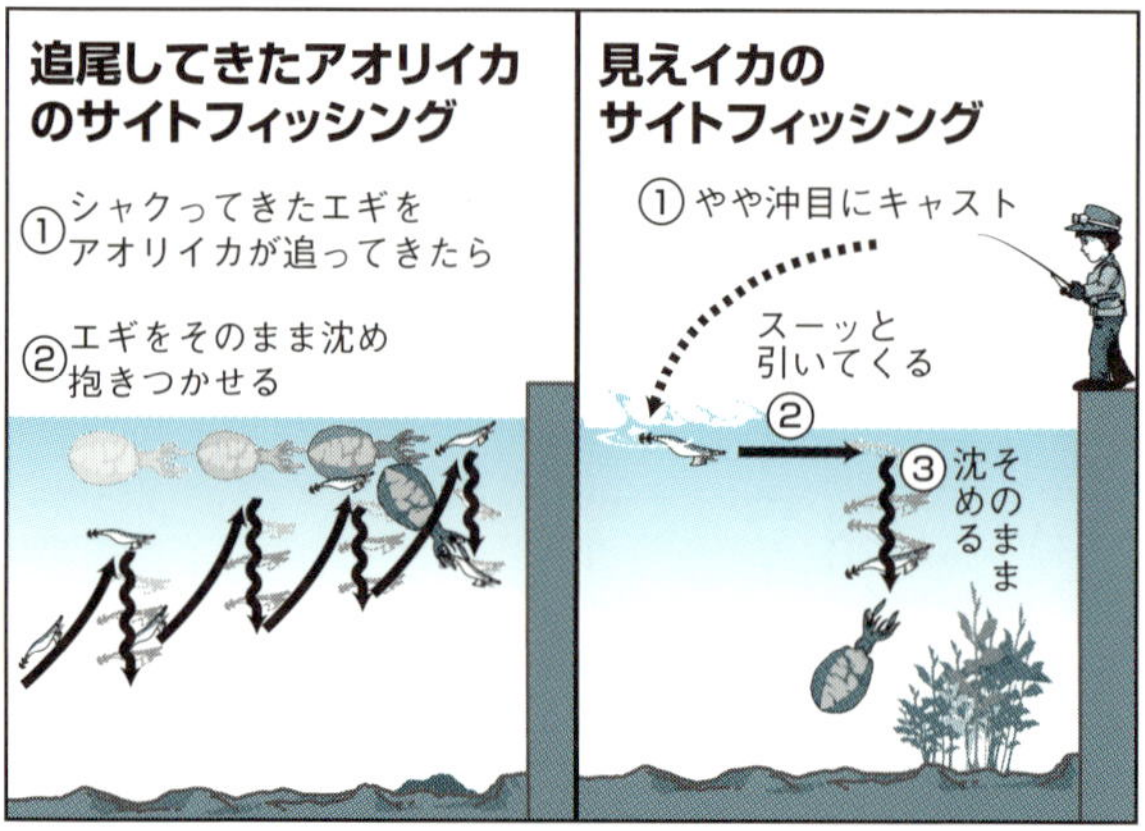
追尾してきたアオリイカのサイトフィッシング
①シャクってきたエギをアオリイカが追ってきたら
②エギをそのまま沈め抱きつかせる
見えイカのサイトフィッシング
①やや沖目にキャスト
スーッと引いてくる
②
③そのまま沈める

春のエギングのポイントが海藻周りとすれば秋のそれは、ずばり、根周りである。産卵期以外のアオリイカは、ベイトフィッシュ（小魚）に着くか、ストラクチャー（障害物）周りに着くと考えていただきたい。

ベイトフィッシュに着くというのは、ベイトフィッシュの群れの周りに着くというより、ベイトフィッシュの多いエリアにアオリイカもいる、と解釈していただいたほうが分かりやすいのではないか。

もっと簡単にいえば、エサとなるベイトフィッシュがいれば、周辺にアオリイカがいる可能性が高いということである。

さらに、そのベイトを探していると、水中に1杯、または数杯のアオリイカを発見することがある。これまで「見えるイカは釣れない」と諦めていたが、現在では一転して、よほどのスレッカラシでもない限り、「見えるイカは必ず釣れる」というのが常識になった。

見えている魚に挑むことを、「サイトフィッシング」と呼んでいるが、秋のエギングはまさに、日中のサイトフィッシングが楽しめるシーズンなのだ。ここでは、見えるイカを確実に釣り上げる方法を覚えていただきたい。

まず、見えているアオリイカの5～10メートルほど沖目にエギをキャストし、目の前で近くまでスーッと引いてきて、目の前で

秋は入門にも最適。小型の数釣りが楽しめる

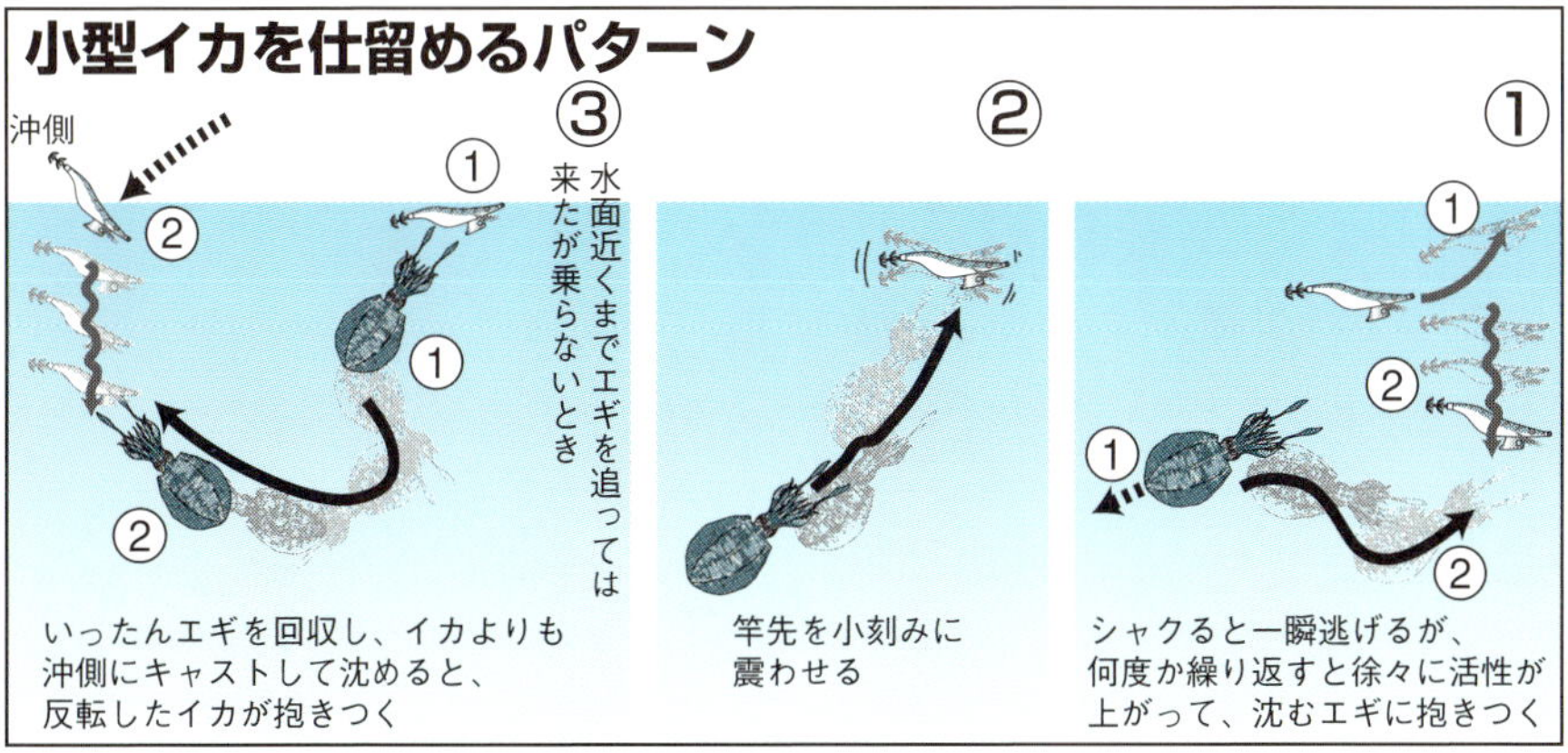
小型イカを仕留めるパターン
③
沖側
水面近くまでエギを追っては来たが乗らないとき
いったんエギを回収し、イカよりも
沖側にキャストして沈めると、
反転したイカが抱きつく
②
竿先を小刻みに
震わせる
①
シャクると一瞬逃げるが、
何度か繰り返すと徐々に活性が
上がって、沈むエギに抱きつく

フリーフォールに切り替えてやる。フリーフォールというのは、そのまま何もせずエギを沈めてやること。

活性の高いアオリイカであれば、沈んでいくエギにスーッと近づいてきて、がっちり抱きついてしまうハズだ。

厄介であり、かつおもしろいのは、多少の警戒心を発揮して、エギに興味は示すもののなかなか抱きつかないアオリイカ。

そんな時は鋭いシャクリで興奮させておき、興奮が最高潮に達したところでフォーリングに切り替え、抱きつかせる。1度でダメなら2度、2度でダメなら3度といった具合に、うまくいくまで何度でも根気よく繰り返すこと。

サイトフィッシングで釣れるのも、このシーズンならでは

シャクリとフォーリングを繰り返しても、エギとアオリイカの距離が一向に詰まらないケースがしばしばある。そんな時は、いったんエギを引き上げてしまい、手っ取り早くアオリイカの近くへキャストし直してみるとよい。

その際、アオリイカの手前側へキャストを行うのではなく、やや沖側へキャストし、スーッと引いてきて、十分近づいたところでフォーリングに切り替えるのがコツだ。

それでもなお、アオリイカがエギに抱きついてくれないときは、素早くエギをワンサイズ小型のものと交換してやる。目先が変わるだけでなく、エギが小さくなればフォーリングスピードが遅くなり、アオリイカがエギに抱きつくタイミングが長くとれるようになるからだ。

小型エギの持ち合わせがない時や、すでに最小のエギに切り替えてしまっている時は、エギのカラーを変えてやるだけでも十分効果がある。

覚えておきたいカーブフォール

応用範囲が広く、様ざまな状況に対応。カーブフォールは魔法の必殺ワザ!!

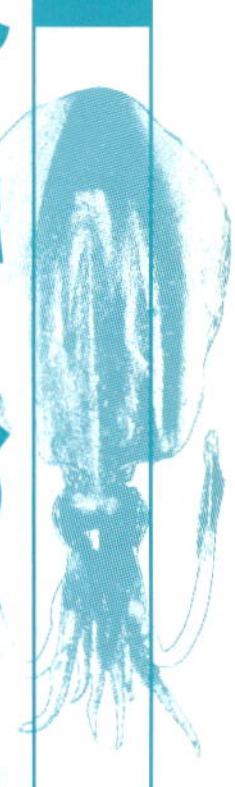

エギングでは、シャクリで寄せて、フォーリングで抱きつかせるのが基本中の基本。フォーリングは、ラインを弛め、自然な状態のまま沈めるフリーフォールが最高であるのも、また事実。

その間にアオリイカが抱きついたことを知るためには、ラインの変化に気をつけていなければならない。エギに引かれるラインを凝視し、どんな委細な変化も見逃してはならないのである。

さて、以上の基本を踏まえたうえで、カーブフォールというテクニックを身に付けておくと、色いろな場所、状況に対応しやすい。

例えば、風でラインが流され、小さな変化を読み取れない場合。あるいは、ナイトゲームやマヅメ時のゲームで、ラインが見にくい場合。さらには、不慣れでどうしてもラインの変化を読み取れない場合などなど。

カーブフォールのよいところは、アオリイカがエギに抱きついたことが、ロッドを通してダイレクトに手に伝わってくることである。

やり方は、キャストしたエギが着水したところでリールのベイルを元に戻し、それ以上のラインの出を止めてしまう。ロッドを立てた状態のまま止めておくことによって、ラインが張られたままエギが大きな弧を描きつつ、ゆっくり沈んでいくことになる。

その間、ラインは常に一定のテンションで張られているため、アオリイカが抱きつけばその感触が、ロッドを通して伝わってくる。

もちろん、魚ではないため、ガツガツッときたりゴンゴンッと激しくくるわけではなく、グーッと引いていくような、引っ張るような、重くなるような感触。ともあれ、ロッドを握る手に神経を集中していれば、何かしら変化に気付くハズだ。

エギが着底したら、強くシャクリ上げ、再びラインを張ったままフォールさせる。その繰り返しだ。

カーブフォールは、アタリが取りやすいだけでなく、実は、応用範囲が広く、色いろな場で活用できるテクニックである。前述したように、基本はキャスト後の最初のフォーリングからラインにテンションをかけてやることであるが、水深の深い釣り場では、せっかくロングキャストをしたにも関わらず、1回のカーブフォールでエギが手前に寄ってきてしまうことになる。そこで、少しでも沖目を狙いたいときには、キャスト後、いったんフリーフォールでエギを着底させ、最

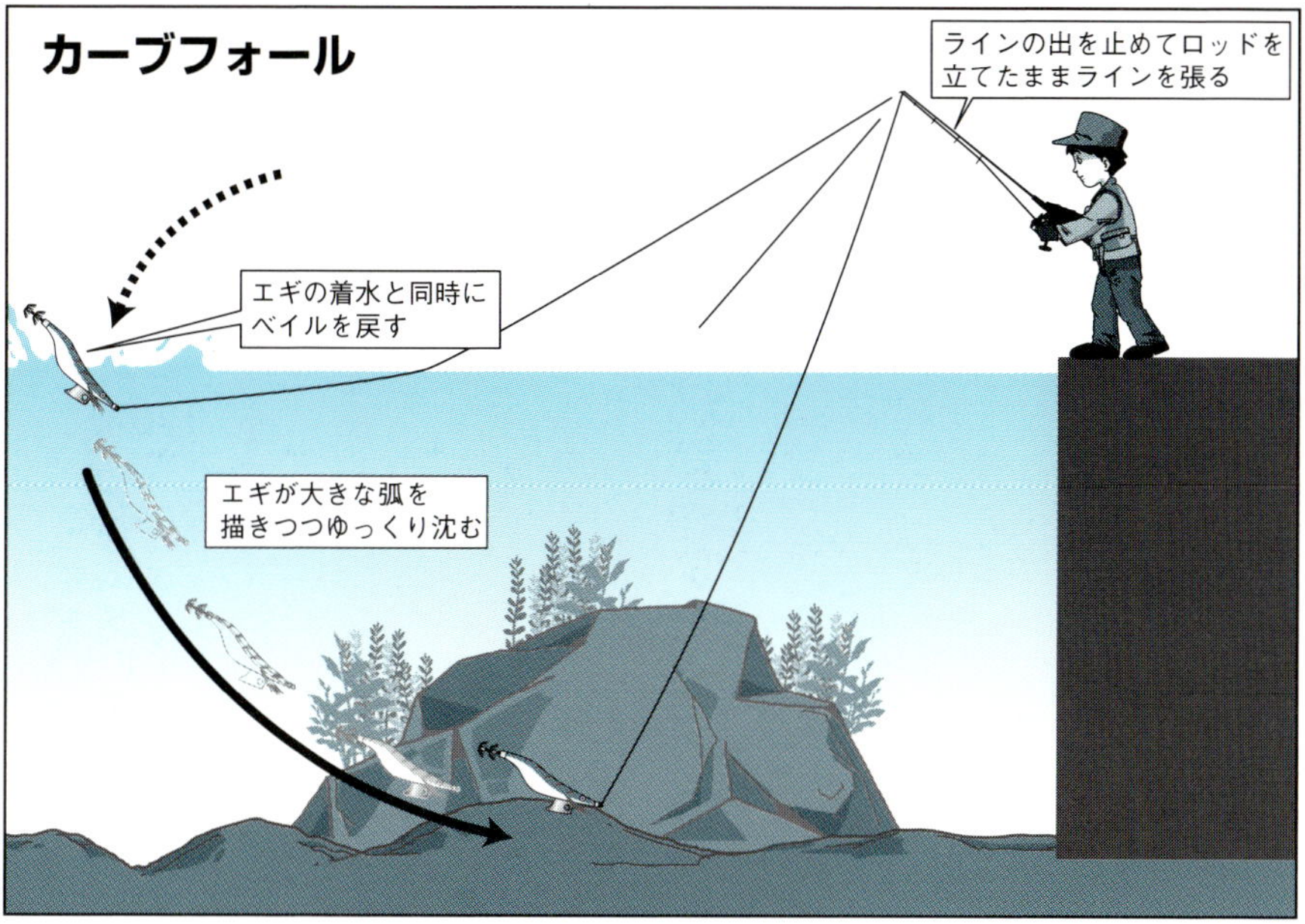
カーブフォール
ラインの出を止めてロッドを立てたままラインを張る
エギの着水と同時にベイルを戻す
エギが大きな弧を描きつつゆっくり沈む

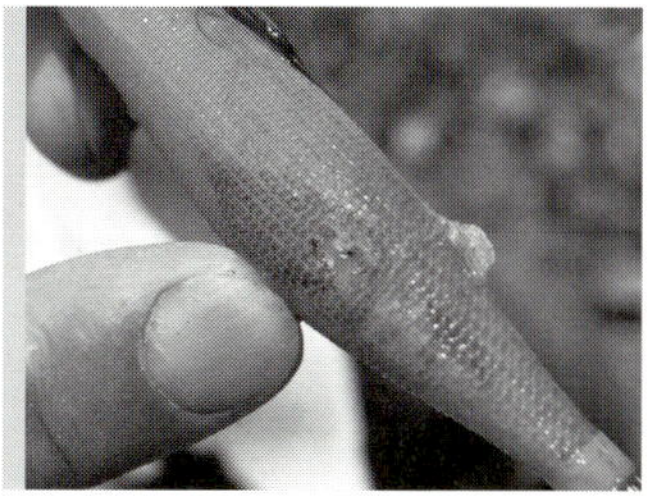

アオリイカのアタックは激しい。エギに食らいつくとハッキリ分かる傷を残すほど

ロッドを立ててエギの動きを操るカーブフォール

初のシャクリ以降にカーブフォールを取り入れる。

さらに、フォールの際のテンションのかけ方によって、エギの沈み方や、フォール中の姿勢をコントロールすることも可能だ。

例えば、ラインを張りつつ、フリーフォールに近い状態を作り出してやるには、シャクリ上げてからフォーリングに移る際、立てていたロッドを少しずつ前に倒しながら、ラインを送り出すようにしてやればよい。エギが沈むのと同じスピードで同じ距離分だけラインを送ってやれば、エギは自然に近い状態でフォーリングすることになる。

ラインのテンションのかけ方ひとつで、フォーリングの姿勢やスピードをコントロールすることができるのだ。

アオリイカが掛かったら

合わせるか否かの判断が重要!! ギャフかタモは常に携行しておきたい

小型なら抜き上げが基本だ

アオリイカがヒットした際は、合わせが必要なときと、必要でないときの2通りがある。

合わせが必要なのは、アオリイカがエギをがっちり抱き込んでいて、まったくハリに掛かっていないと想定できる場合。小型よりもむしろ中型以上、とりわけ大型のアオリイカがヒットした場合は要注意。しばしファイトを展開している最中、何かの拍子にアオリイカがエギをパッと放し、そのままサヨナラとなってしまうケースがままあるからだ。

アオリイカが異変を感じてエギを放しやすいのは、ファイト中よりもむしろ取り込み時。さていよいよ仕上げといくか、と思ってギャフやタモを差し出した瞬間、エギをパッと放し、いともたやすく消え去ってしまうのである。地団太踏んでも後の祭り、そうならないためには、良型と感じたらしっかり合わせておくこと。

ヒットしたアオリイカが中型以下で、しかも、しっかりハリ掛かりしている場合は、一気に抜き上げてしまったほうが手っ取り早い。

抜き上げる際のコツは、ラインの長さ（ロッドの先からアオリイカまでの距離）をロッド1本分以下にしておき、ロッドの弾力を使って一気に空中に跳ね上げ

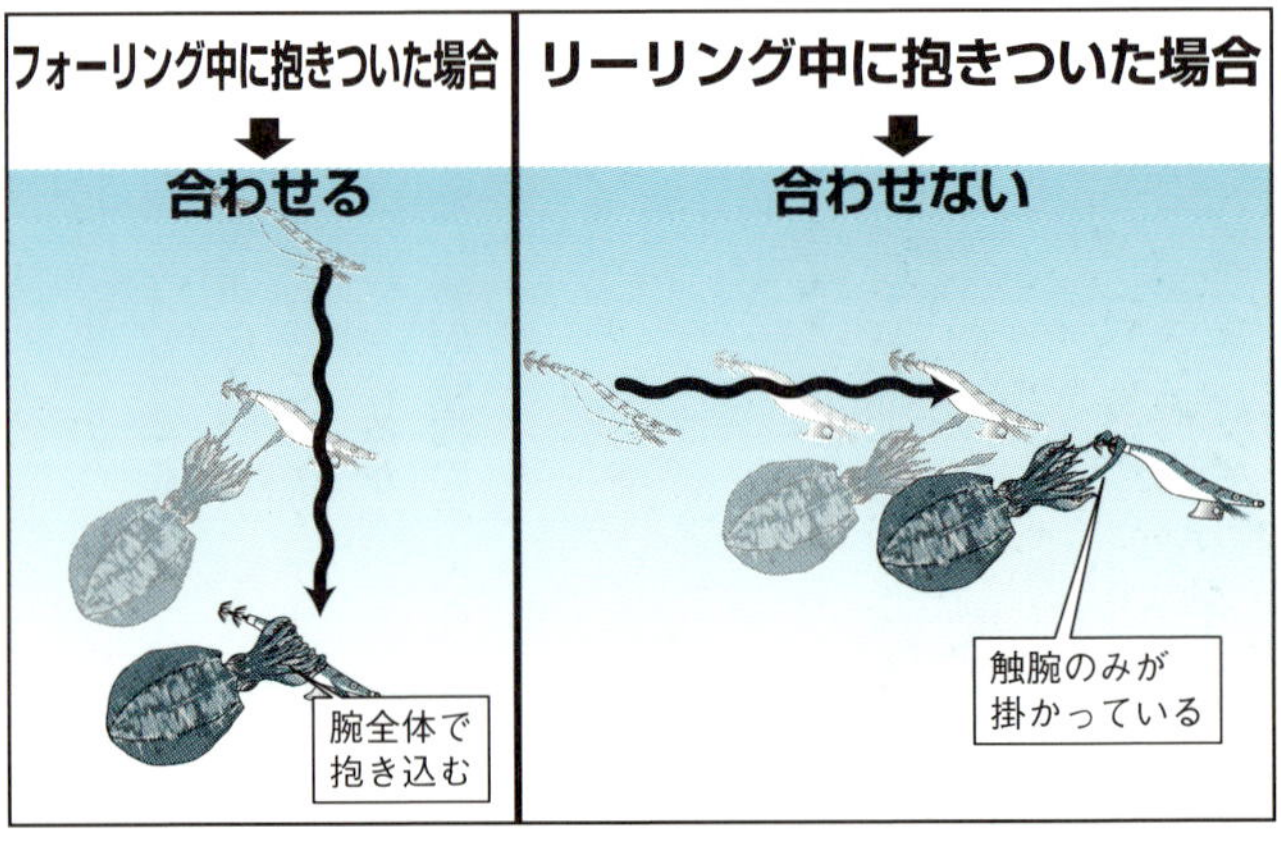
リーリング中に抱きついた場合
合わせない
触腕のみが
掛かっている
フォーリング中に抱きついた場合
合わせる
腕全体で
抱き込む

SHORE FISHING

る。

失敗しやすいのは、おっかなびっくりアオリイカをぶら下げてしまうケース。水面から引き上げ、さらにぶら下げたのでは、ラインは切れやすいし、ロッドだって折れやすい。ロッドの弾力を使って、空中高く放り上げるような気持ちで挑むのがコツだ。

ハリ掛かりが不十分だったり、抜き上げるには大きすぎる場合、足場の高い場所などでの取り込みには、ギャフかタモを使用する。専用として用意するなら、ギャフがよい。普段は折りたたんでカバーの中にすっぽり収まっていて、いざ、という時には一瞬にして開く、専用のギャフが便利だ。

アオリイカが足元まで寄ったら、エギを空中に引き上げた状態のままギャフの準備に取りかかる。ギャフの先端をカバーから引き出し、落ち着いて柄を伸ばす。

ギャフを掛ける場所は、頭頂部が理想であるが、慣れないうちは胴体であればどこでもよい。沖側からアオリイカに被せるようにして掛けるか、手前側からすくい上げるようにして掛ける。

掛けたら、リールのベイルを返してラインをフリーにし、柄を垂直にしてアオリイカを引き上げる。ドジョウすくいのように柄を横向きにしながら引き上げている人を時折見かけるが、バラシの原因にもなるし、柄の破損の原因ともなるので注意すること。

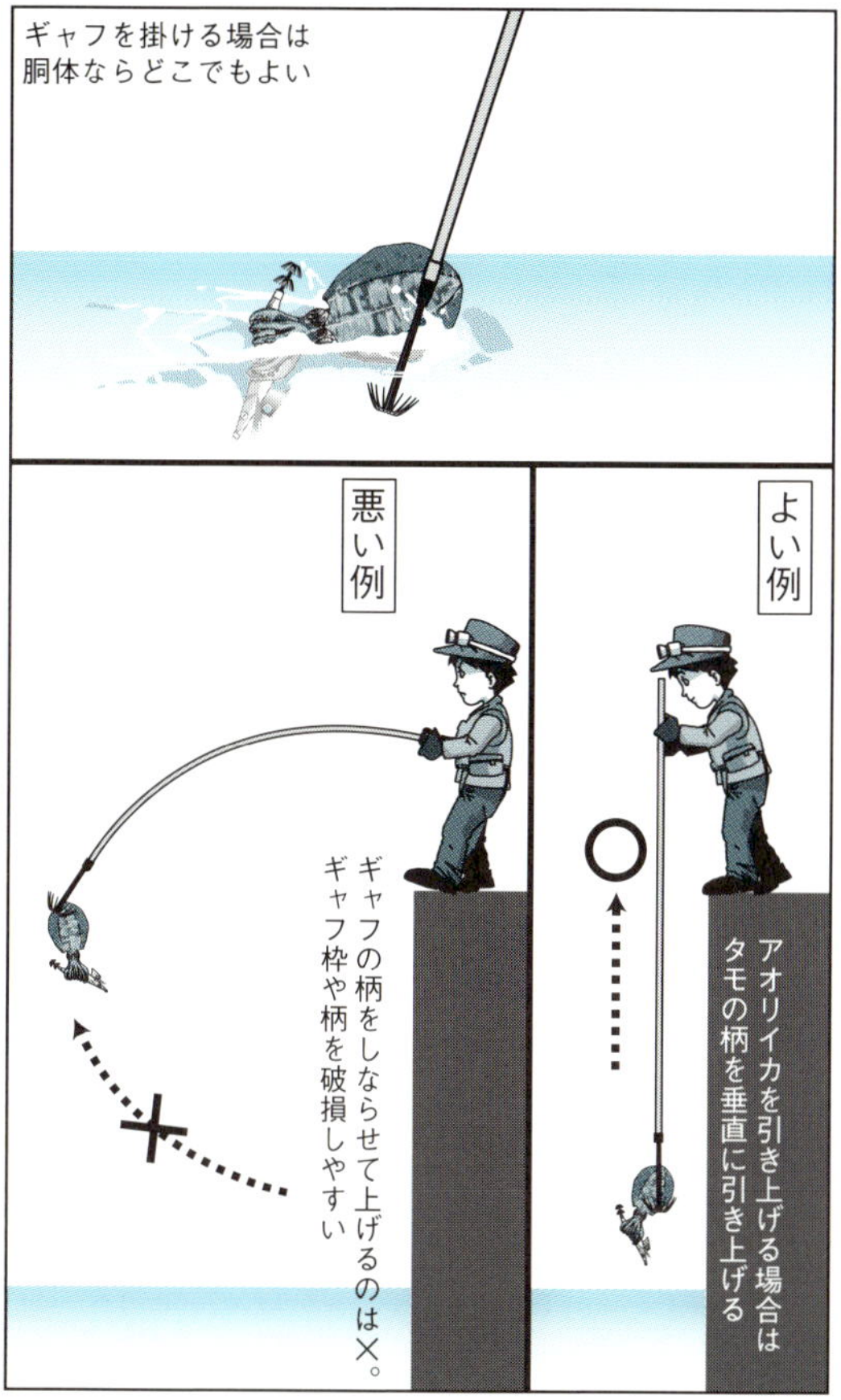
ギャフを掛ける場合は
胴体ならどこでもよい
よい例
アオリイカを引き上げる場合は
タモの柄を垂直に引き上げる
悪い例
ギャフの柄をしならせて上げるのは×。
ギャフ枠や柄を破損しやすい

こんな大型はギャフがないと取り込めない

Column 2

陸っぱり イカ釣りア・ラ・カルト

SHORE SQUID FISHING A LA CART

【コウイカ】

初冬にアオリイカの外道として釣れることも。海底近くがポイントだ

コウイカは体内に「甲」と呼ばれる石灰質の浮き袋を持っていることからのネーミングであるが、墨の量が多いのでスミイカ（墨烏賊）とも呼ばれる。陸っぱりからは冬場（12月～２月）がトップシーズン。

堤防から狙う時は、６～10号のオモリを付け、オモリ上30～50センチにトリプルサルカンで枝スを出してコウイカ専用エギをセットする方法も効果的だ。水深のある岸壁では専用エギを３段にセットしてもよい。釣り方のコツはオモリをなるべく底から離さないように、道糸を張ったりたるませたりしながら誘うこと。ただ、反応が悪い時は軽くキャストしてゆっくり手前に引いてみたり、１～２メートルほど上下に大きく誘い上げてみるとよい。

その他、駿河湾などではコウイカテンヤと呼ばれるエサ巻きテンヤが使われており、エギングでも十分に仕留められるターゲットだ。

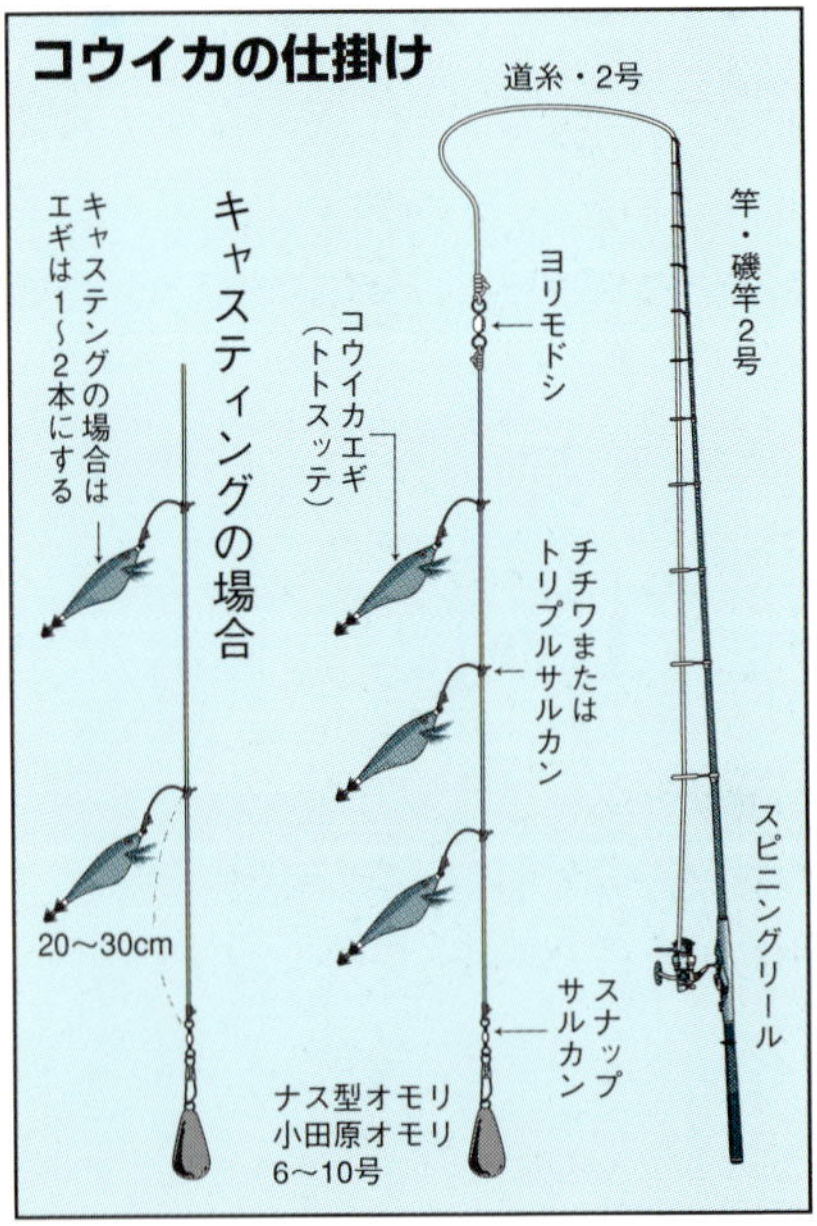

コウイカの仕掛け
道糸・2号
竿・磯竿2号
ヨリモドシ
コウイカエギ（トトスッテ）
チチワまたはトリプルサルカン
スピニングリール
スナップサルカン
ナス型オモリ
小田原オモリ
6～10号
キャスティングの場合
キャステングの場合はエギは1～2本にする
20～30cm

KOIIKA

第1部
SHORE FISHING
陸っぱりでアオリイカを狙う

第二章
【電気ウキ釣り】

text: 高木道郎 *Takagi Michiro*

エギングやヤエンなどが広まり、近ごろのアオリイカ釣りは
日中に狙って釣果が上がるようになったが、もともとアオリイカは夜行性。
タマヅメから夜にかけて狙うのが有利だ。
そして、夜釣りで最も効率のいい釣法が電気ウキ釣りなのだ

電気ウキ釣りって、どんな釣り?

電気ウキを使うことで、手軽で効率的なアオリイカ釣りが展開できる

アオリイカは日中も釣れるが、専門に狙うならやはり夜釣りが圧倒的に有利である。ほかの多くのイカ同様、アオリイカも本来的に夜行性で、日没前の夕マヅメから本格的な狩猟タイムに入る。狩猟のターゲットとなるのはエビや小魚などだが、好んで捕食するのはアジ、ベラ、ネンブツダイ……などなど。ただ、ウキフカセ釣りで釣れた小メジナやスズメダイにも食いついてくるし、ウマヅラハギやギンポなどにも食いついてくることがあるくらいだから、生きた小魚であればなんでも反応する貪欲なハンターだ。

貪欲なハンターではあるのだが、いつでも自在にエサを捕食できるほど優れたハンターではない。生存競争の厳しい海の中はそれほど甘くない。だからこそエビや小魚を模したエギに飛びつくのだろうし、ハリに掛かって自由に泳げないでいる魚に飛びつくのだろう。アオリイカの泳がせ釣りとは、そうした海中のエサ事情を逆手に取った釣法なのだともいえる。

アオリイカの泳がせ釣りには、ヤエンを使った釣り方とウキを使った釣り方と

幻想的なムードの漂う夜釣りでアオリイカ釣りを楽しもう！

がある。小魚を自由に泳がせるヤエンの釣り方だと、アオリイカを掛けるための掛けバリは使いにくい。というのも、自由に泳ぐ小魚は藻の中や岩の隙間に入ることがあって、掛けバリが根掛かりしてしまう確率が高いからである。

そこで、ウキを使って小魚が深く潜りすぎないようにし、タナを設定して泳がせるスタイルが登場したわけである。夜釣りの場合、ウキがないと小魚の泳ぐ層や位置は勘に頼って推理するしかないけれど、ウキがあれば小魚の位置は一目瞭然であり、しかも狙うタナを絞り込むことも可能となる。おまけに、ウキとオモリの力を借りてダイレクトにポイント近くへ小魚を放り込むことができ、アタリも目で確認できるのだ。

ウキを使うことによって、堤防や足場のよい小磯はもちろん、多少足場の悪い磯や消波ブロックでも安全に釣りをすることができる。海底に起伏の多いポイントでも安心して仕掛けを流せるため、攻略エリアが広がるというのも大きなメリットだ。これほど効率がよく、しかも手軽で簡単なアプローチ方法というのはほかにないような気がする。

電気ウキ釣りのイメージ

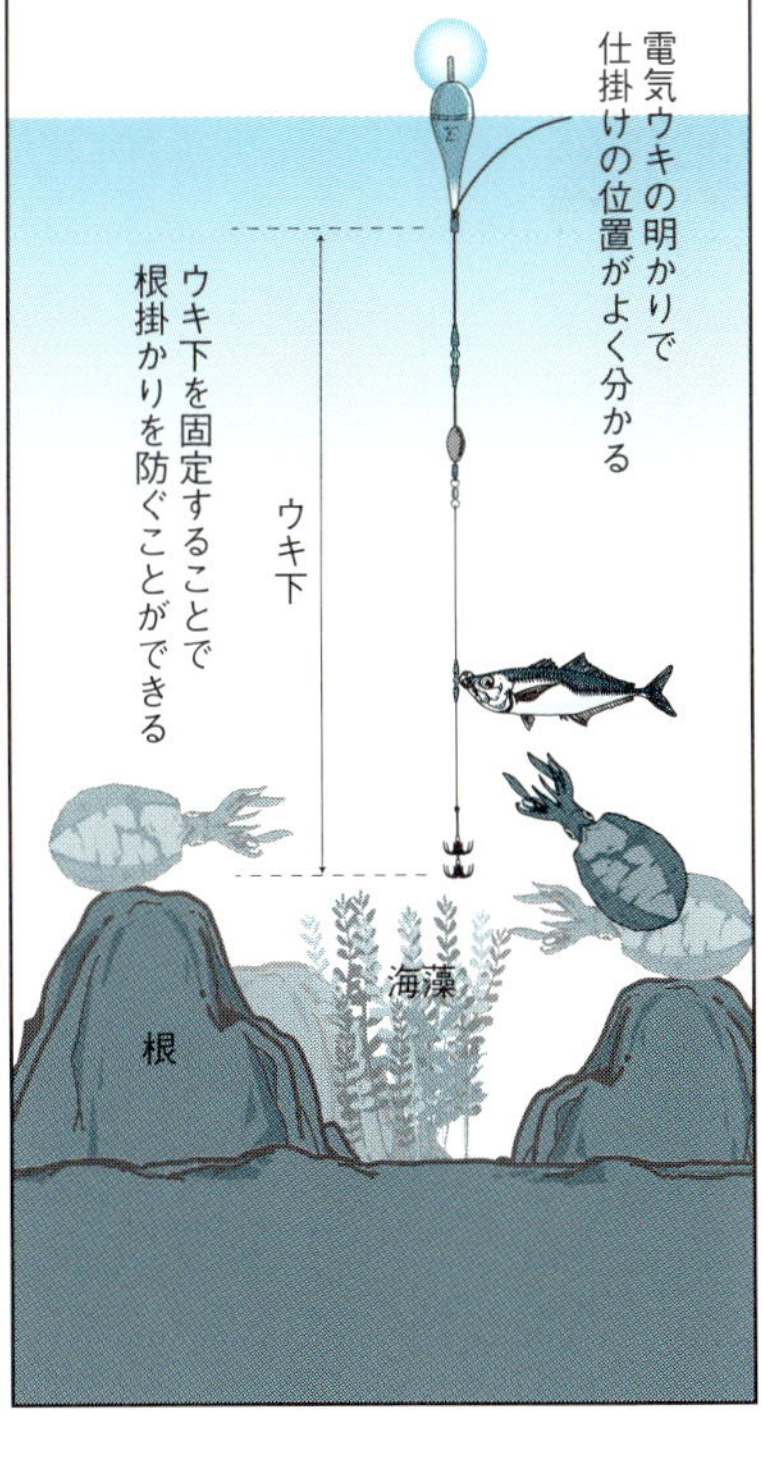
電気ウキの明かりで仕掛けの位置がよく分かる
ウキ下
ウキ下を固定することで根掛かりを防ぐことができる
海藻
根

タックルと仕掛け

アオリイカはこれがイカかと思うほど引きが強い。竿は強めのものが必要だ

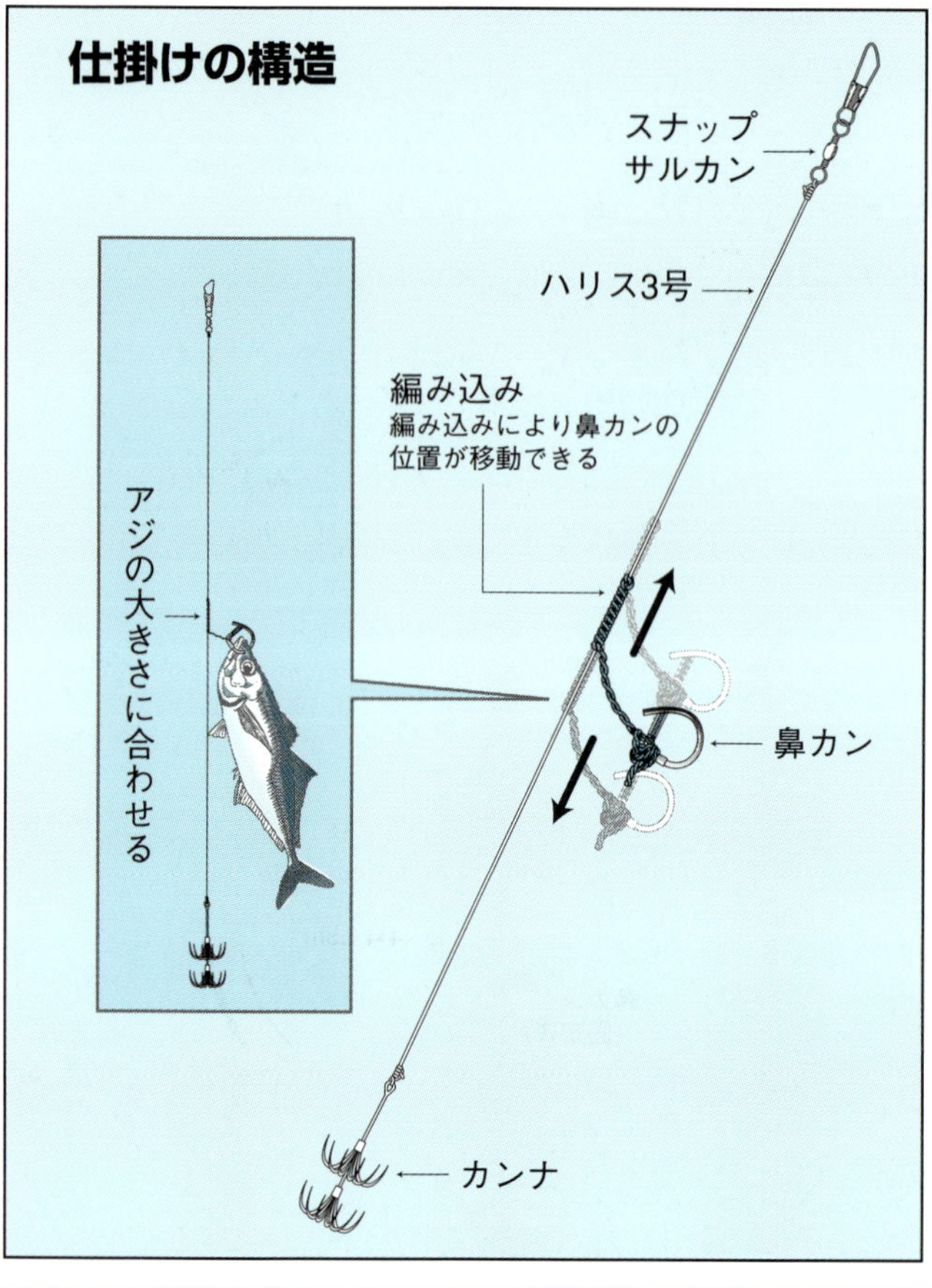
仕掛けの構造
スナップ
サルカン
ハリス3号
編み込み
編み込みにより鼻カンの
位置が移動できる
アジの大きさに合わせる
鼻カン
カンナ

小型が主体の釣り場や足場がよくて取り込みも楽な堤防などであれば、竿は磯竿の1.5号クラスでよいが、大型が多くて取り込みに苦労するような釣り場では2号クラスがおすすめだ。「たかがイカ釣りに2号の磯竿」と思われるかもしれない。しかし、一度でも大型アオリイカの強烈な引きを味わったことのある人なら、2号磯竿の理由がお分かりいただけると思う。離島のように超大型の可能性がある場所なら3号も準備しておいたほうが無難である。

電気ウキと小魚をセットした仕掛けを無理なくソフトに投入するには、ある程度の腰の強さも必要だ。ソリッド穂先よりはチューブラ穂先の磯竿が投入もスムースで、先調子よりはやや胴に乗るタイプのほうが、身切れトラブルの多いアオリイカ釣りには向いている。ハリスをそれほど長く取る釣りではないから極端な長竿は必要ないが、テトラ際やハエ根際でのヤリトリを考えると5メートルクラスがあつかいやすいと思う。

リールはドラグのしっかりした中型ス

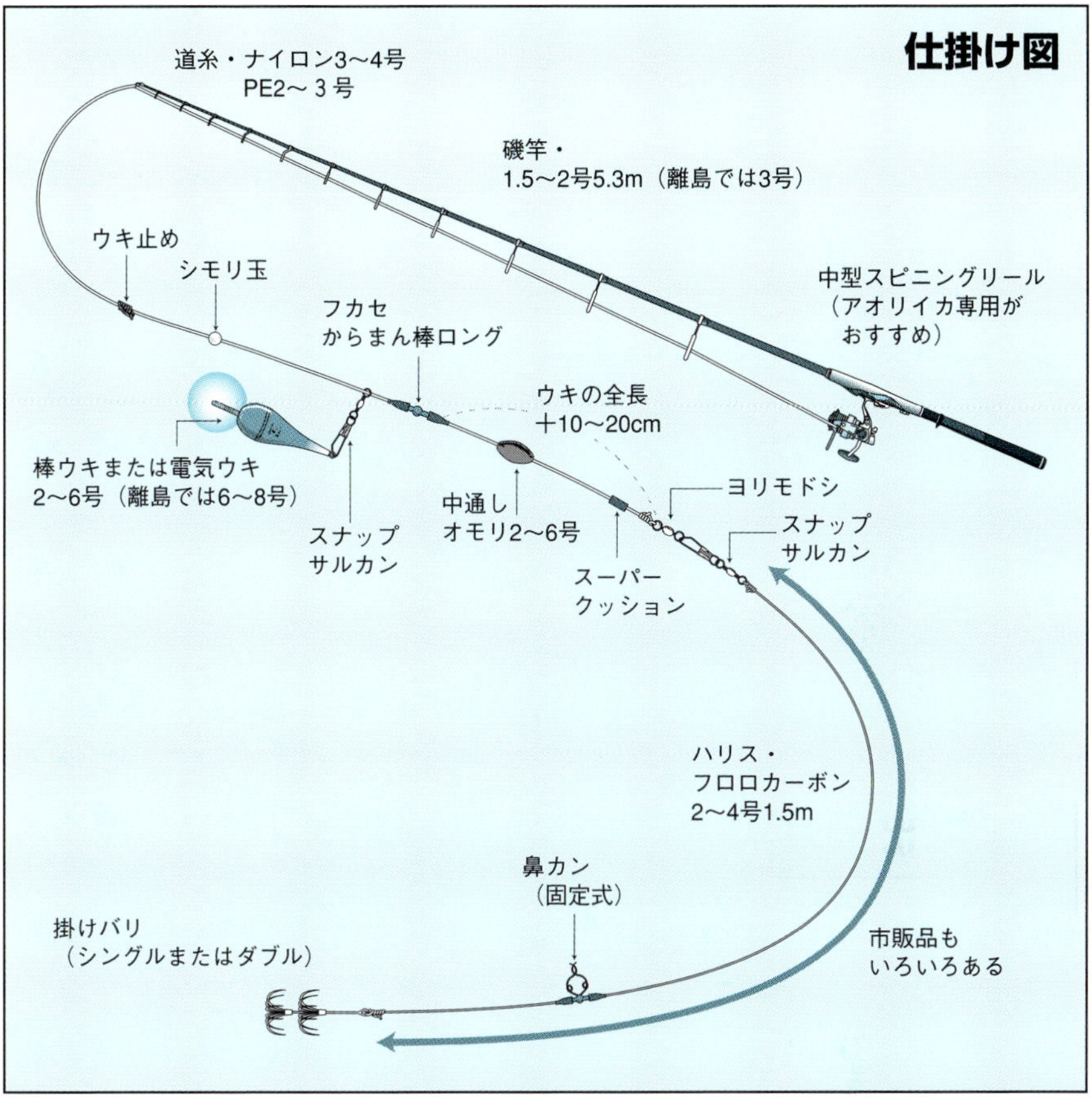
仕掛け図
道糸・ナイロン3～4号
PE2～3号
磯竿・
1.5～2号5.3m（離島では3号）
ウキ止め
シモリ玉
中型スピニングリール
（アオリイカ専用が
おすすめ）
フカセ
からまん棒ロング
ウキの全長
＋10～20cm
棒ウキまたは電気ウキ
2～6号（離島では6～8号）
スナップ
サルカン
中通し
オモリ2～6号
ヨリモドシ
スナップ
サルカン
スーパー
クッション
ハリス・
フロロカーボン
2～4号1.5m
鼻カン
（固定式）
掛けバリ
（シングルまたはダブル）
市販品も
いろいろある

ピニングリールがベスト。最近はアオリイカ専用のスピニングリールも登場している。サイズは4号道糸を150～200メートル巻けるものであれば問題ない。

道糸はナイロンラインの3～4号、もしくはPEラインの2～3号。ナイロンラインの場合、サスペンドタイプよりフロートタイプが適している。ラインを目で確認できない夜は、道糸が海中に沈むとどうしても糸フケが大きく出すぎ、これがウキに余計なブレーキをかけてポイントへの到達を邪魔したり、小魚の動きを邪魔したりする。ときおりラインを持ち上げながら道糸の張り具合を確認し、余計な抵抗を与えずに仕掛けを流すためには、フロート性の強いナイロンラインやPEラインが最適なのだ。

アオリイカの微妙な乗りや動きをキャッチするには、ウキは円錐タイプよりも棒ウキタイプが便利だ。棒ウキには自立タイプと非自立タイプとがあるが、仕掛けの立ちや食い上げアタリをキャッチするなら非自立タイプ、風や波のある日や遠投ポイントを攻めるときは安定性のよ

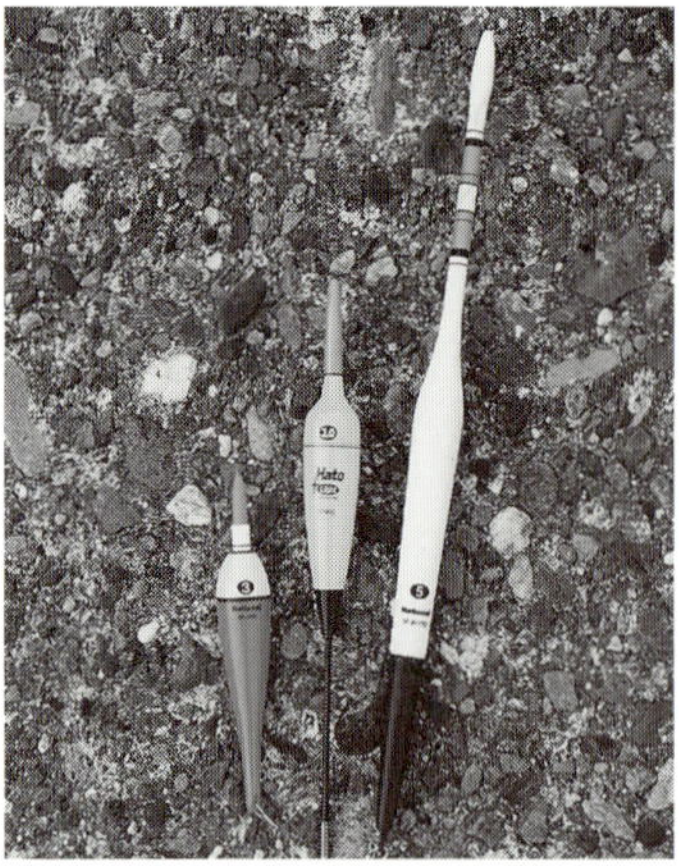
電気ウキは2～5号負荷のものを用意する

仕掛けは自作してもいいが、市販品も多いのでこれを利用したい

竿は磯竿2～3号、リールは中型のスピニングリールを使う。道糸はナイロン3号が使いやすい

い自立タイプを使うとよいだろう。形状は好みで選んでかまわないが、波のある日や乗りが活発なときは浮力抵抗の大きなタイプのほうがアタリが取りやすい。

オモリ負荷は海の状況やポイントまでの距離、エサに使う小魚の大きさ、狙うタナなどによって使い分ける。ナギ日和や至近距離を狙うとき、エサが小アジやネンブツダイのように小さいとき、ウキ下が2～3メートルと浅いときなら、オモリ負荷は2～4号を使う。やや波のあるときや風の強いとき、ポイントが遠いとき、エサが中型のアジやベラのときは4～6号を使う。離島での夜釣り、エサが元気なムロアジやサバなどのときは6～8号を使う。これが一般的な使い分けだ。

最初にそろえるときは3号と5号があればよい。通う釣り場が堤防や小磯なら2号と4号でもかまわない。ただ、高切れでウキを流失した場合に備えて予備を1本ずつ購入すること。離島釣行をするというなら5号と8号をおすすめしたい。

オモリは中通しタイプのナツメ型を使

用する。号数は使用ウキに合わせて用意すればよいが、エサの小魚が元気だとウキの浮力が負けてしまうこともある。そんな場合のためにワンランク軽いオモリも準備しておこう。オモリがサルカンにぶつかると潰れやすく、道糸の結び目を傷めるため、必ず大きめのクッションを入れておくことを忘れずに。投入時の絡み防止用の「からまん棒」も準備しておきたい。これはゴム管にツマヨウジを差し込んだものでも代用できる。

夜釣りでは化学発光体をいくつか用意しておくと重宝する

これはアオリイカのエサになる小魚を集めるための専用コマセ。マルキユーから発売されている

　仕掛けは市販の「アオリイカ仕掛け」を購入する。最近は各メーカーから様ざまなタイプが市販されており、それぞれに名手のアイディアが盛り込まれているので、自分が使いやすそうな仕掛けを選べばよいと思う。掛けバリ（カンナという）は1段タイプと2段タイプがあって、確実にフッキングさせるなら2段タイプがおすすめであるが、その分だけエサの泳ぎを制約してしまうことになる。基本的には1段タイプを使い、2段タイプを使うなら掛けバリの小さなものかフローター（掛けバリを浮かせるフロート）付きのものを購入するほうがよいだろう。

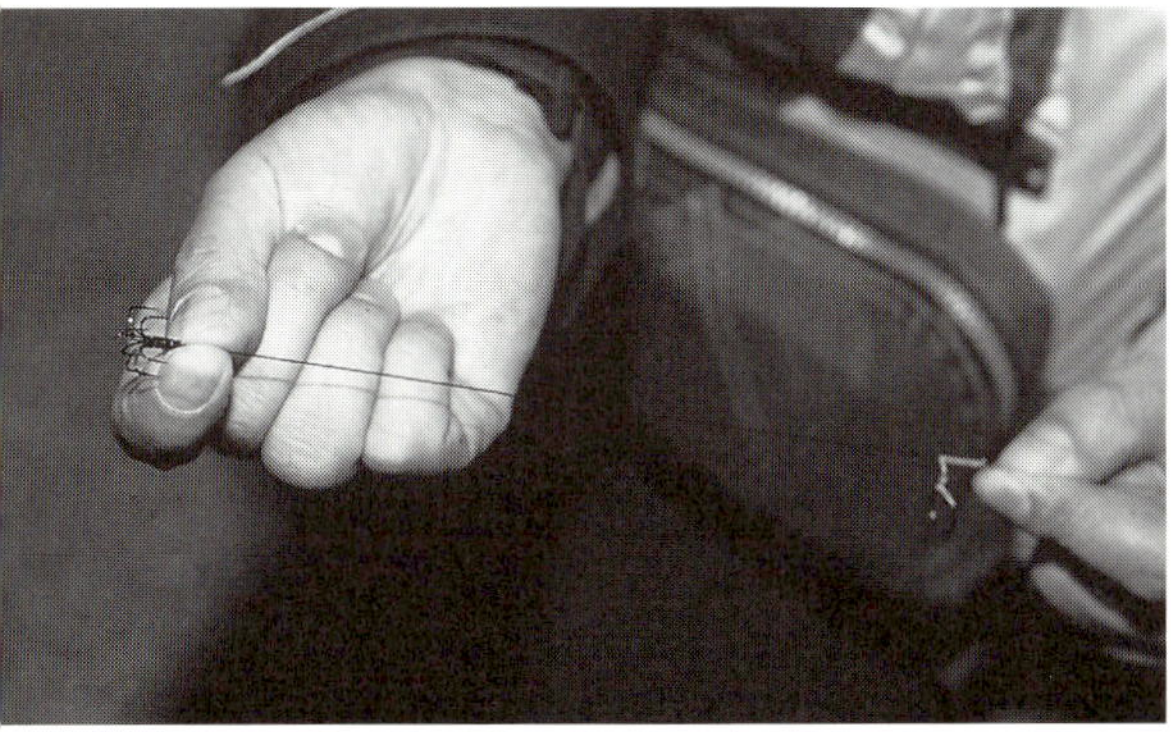
実際の市販仕掛け。商品によって様ざまな工夫が施されているが、シンプルなものが一番使いやすい

　鼻カンや掛けバリはパーツでも市販されているので、自分で好みの仕掛けを自作するのも楽しい。自作仕掛けはいろいろなアイディアを盛り込めるのがメリットだから、思いついたらあれこれ試してみたい。

　鼻カンはアオリイカ専用でもアユ用でもかまわないし、掛けバリはアユバリやヘラバリを使って自作してもよい。私は軸の長い細軸のグレバリを5本イカリに結び、カエシをプライヤーで半潰し状態にしたものを自作している。また、乗りが活発なときは、鼻カンのストッパーとして、夜光ゴム管に化学発光体「ルミコ／チヌ」を差し込んだものを使用することもある。「ルミコ」にはグリーンやブルー、オレンジ、ピンクなどの光色があり、状況に応じて差し変えてみてもおもしろい結果が出るはずだ。

エサと装餌

エサは生きた小魚。アジばかりでなく、小サバ、ネンブツダイでもOKだ

生エサの装着

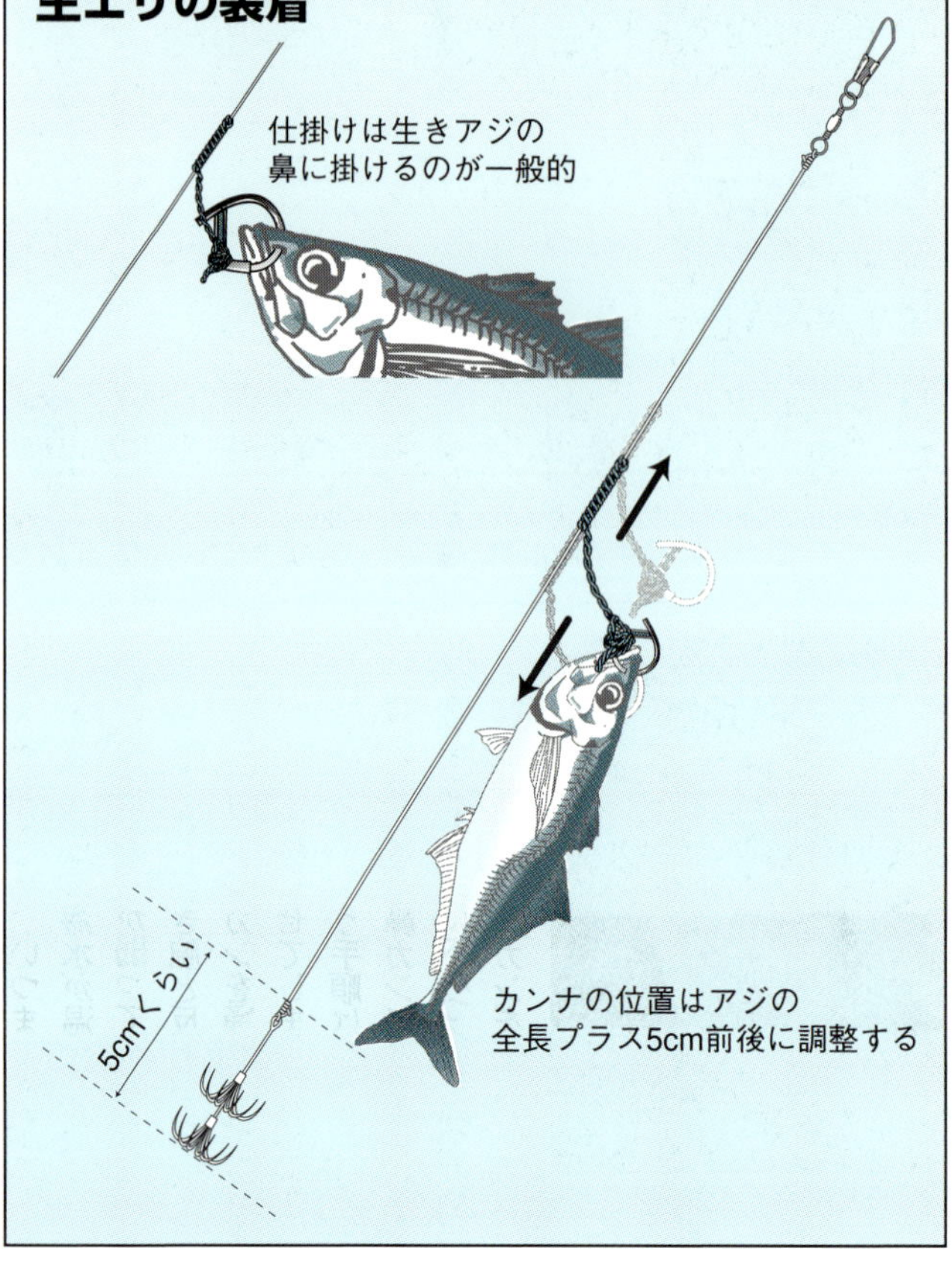
仕掛けは生きアジの
鼻に掛けるのが一般的
5cmくらい
カンナの位置はアジの
全長プラス5cm前後に調整する

すでに書いたように、アオリイカは貪欲なハンターで、生きた小魚ならなんでも飛びつく習性を持っている。ただ、一般には小アジ、小サバ、ネンブツダイがよく使われている。これは入手しやすいことと、鼻カンに付けやすいことが大きな理由だ。ベラも乗りのよいエサなのだが、体表がヌルヌルして滑りやすく鼻カンを通しにくいのが難点である。

これらの小魚は、堤防や小磯などで夕方までにサビキで釣っておき、ブクなどを使って生かした状態で釣り場に持ち込む。生きのよい小魚は、その泳ぎ自体が誘いとなるためアオリイカもよく反応するからだ。ただし、生きエサの調達はいつも思いどおりにできるとは限らない。小魚がさっぱり釣れない……ということもあるからだ。そこで、生きエサ用のアジは釣りエサ店で購入するという手もある。価格は地域にもよるが、アジが1匹150円前後。1人分として、10～15匹も用意すればいいだろう。

この生きエサを装餌する際、素手ではなかなか捕まえられないので熱帯魚用の

生きアジは鼻掛けにすることが多い

生きエサ用のバケツ、ブク、ネット、生かしスカリ

ネットを使うこと。いつまでも素手で追い回すとバケツの海水が温かくなってせっかくの生きエサが弱ってしまう。

エサの小魚は利き腕と反対の手でそっと握り、素早く鼻カンを通す。最初は失敗して小魚を弱らせてしまうことも多いと思うが、こういう手順は習うより慣れろが基本である。鼻カンではなくハリを使う場合は上アゴに下(つまり口の内側)から刺すとよい。鼻カンを通したら、掛けバリが小魚の尾ビレ先端から2〜3センチの位置になるように鼻カンの位置を調整する。ただし、ここで手間取ってしまうと小魚が弱ってしまうため、小魚の大きさに合わせて最初に微調整する。そのためにも、エサの小魚はなるべく同じ大きさでそろえておくというのが理想であり、鼻カンの固定部はスライドしやすくてなおかつズレない方式のものを選ぶことだ。

釣りエサ店でエサを購入する場合、このようなバケツに入れてもらう。暗くなるとアジが暴れるので、化学発光体を入れておくといい

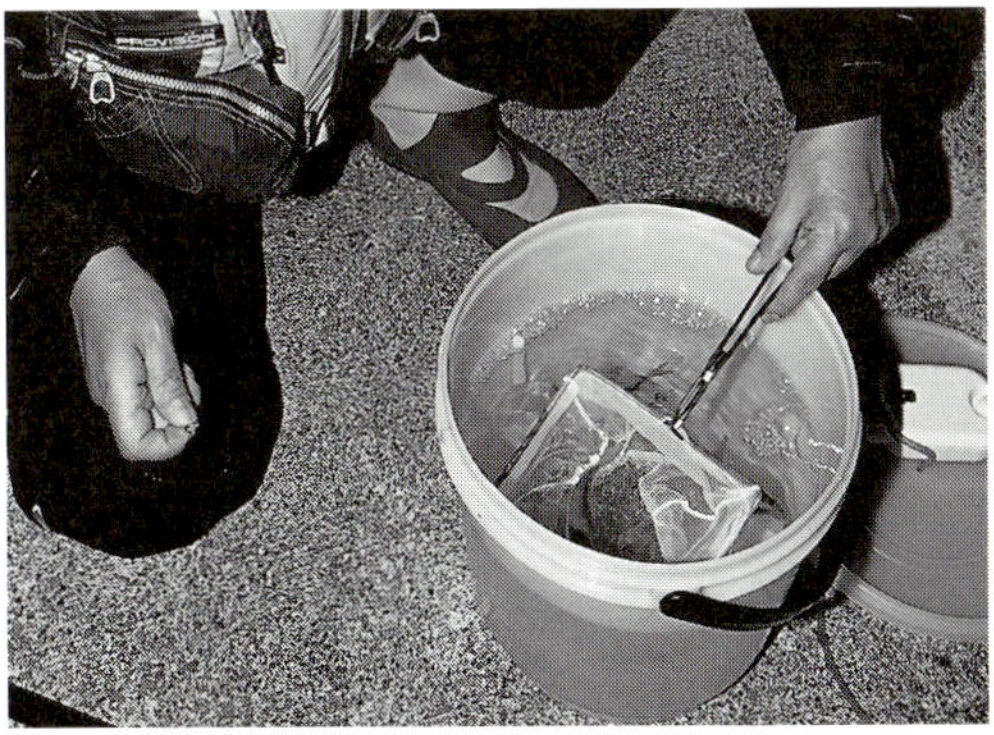
生きアジはネットですくう。バケツに手を突っ込んで追いかけ回しても、元気なアジはなかなかつかまらない

釣り場・ポイント

外洋に面した堤防や磯、少し入り込んだ小磯などは要チェック！

イカ類は「真水嫌い」といわれる。したがって、アオリイカも基本的に川水が直接流れ込むような湾奥の海域にはいない。外洋に面した堤防や磯、外洋から少し入り込んだ小磯などがアオリイカの生息エリアである。

また、釣り場の周辺には岩礁や藻場があることが絶対条件であり、海溝や沖の深みへ続くカケ上がりなどがあれば条件的には申し分ない。堤防の場合は捨て石や沈みテトラなどの切れ目がポイントの目安。このような場所にはエサとなる小魚が多く回遊し、居着きやすい。小魚を居着かせるという意味で、サビキ釣りやウキフカセ釣りが盛んな場所というのも釣り場選びのコツだ。つまり、コマセに小魚が居着き、これを求めてアオリイカが集まってくるのである。

また夜は常夜灯の周辺もアオリイカが集まりやすい。これは海面を照らす光の周辺に小魚が群れるためで、これを狙ってアオリイカが集まってくるのである。テトラ際も見逃せないポイント。このような遠投を必要としない港内のポイント

テトラ帯もポイントになるが、足もとに注意のこと

堤防ではスミ跡もポイント選びの目安になる
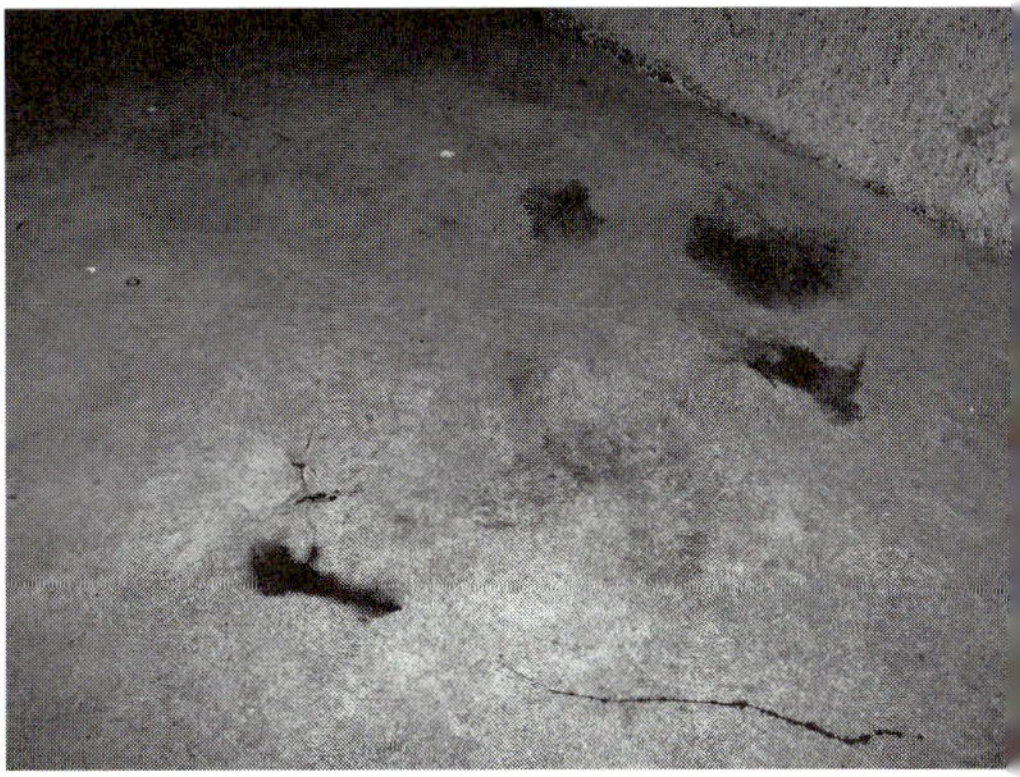

磯はアオリイカの魚影が濃いが、足場は悪いので注意が必要だ

藻の繁茂している所は、釣りにくいがアオリイカのいる可能性が高い

を狙う場合は、なるべく繊細な仕掛けで対処することが大切だ。

最も手っ取り早いポイントの見つけ方は、イカのスミ跡が残っている場所を探すことである。初めての堤防で、イカのスミ跡がまったくないようなら可能性はあまりない。そういうときは思い切って場所移動したほうが賢明である。

磯でのポイントも同じ。日中のウキフカセ釣りで「エサ取りが多い」と釣り人がボヤいている場所は要チェックだ。サラシがある場所よりは、むしろ穏やかな場所を選ぶ。小魚が居着きやすいワンド状の地形であれば、潮通しのよい沖向きよりもワンド向きに竿を出すこと。

近くにゴロタ浜があるような場所も同じで、沖向きよりもゴロタ浜向きに竿を出すのが定石である。これはゴロタ浜に造られた堤防にもいえることだ。小磯の場合にはハエ根や沈み根に藻が生えているような場所がポイントで、日中のうちに偏光グラスを使ってそういう場所を見つけておくことが釣果につながる。

堤防や小磯の場合は、夕方までサビキやウキフカセ仕掛けで小魚を調達しておき、見つけたポイントに残ったコマセをまきながらアオリイカ釣りの準備をするのも得策である。

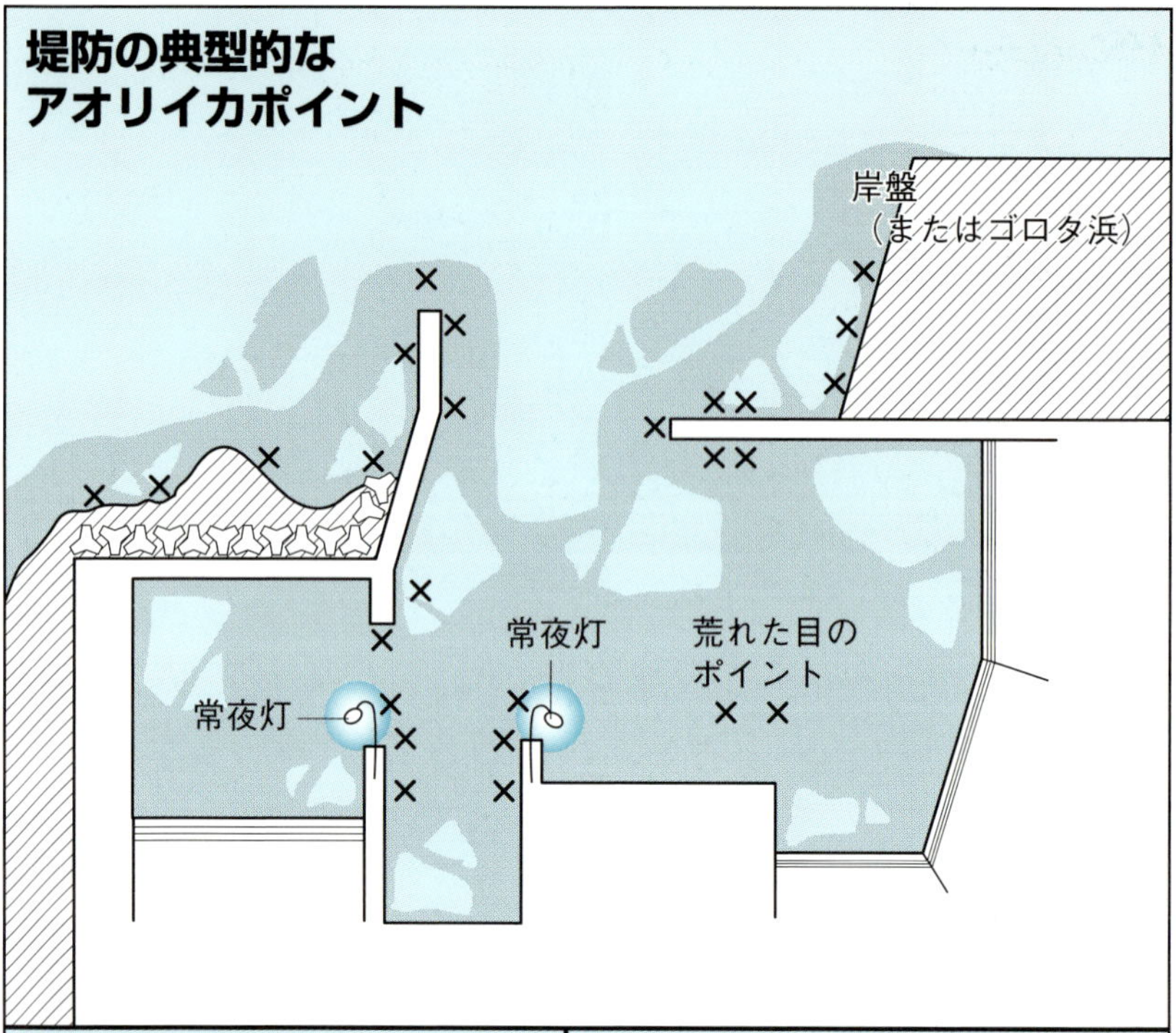
堤防の典型的な
アオリイカポイント
岸盤
（またはゴロタ浜）
常夜灯
常夜灯
荒れた目の
ポイント

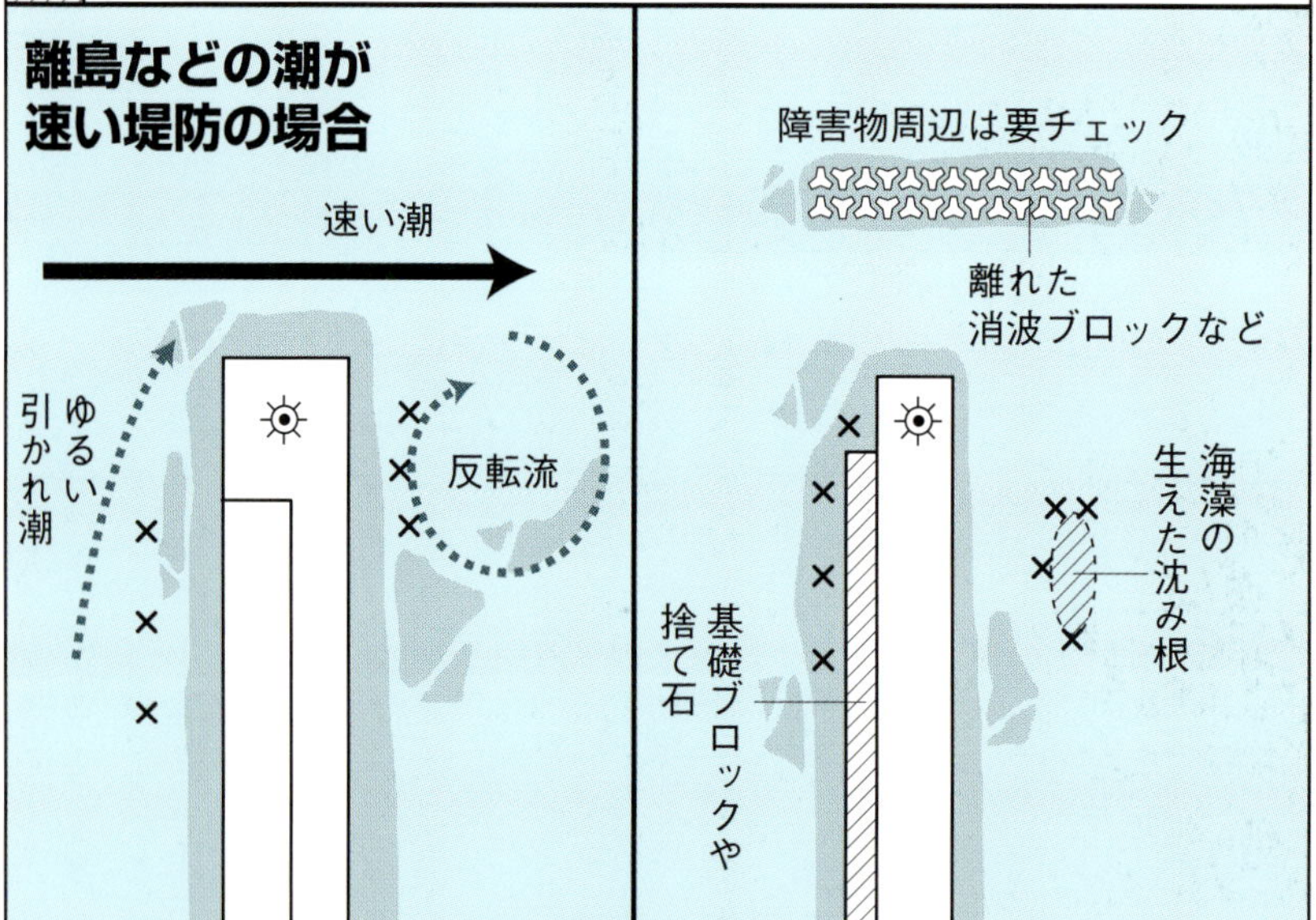
離島などの潮が
速い堤防の場合
速い潮
ゆるい
引かれ潮
反転流
障害物周辺は要チェック
離れた
消波ブロックなど
海藻の
生えた沈み根
基礎ブロックや
捨て石

小磯のアオリイカポイント

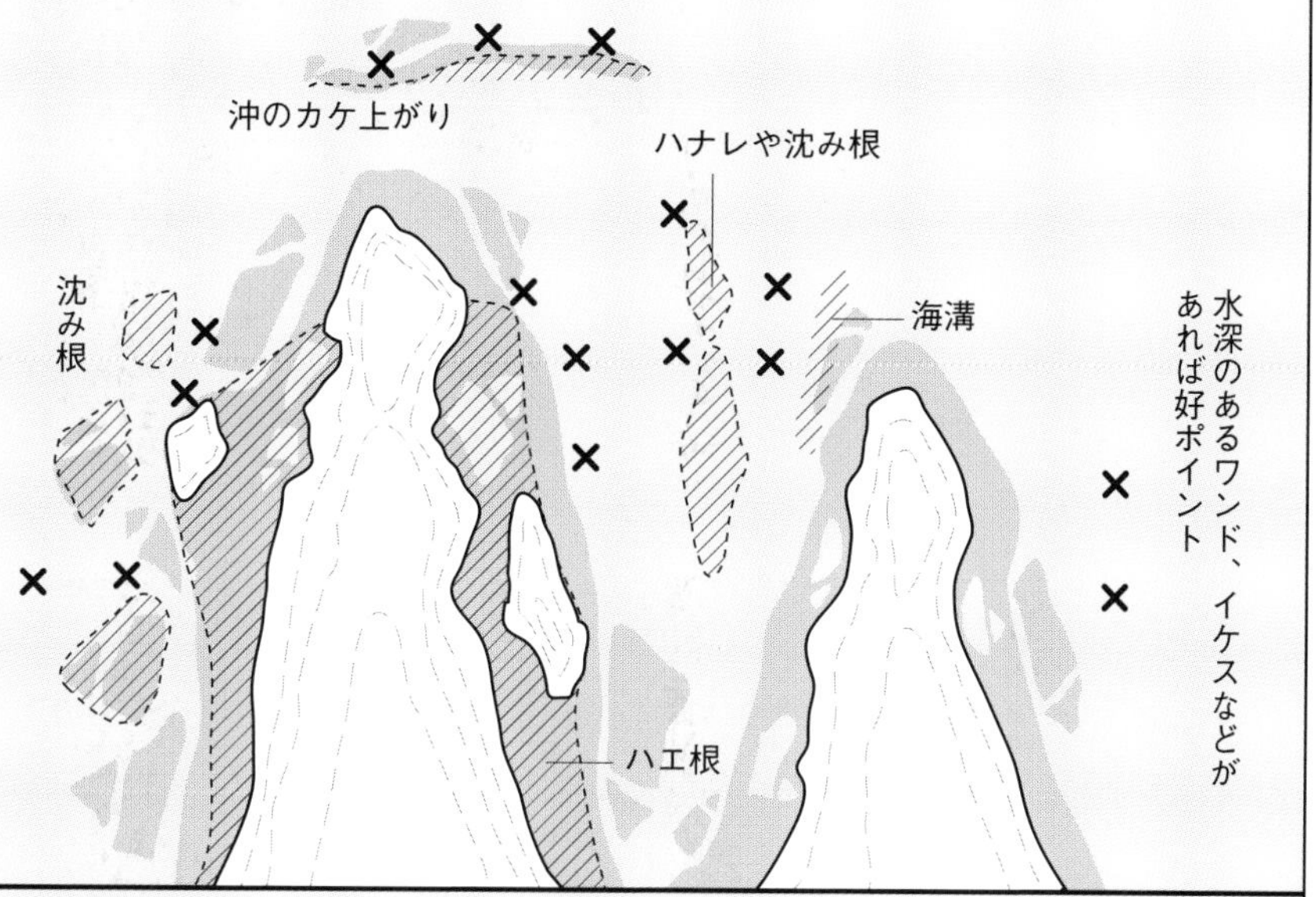
沖のカケ上がり
ハナレや沈み根
沈み根
海溝
水深のあるワンド、イケスなどがあれば好ポイント
ハエ根

荒磯のアオリイカポイント

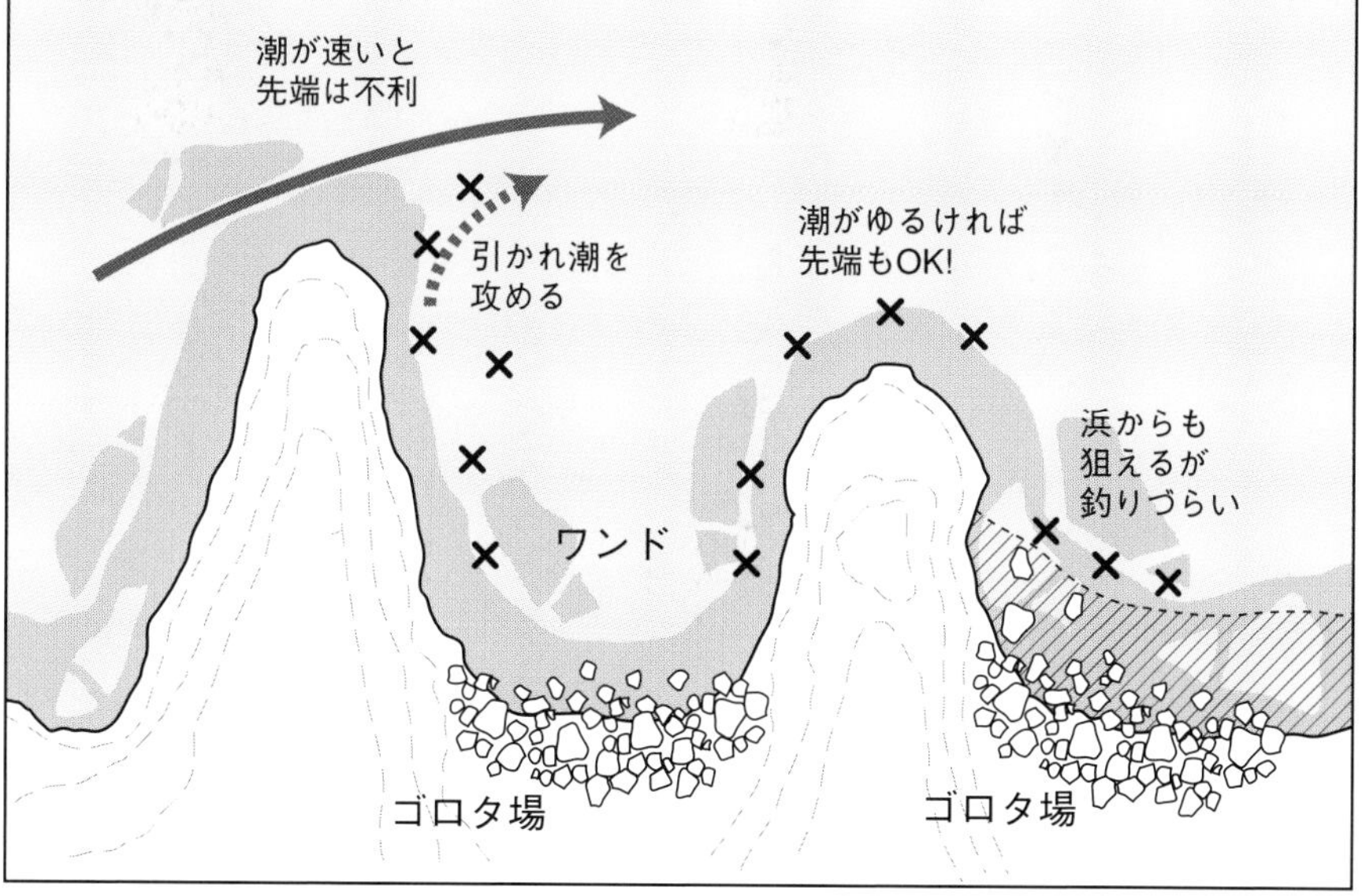
潮が速いと
先端は不利
引かれ潮を
攻める
潮がゆるければ
先端もOK!
浜からも
狙えるが
釣りづらい
ワンド
ゴロタ場
ゴロタ場

仕掛けの流し方・泳がせ方

最小限の糸フケを出し、アジの動きを邪魔しないように流すこと！

糸フケに注意しながら、生きエサを泳がせる

明るいうちにポイントを決め、荷物は釣りの邪魔にならない場所にまとめておこう。このとき、右利きの人は自分の左後方が投入などの邪魔にならないはず。もちろん、左利きの人はこの反対ということになるわけだ。生きた小魚を入れたバケツは釣り座の横に置く。右利きの人は左横のほうがエサ付けをしやすい。

できれば、アオリイカの仕掛けをセットするまえにバケツの海水を入れ替えておき、それから竿を伸ばして、ゆっくりと仕掛けの準備に取りかかればよい。ここまでの段取りは周囲が明るいうちにやっておくこと。薄暗くなってからでは時間がかかってしまうし、思わぬミスも多くなる。まだ周囲が明るくても、最初から電池（またはケミホタル）をセットしておいたほうが無難である。

すでに解説した要領で小魚に鼻カンを通し、電気ウキが竿先から50センチほどの位置になるようにタラシを作り、ゆっくりと仕掛け全体の重みを竿の胴に乗せる感じで竿を振る。振り込みはオーバースローかスリークォータースローが基本である。小さく鋭い振り込みをすると鼻カンから小魚が外れたり、千切れたりするので注意すること。電気ウキの軌道を見ながら、放物線がゆるやかに下を向いたら道糸を止め、そのまま竿先をウキに向けて一直線に下げてやる。これによって着水音が小さくなり、糸絡みなどの余計なトラブルも防ぐことができる。至近距離のポイントはアンダースローやサイドスローで振り込んだほうが仕掛けの絡みが少なく、エサの弱りも少ないようである。

ウキ下は2〜3ヒロが基準で、状況によって上げ下げする。アオリイカは意外と深いタナを泳いでいることも少なくないので、反応がないときは4〜5ヒロと深く探ってみることも必要だ。

着水したら道糸を出しながら竿を立て

SHORE FISHING

て、ウキの光が海面にきちんと立ったら竿を水平にかまえ、ベイルをオープンにする。ここで道糸が張ったり、ウキが斜めになっていたら左手をいっぱいに広げてスプールから道糸を引き出し、小さく鋭く穂先をあおってラインを振り出してたるみを作る。こうすると余計な糸フケが出ず、常に必要なだけの糸フケを出すことができるのだ。

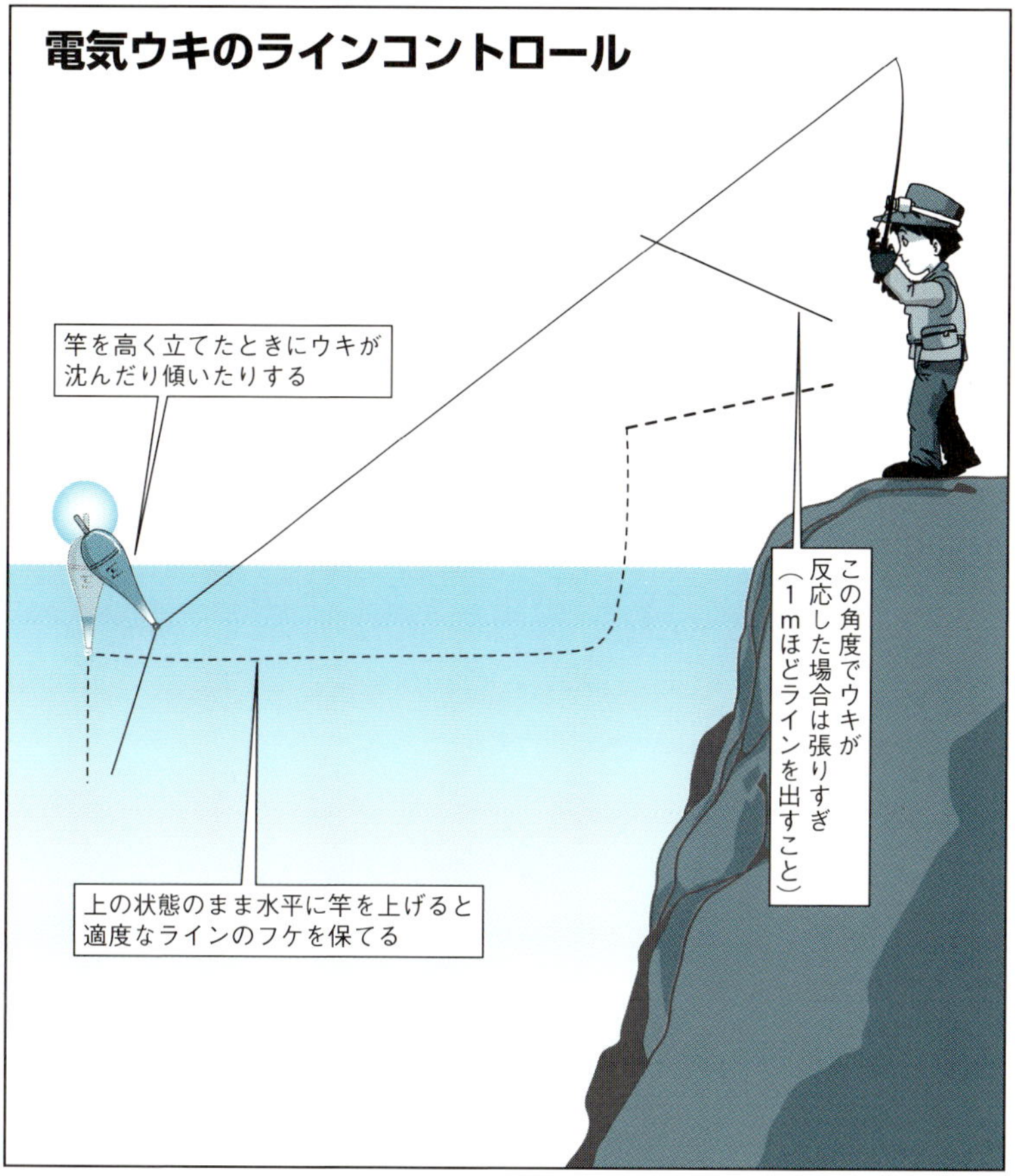
電気ウキのラインコントロール
竿を高く立てたときにウキが沈んだり傾いたりする
この角度でウキが反応した場合は張りすぎ（1mほどラインを出すこと）
上の状態のまま水平に竿を上げると適度なラインのフケを保てる

　流れが遠いときはパラパラとラインを送り出すこともあるが、そういう条件だと仕掛けを回収するたびに小魚が弱り、アオリイカもあまり乗らない。できれば潮の弛んだ場所にポイントを変更したほうがよいだろう。

　しばらく流したら竿先を上げてウキの動きを見る。ウキが動かないようであれば糸フケの出すぎと判断し、ウキが沈むか斜めになるまで左手で道糸を引っ張りながら竿を立てる。ウキが反応したら余分な糸フケを巻き取りながら竿先を下げて、最初と同じように必要最小限の糸フケを出す。この繰り返しである。

　このライン操作により、海中の小魚がわずかに引き上げられて動きに変化が生じる。いわゆる「誘い」がかかった状態になるのだ。ただ、頻繁にこの操作をするとエサの泳ぎがかえって不自然になるため、数分に1回程度にしたほうがよいかもしれない。

アタリ～合わせ～取り込み

基本は遅合わせで強く大きな合わせは禁物。糸の巻き取りは一定の速度で

典型的なアオリイカのアタリと合わせ

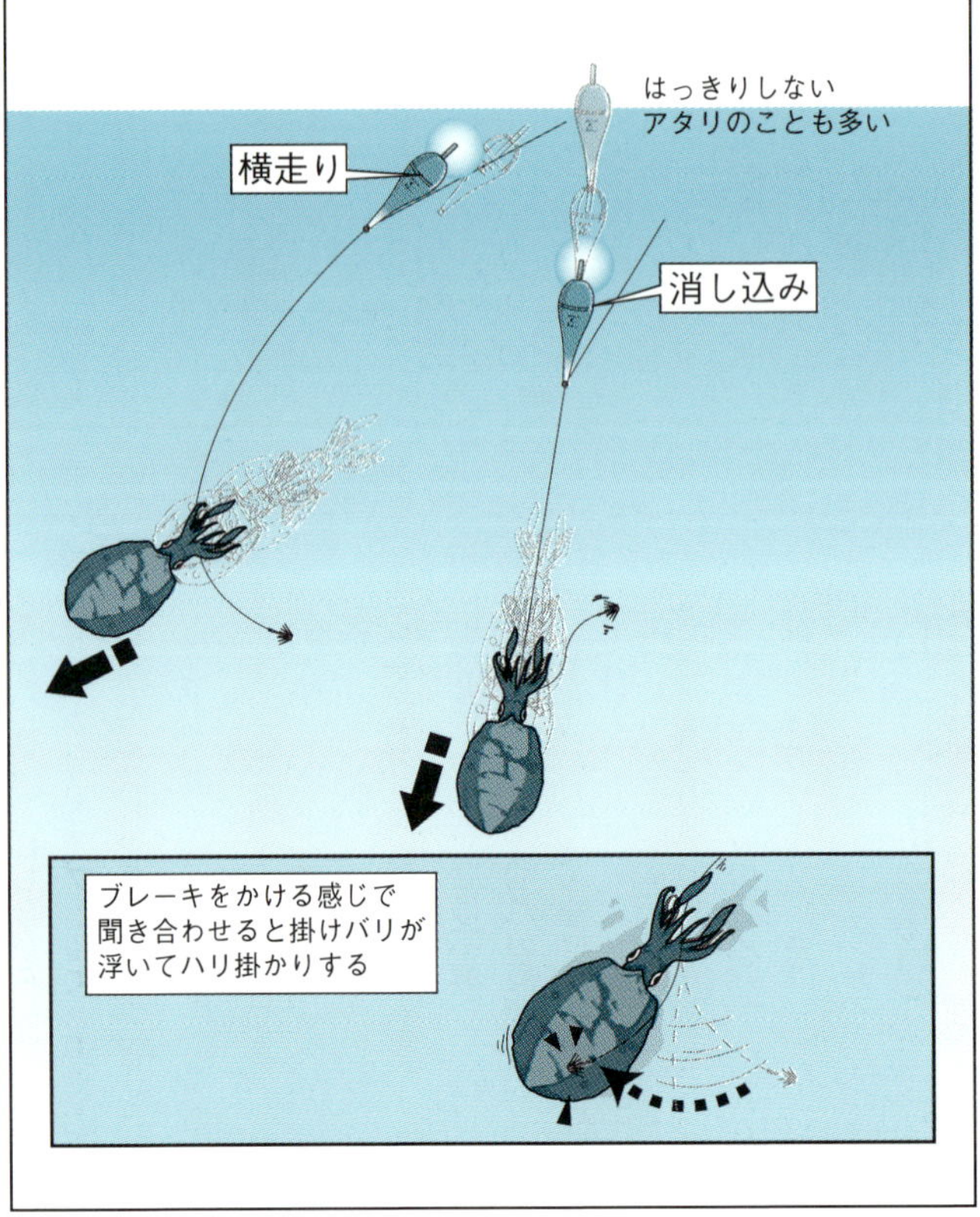
はっきりしない
アタリのことも多い
横走り
消し込み
ブレーキをかける感じで
聞き合わせると掛けバリが
浮いてハリ掛かりする

SHORE FISHING

ウキに出るアタリには色いろなパターンがあり、真下に沈んだり、斜めに沈んだりすることもあれば、横走りすることも、逆に食い上げてウキが浮いたり斜めに傾いたりするアタリもある。

アオリイカは貪欲なハンターであることはすでに書いたが、獲物を自分のテリトリーに引き込んでからゆっくり捕食する習性を持つ。そのため、その時どきの状況や食い気などによって引き込む角度や方向が違ってくる。それが色いろなアタリパターンとなるわけだ。

いずれにせよ、ウキにアタリが出た段階では、まだ触腕で小魚に抱きついているだけであり、それがどの方向からどの程度の力で抱きついているのかが分からない。そんな状態で合わせても、掛けバリがアオリイカに掛かる確率は低く、たとえ掛かっても浅いためにヤリトリ中に身切れすることが多くなる。

いったん小魚に抱きついたアオリイカはそう簡単にはエサを放さないから、ある程度持ち込ませてからの遅合わせが正解である。私の場合はオープンにしたべ

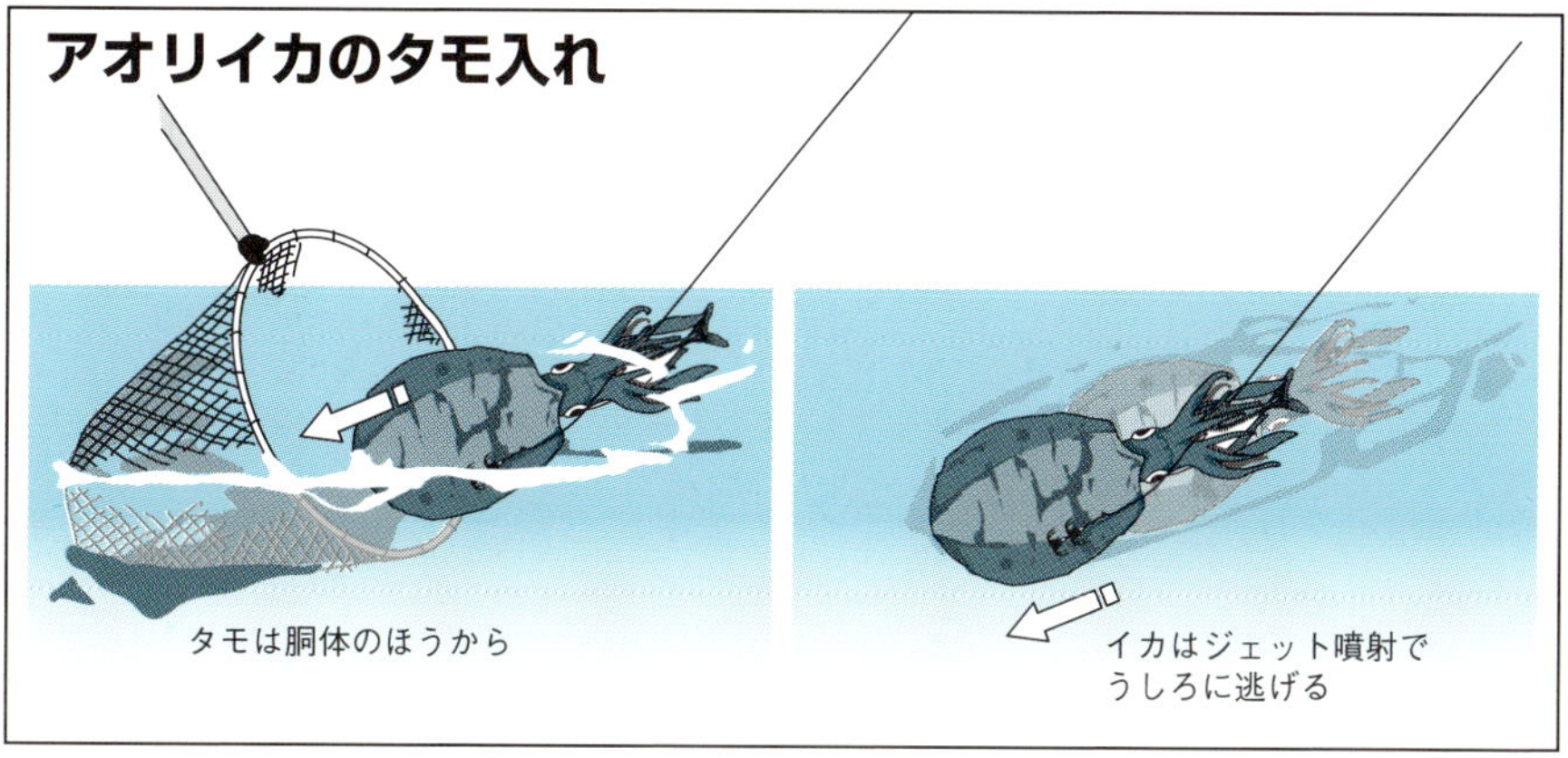
アオリイカのタモ入れ
タモは胴体のほうから
イカはジェット噴射で
うしろに逃げる

イルから道糸を出しながら竿を横向きにかまえ、そこでスプールエッジを指で強く押さえながら聞き合わせ気味に合わせることが多い。ここで強い重みを感じたら掛けバリが刺さった証拠である。竿をゆっくりと起こしながらリールのベイルを戻し、そこからは一定の速度でゆっくりラインを巻き取る。

強く大きな合わせは不要だ。強引に寄せようとすると身切れの原因となる。アオリイカの引きは想像以上に強烈なのでついついポンピングしたくなるが、これは身切れやハリ外れにつながるので禁物である。強すぎる引き込みにはドラグで対処しよう。ドラグ調整は、竿を45度まで引き倒されたらラインが滑り出る状態がベストである。竿は垂直に立てず、左右どちらかへ斜めに寝かせ、竿尻を腰に当てた状態のまま腰の回転でジワジワと引き起こすようにするとよい。これがバラシを少なくするコツだ。

玉網はハリが網に掛かってしまうことがある

イカを足元まで寄せたら、小型はそのまま抜き上げてもかまわないが、中型以上の取り込みには玉網かギャフを使う。

イカはふつうの魚と違って進行方向が逆になるため、玉網を使う場合は必ず胴側（後ろ側）から玉網をゆっくり近づけること。これを自分ひとりでやるには熟練を要するので、できれば仲間に玉入れを手伝ってもらうほうがよいだろう。

どちらかといえば、ギャフのほうがトラブルは少ないかもしれない。

アオリイカ専用のギャフも市販されている。玉網よりもトラブルは少ないようだ

夜釣りで気をつけること

日中も釣れるアオリイカだが、やはり夜釣りが有利なことも確か。暗い夜釣りでは注意すべき点も多い

日が落ちるとイカ釣りにはゴールデンタイム。
安全には十分気を配って楽しもう！

「飛んで火に入る夏の虫」という諺があるように、虫を始めとする多くの生物は光の刺激に対する走性を持つ。とくにイカ類は強い走光性を持つことで知られており、その習性を利用した伝統漁法が夜焚き漁である。宇宙船からも確認できるという強烈な光（漁り火）で海面を照らすイカ漁は有名だが、イカのほとんどは夜釣りのターゲットである。アオリイカも例外ではなく、以前は夜釣りが中心だったし、今も電気ウキ釣りやナイトエギングが盛んだ。

海底の石まで丸見えの日中とは違い、夜釣りは期待感がふくらむ。ただ、日中とは違って危険も多い。スパイクシューズとライフジャケットの着用は当然のマナーだが、足下や手元を照らすヘッドランプやペンシルライトも欠かせない。電池が切れた、電球が切れたというトラブルは致命的なので、必ず電池の予備を持参し、照明器具は複数持ち歩き、突然の雨やシブキに備えて防水防滴タイプを購入するとよい。

腰を据えてじっくり夜釣りを楽しみたいときは、小型ライトのほかに大型ライトを用意すると便利だ。カーバイドランプなどで海面を照らしながら小魚を寄せて釣る方法もあるが、釣り場によっては禁止されているので注意すること。

イカに限らず、ほとんどの生物は点灯し続ける光に対しては光源へ向かう正の走光性を示すが、不規則に点滅する光に対しては光源から遠ざかる負の走光性を示す。つまり、不用意に海面を照らす強い光は魚やイカにとって危険信号となってしまう。したがって、ライトを点灯させるときは海面を照らさないようにするのがマナーである。

大型ライトなどは点けっぱなしでもかまわないが、強い光は周囲の釣り人にとっては強烈な逆光となり、足下を確認し

仕掛けはスナップでワンタッチ

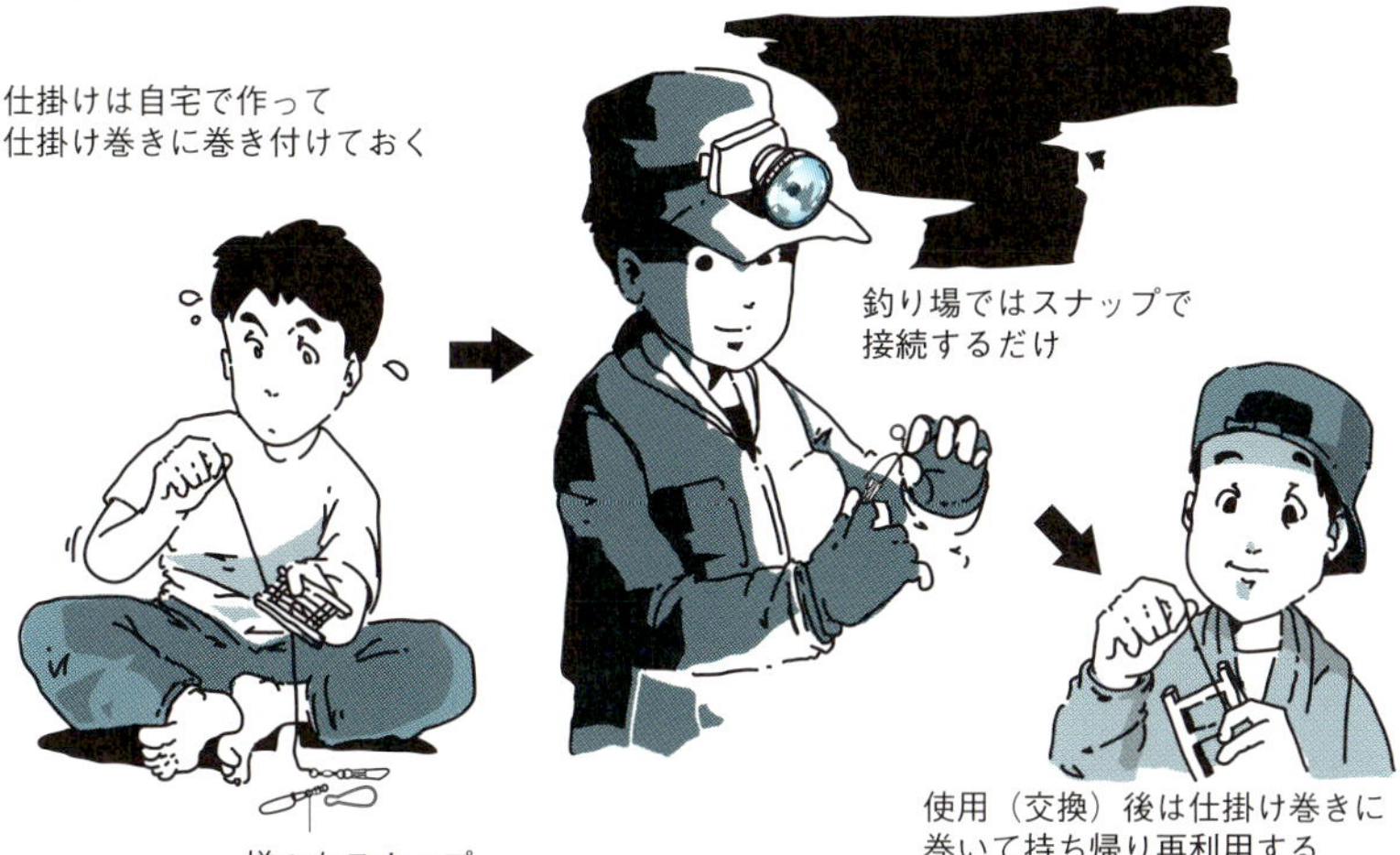
仕掛けは自宅で作って
仕掛け巻きに巻き付けておく
釣り場ではスナップで
接続するだけ
使用（交換）後は仕掛け巻きに
巻いて持ち帰り再利用する
様々なスナップ

用途に合わせてライトを使い分ける

ヘッドランプ
（場所移動）
フレキシブルライト
（仕掛け作りなど）
クリップライト
（場所移動＆仕掛け作りなど）
ランタン
（釣り座に設置）

づらくなるため、段差に気づかず転倒するトラブルも起こりやすい。海側や通路側へ光が向かないような角度で設置しておき、自分の荷物で囲いを作るといった配慮も必要だ。

夜釣りに有利なタックル、夜釣りならではの装備もある！

暗闇のなかでの釣りは思わぬトラブルを引き起こすが、なかでもとくに多いのが穂先にラインを絡ませるパターン。PEラインを使うことの多いアオリイカ釣りではこうしたライントラブルが発生しやすく、気づかずに仕掛けの投入や回収を行うと穂先を折ってしまう。

夜釣りではライントラブルの少ない中通しロッドがおすすめだ。電気ウキ釣り用の磯竿はもちろん、最近は中通しエギングロッドも市販されているので、本格的に夜釣りを楽しみたい人は夜釣り用に1本購入しておいて損はない。

また、暗い釣り場での仕掛け作りは時間のロスにもなるため、現場ではすべてスナップで接続可能になるように仕掛けは自宅で作っておき、仕掛け巻きなどに巻き付けて持参するとよいだろう。仕掛けを交換するときはパーツを交換するのではなく、仕掛け全体を交換するほうが手っ取り早い。交換した仕掛けは専用ケースに入れて持ち帰り、自宅で塩抜きして再利用すること。間違っても釣り場に放置して帰らないように！

また、夜釣りでは釣り場に忘れ物をしたり、回収が面倒臭くなってゴミを放置するケースも多い。荷物はできるだけ少なくしてコンパクトにまとめ、バッグのフタは常に閉めておき、余計な用具などを釣り座周辺に広げないのが忘れ物やゴミを出さないコツ。

電気ウキ釣りではじっくりアタリを待つため、折りたたみイスやイス代わりのクーラーボックスがあると便利だ。クーラーボックスのフタ上に両面テープなどでクッションを貼り付けておくと長時間の釣りも楽になる。

また、初夏〜秋も夜は気温が下がって肌寒い日が多く、急に雨が降ってくることもある。ウインドスーツを兼ねた薄手のレインスーツは必需品。フード付きのパーカーなどがあれば安心だが、首に巻くタオル1枚でもちょっとした寒さなら対処できる。乾いたタオルを1〜2枚常備することをおすすめしたい。

危険を回避することが、なにより大切だ

当然のことだが、夜は視界が極端に狭くなり、すぐ前を歩いていた釣り人が落水しても気づかないことさえある。同じ

夜釣りではなるべく動かないほうが安全。釣っている間は折り畳みのイスやクーラーボックスに腰かけて、必要以上に動き回らないこと。座っていれば疲れも軽減できる

夜は手元の明かりだけで仕掛けを作ったり交換したりしなければならない。したがって、できるだけ作業が簡単に済むよう市販仕掛けを活用したい

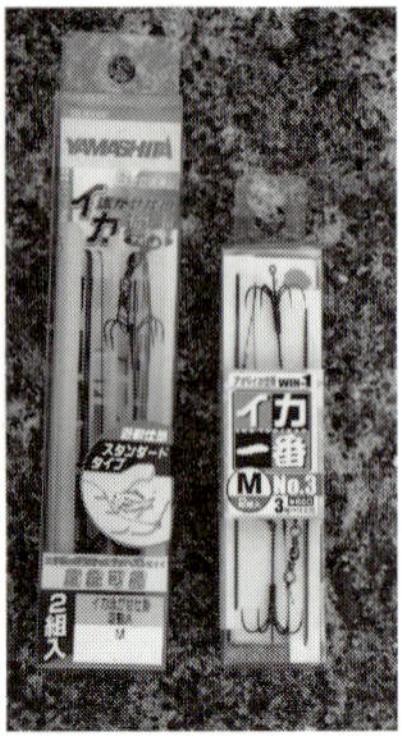

夜のタモ入れを1人で行うのは難しいし、危険も伴う。できるだけ、仲間に手伝ってもらうこと

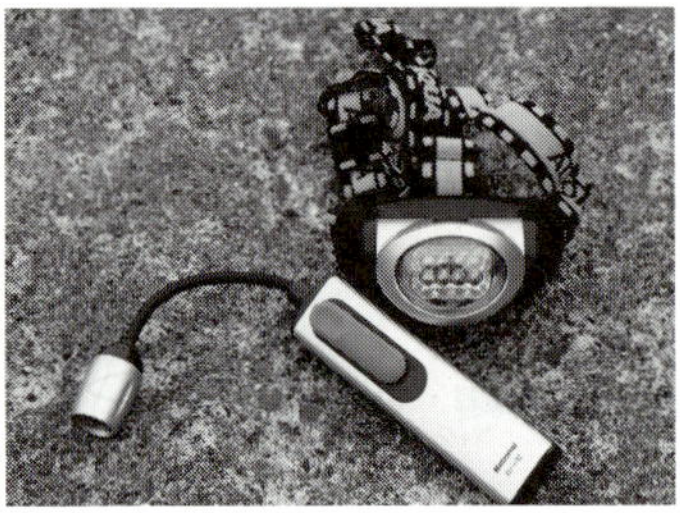

夜釣りに電灯は欠かせないアイテム。頭に付けるヘッドランプのほか、手元を照らすフレキシブルライトもあると便利。明かりは1つだけだと心もとない。必ず2つ以上用意しよう

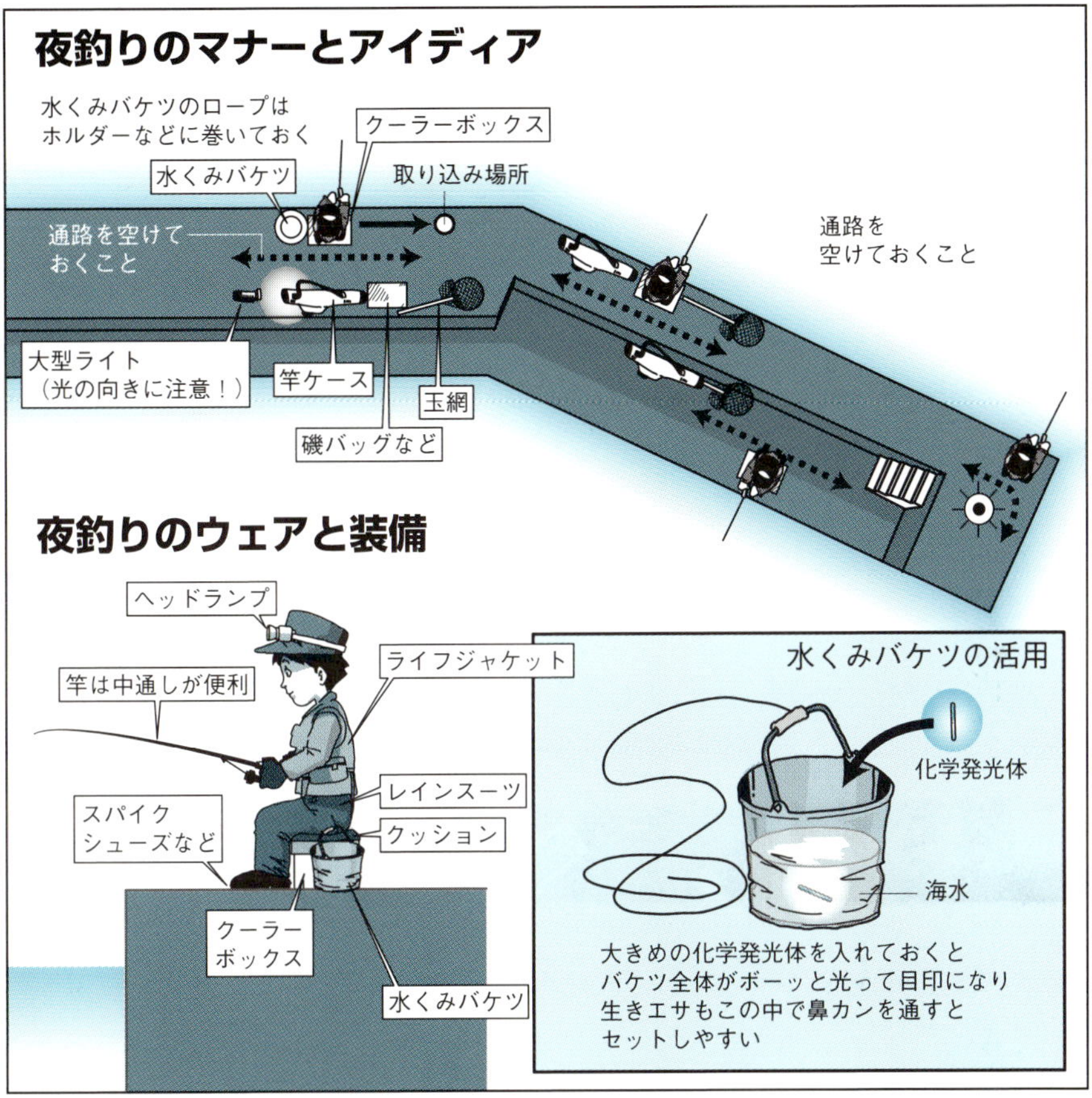
夜釣りのマナーとアイディア
水くみバケツのロープは
ホルダーなどに巻いておく
クーラーボックス
水くみバケツ
取り込み場所
通路を空けて
おくこと
通路を
空けておくこと
大型ライト
（光の向きに注意！）
竿ケース
玉網
磯バッグなど
夜釣りのウェアと装備
ヘッドランプ
ライフジャケット
竿は中通しが便利
レインスーツ
スパイク
シューズなど
クッション
クーラー
ボックス
水くみバケツ
水くみバケツの活用
化学発光体
海水
大きめの化学発光体を入れておくと
バケツ全体がボーッと光って目印になり
生きエサもこの中で鼻カンを通すと
セットしやすい

釣り場で会ったのはなにかの縁。必ずあいさつを交わし、互いの釣り座を確認しておき、帰りにもひと声かけてから帰るように習慣づけよう。

夜の玉網入れは危険を伴う。できれば仲間や近くの釣り人にサポートを頼むことだ。磯はもちろん、足場の高い堤防も要注意である。クーラーボックスなどに腰かけたままの玉網入れは危険。いったん立ち上がってから障害物や荷物のない場所へ移動し、腰をしっかり落として取り込む。釣りを始める前に、玉網やギャフが海面まで届くかどうかを確認することも大切だが、その場合には干満の差を考慮しておかなければならない。

今に始まったことではないが、釣り場で気になるのは釣り人が放置したゴミの山だ。みんなの釣り場が「立入禁止」にならないよう、ゴミは自宅まで持ち帰ろう。そのためにもカン、ビン、燃えるゴミを分別しておくとよい。夜はマナーがいい加減になりがち。闇に紛れてのポイ捨ては慎み、いつまでも釣りを楽しめる環境を維持したいものである。

Column
3

陸っぱり イカ釣りア・ラ・カルト
SHORE SQUID FISHING A LA CART

【ジンドウイカ】

ケンサキイカの幼体を呼ぶ。ほかにも色いろな呼び名がある

静岡県の沼津方面でジンドウイカと呼ばれるイカは、ケンサキイカの幼体。胴の長さは10センチほどと小さく、耳は四辺形で先端も尖っておらず、なんとなくずんぐりした体型だ。体が小さいのでコイカ（小烏賊）、チビイカ、ボウズイカ（坊主烏賊）、灯光に寄ることからヒイカ（火烏賊）などとも呼ばれるが、東北方面ではテクビイカ（手首烏賊）の名前で親しまれている。

春から夏にかけてがこのイカのシーズンで、アオリイカの外道として釣れることも珍しくない。専門に狙っても堤防や岸壁などから手軽に釣れる。釣り方は小さなトトスッテ（チビイカスッテ）を使ったサビキ釣りスタイルが一般的で、アユ竿などを改造した長いノベ竿の先にトトスッテを５～８本付けて垂らす。 時合は朝と夕方のマヅメに集中し、夜釣りの場合はランタンで海面を照らす。火烏賊と呼ばれるだけに、光に寄る習性が強く、集魚灯の効果は絶大である。

ジンドウイカのサビキ仕掛け

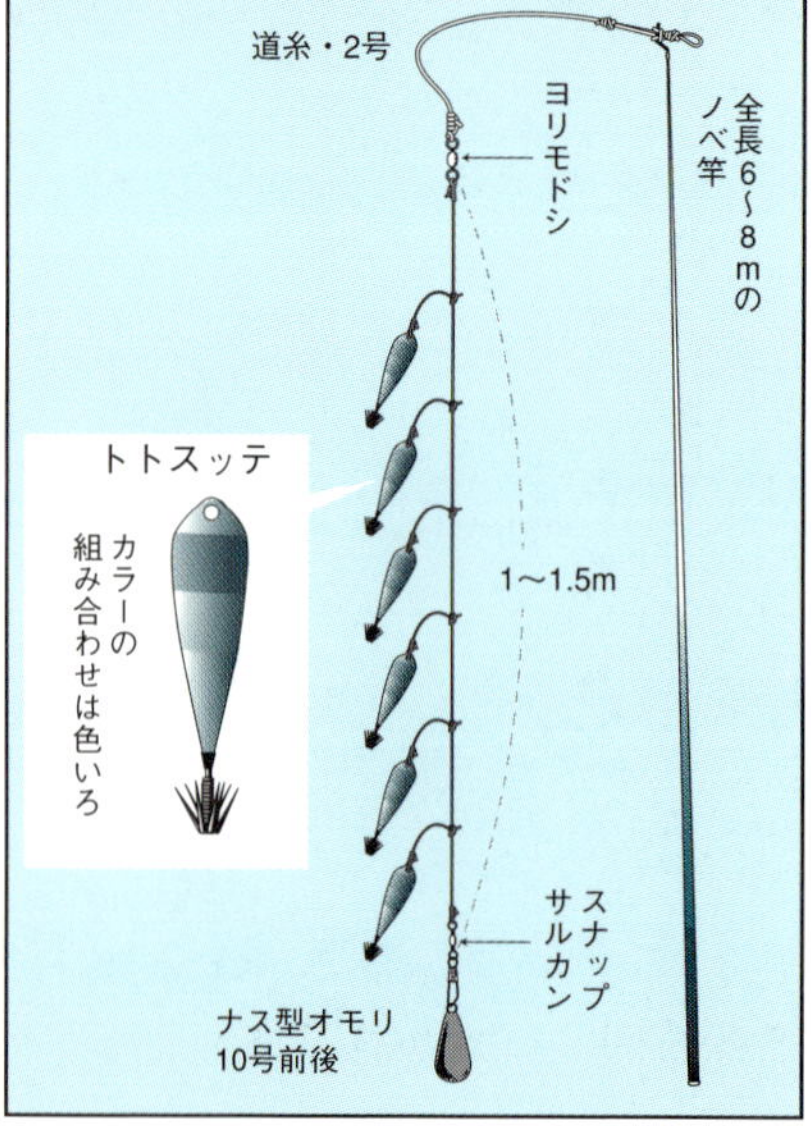
道糸・2号
ヨリモドシ
全長６～８ｍのノベ竿
トトスッテ
カラーの組み合わせは色いろ
1～1.5m
スナップサルカン
ナス型オモリ
10号前後

JINDOIKA

第1部
SHORE FISHING
陸っぱりでアオリイカを狙う

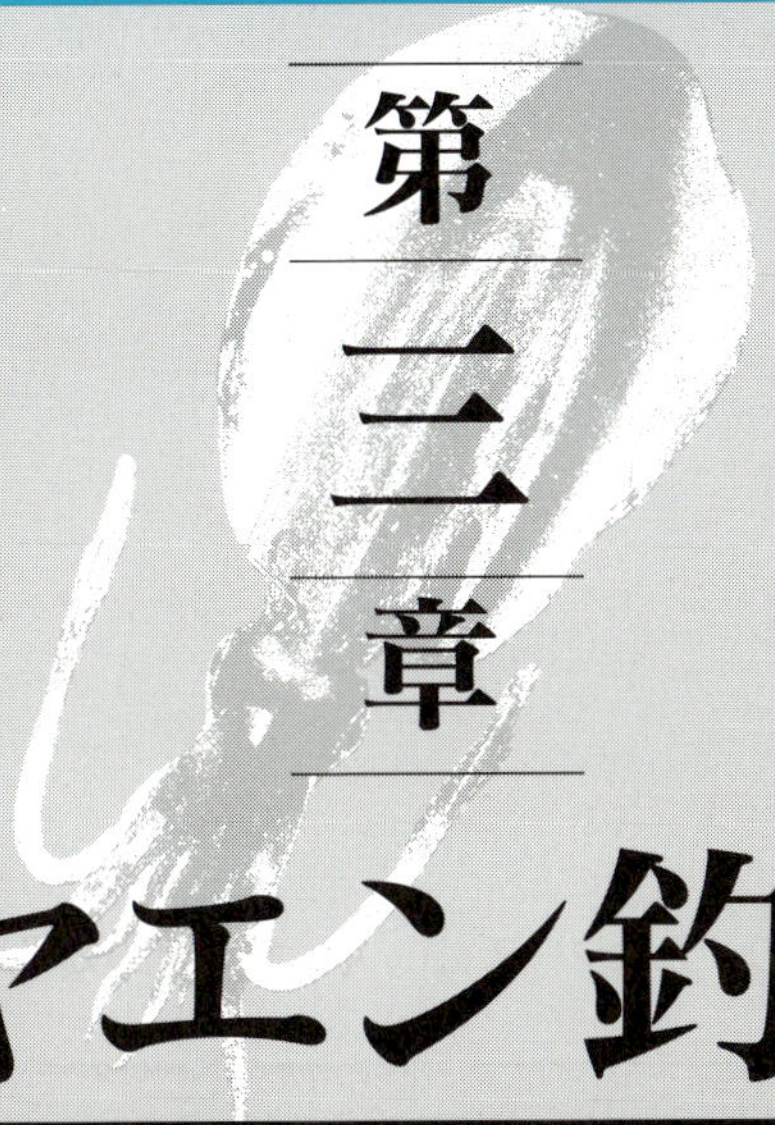

第三章

【ヤエン釣り】

text: 岡田 学 *Okada Manabu*

ハリ掛かりしていないアオリイカとのヤリトリも、
寄せたあとのヤエンの投入も、一瞬のミスがバラシに直結する。
これほどスリリングな釣りもほかにないだろう。
だからヤエン釣りはおもしろいのだ!

ヤエン釣りって、どんな釣り？

↓紀伊半島・紀南地方の伝統釣法。春の良型狙いに最適釣法だ

アオリイカのヤエン釣り――。生きアジを道糸の先にくくりつけ、アオリイカの目の前に泳がせる。イカは疑うことなく大好物のアジに抱き付き、むさぼるように食べ始めるわけだが、実はこのエサにはハリは付いていない。

アオリイカの頭の中が食べることでいっぱいになった段階で初めて寄せにかかるわけだが、こうなるとアオリイカはこちらに引っ張られてもエサを放さない。

それから、頃合いを見計らってヤエンと呼ばれる掛けバリを道糸に伝わせて落とし込む。

ヤエンはエサのアジの所まで滑り落ち、掛けバリがハネ上がってアオリイカを掛ける仕組みになっている。

この、ハリのない状態でアオリイカを寄せてくるときのハラハラドキドキ感、そしてヤエンを落とし込み、ハリ掛かりさせてからの緊張感、取り込みが成功したときの充足感（高級食材だしね）が、なんといってもヤエン釣りの醍醐味だろう。

また、アタリが多い割には取り込み率

が低い点も釣り人をさらに燃え上がらせる。ヤエン釣りに一度ハマると抜けられなくなるのもご理解いただけるだろう。

ヤエン釣りの名前の由来は、山仕事の移動手段に使われた野猿（やえん）からきたといわれている。谷に渡したロープを使って移動する、吊り下げ式の（人が入る）箱を野猿と呼び、道糸を伝って滑り落ちる掛けバリをこれに見立てて「ヤエン」と呼ぶようになったという説がある。

ヤエン釣りの発祥の地は紀伊半島南岸の紀南地方であり、ここでは30年以上も前からヤエン釣りが行われていたという。

当時は、ヤエン釣りをする人も今ほど多くなかったはずであり、生きアジがエサ店に置かれることもなかったものと思われる。メインのエサは死にアジか、現地調達による生きアジや木っ葉グレ（メジナ）などであったはず。

現在では、和歌山・三重周辺のエサ店に生きアジが売られており、紀伊半島へ向かう釣り人の需要に応えてくれている。

ただ関西でも、それ以外の地方では生きアジをあつかうエサ店は非常に少なく、自分で釣るなどして調達するしか手がないのが実情だ。

また、ヤエン釣りは本来、3～6月の乗っ込み期の大型を狙う釣りとして発展してきたが、晩秋にサイズアップする秋イカを狙うことも可能である。春の大型狙いはポイントが限られるが、秋の数釣りシーズンはポイントが広範囲なのが嬉しい。

時合は朝夕マヅメと半夜だが、基本的には24時間時合である。日中に数多くのアタリを見ることができるのも、生きアジを最も自然に泳がせる釣りだからにほかならない。

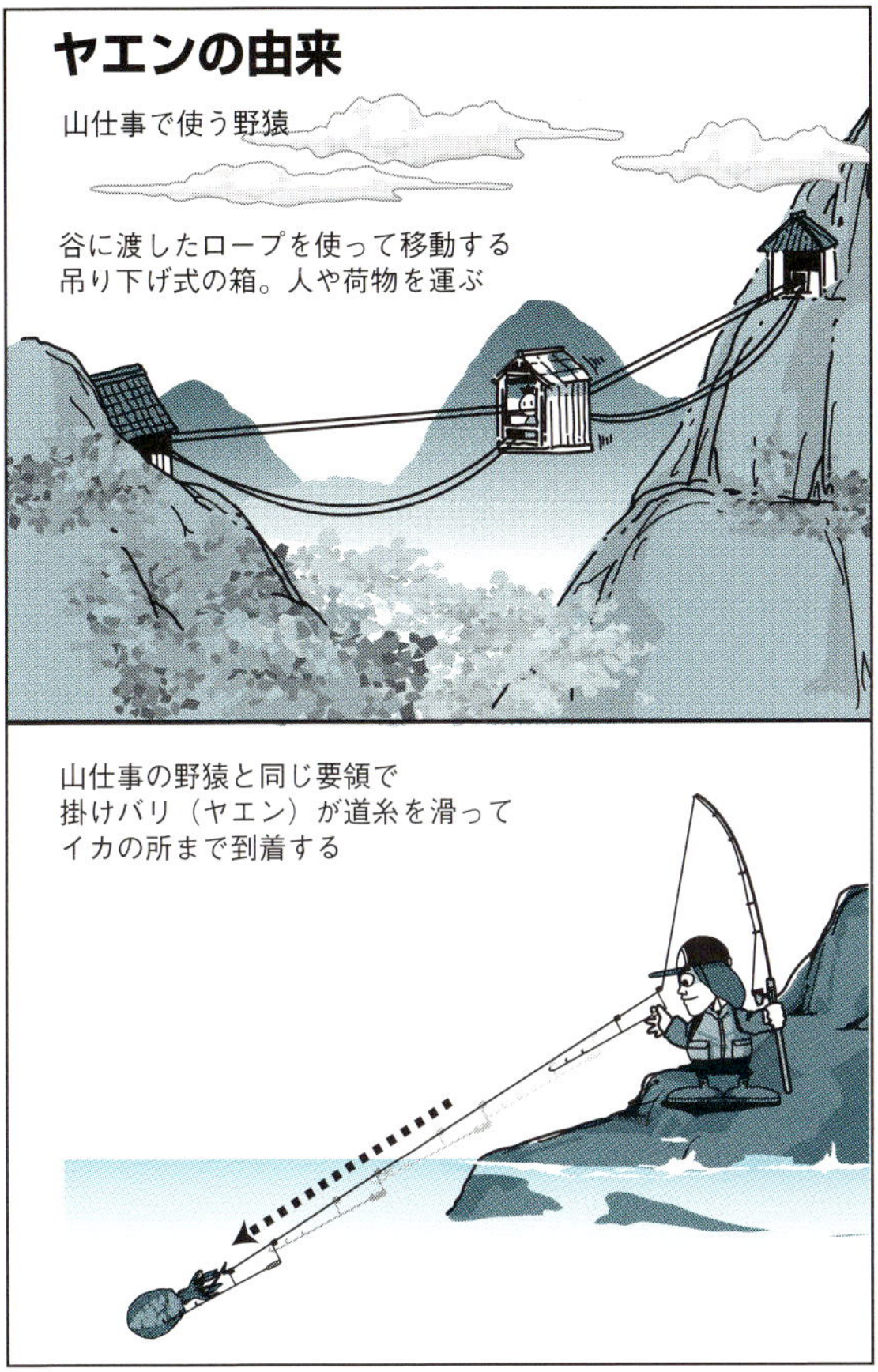
ヤエンの由来
山仕事で使う野猿
谷に渡したロープを使って移動する
吊り下げ式の箱。人や荷物を運ぶ
山仕事の野猿と同じ要領で
掛けバリ（ヤエン）が道糸を滑って
イカの所まで到着する

タックル・仕掛け

↓磯竿1.5〜2号、5.3メートルが標準。市販のヤエンは完成度が高い

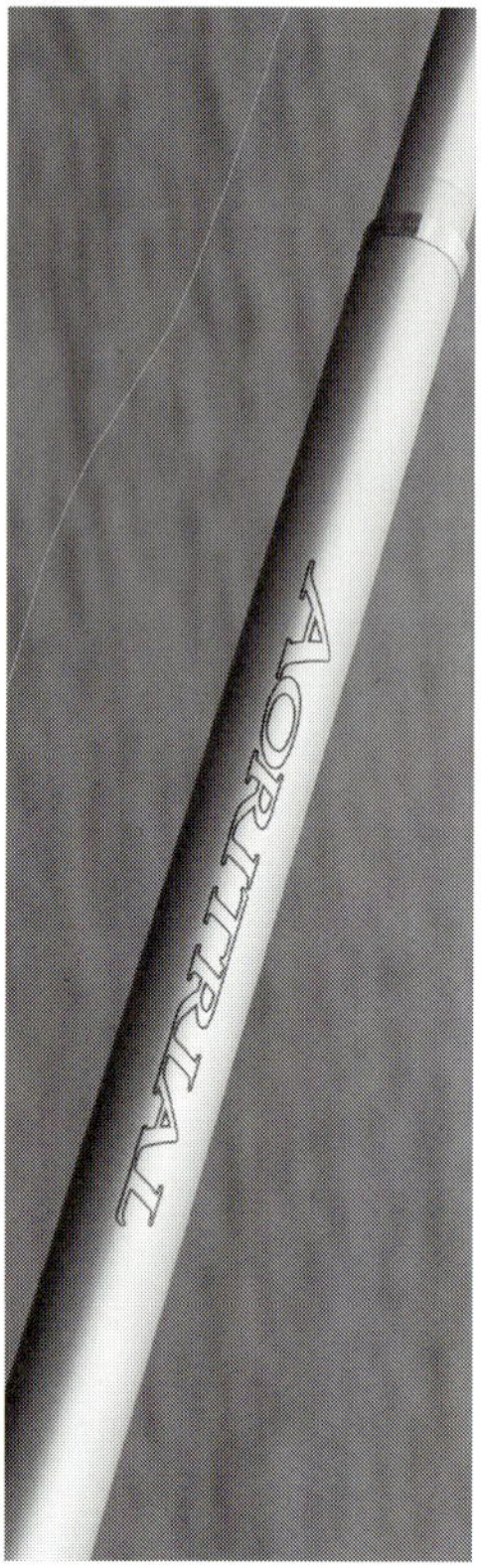

竿は磯竿の1.5〜2号が使いやすい。近ごろはヤエン専用竿も市販されている

リールはリアドラグ式が使いやすい

もちろんフロントドラグでも問題なく使える

●竿、リール

まず竿についてだが、磯竿1.5〜2号クラスがおもに使われている。エサとして使用するアジ1匹分をスムースにキャストできれば問題ないわけで、冷凍の死にアジをエサにする場合には、最低でも2号クラスが必要となる。

道糸に角度をつけてヤエンを送り込むため竿は長いほど都合がよいが、あつかいやすさとの妥協点から最初は5.3メートルクラスがおすすめだ。取り込みにおいても、ジェット噴射を吸収できる長竿が有利となる。

ちなみにイカダやカセ、足場の高い堤防なら4.5メートルクラスでも十分釣りになる。

リールは中型のスピニングで、ドラグがスムースに作動するものを選ぶ。近ごろはヤエン釣り専用のリール（リアドラグ式）も登場している。

●道糸、ハリ

道糸はフロロカーボン1.5〜2号、もしくはナイロン3〜4号を使用する。フロロカーボンラインの利点は、その比

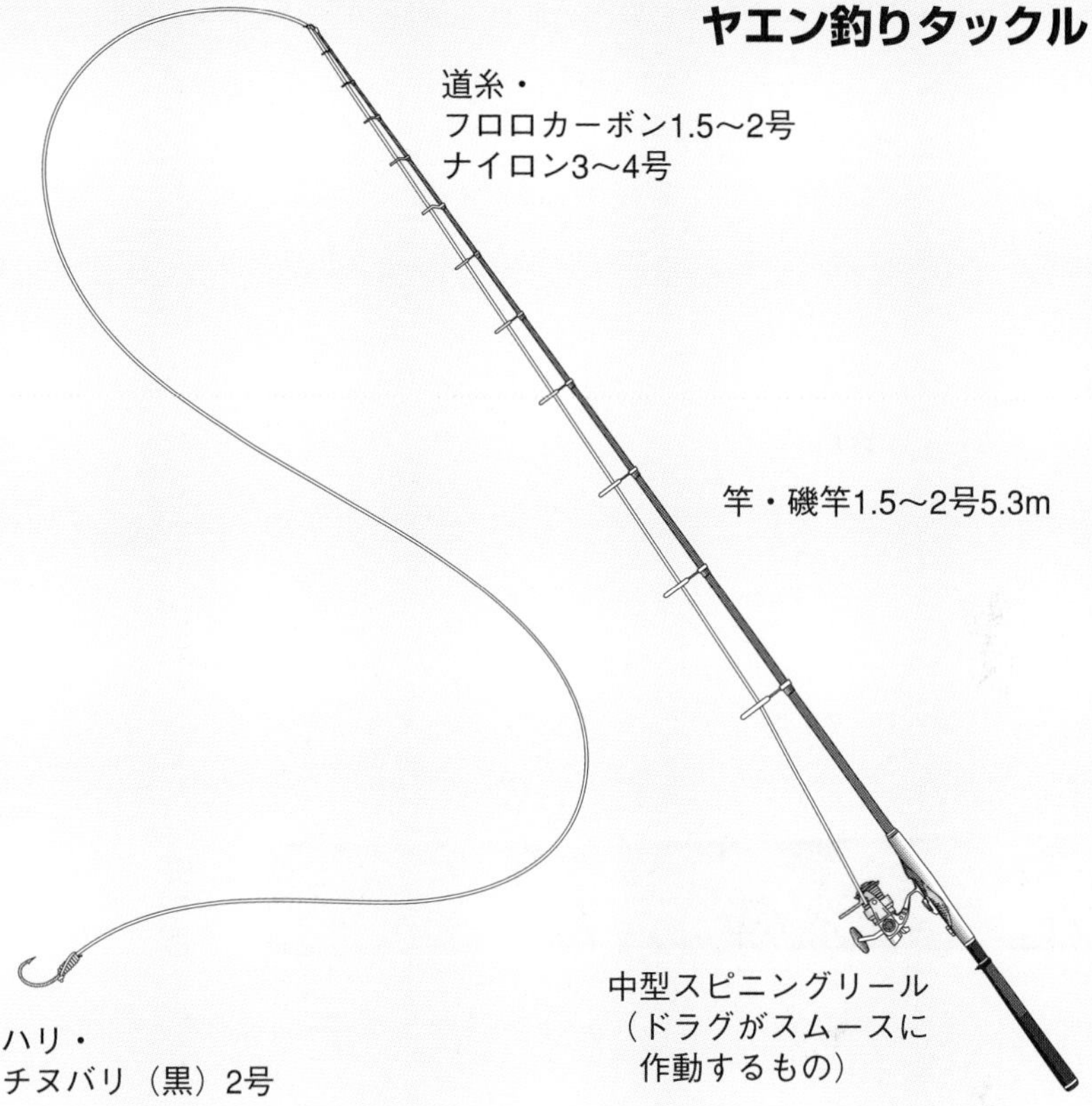
ヤエン釣りタックル
道糸・
フロロカーボン1.5〜2号
ナイロン3〜4号
竿・磯竿1.5〜2号5.3m
中型スピニングリール
（ドラグがスムースに
作動するもの）
ハリ・
チヌバリ（黒）2号

重の大きさから水中に馴染みやすく、アジを深く潜らせたい場合に有利である。さらに、フロロカーボンは水中では見えにくく、吸水率が低いためヤエンの滑りもよいとされている。

一方のナイロンラインは、そのしなやかさから太号柄でもあつかいよいため、大型狙いの太糸用に用いられる。クセがつきにくくトラブルが少ないため、夜釣りには最適である。

道糸のカラーリングに関しては、引き寄せたイカとの距離を計ったり、ヒットポイントの目安を知るには何色かに染め分けた道糸が適しているが、最近は日中の釣りもポピュラーになり、イカに気付かれにくいように透明のものが好まれるようになってきた。

昔は、この道糸の先にアジを直接結びつけていたわけだが、最近は先端にハリを結んでおくのが一般的になっている。

引き解け結びでアジの尾の付け根を縛り、ハリをゼイゴ（尾から側線上に続く硬いウロコ）の下に掛けておくと万全だ。ハリは、チヌバリ（黒色）の2号など小

アジを沈めたいときは、フロロカーボンのライン（2号前後）を使う。写真はハリス用に販売されているが、100メートルあるので道糸に使ってもいい

ラインはナイロンの2〜3号が最もポピュラーで使いやすい

ヤエンは専用のケースに収納すると、ハリが絡み合うことがない

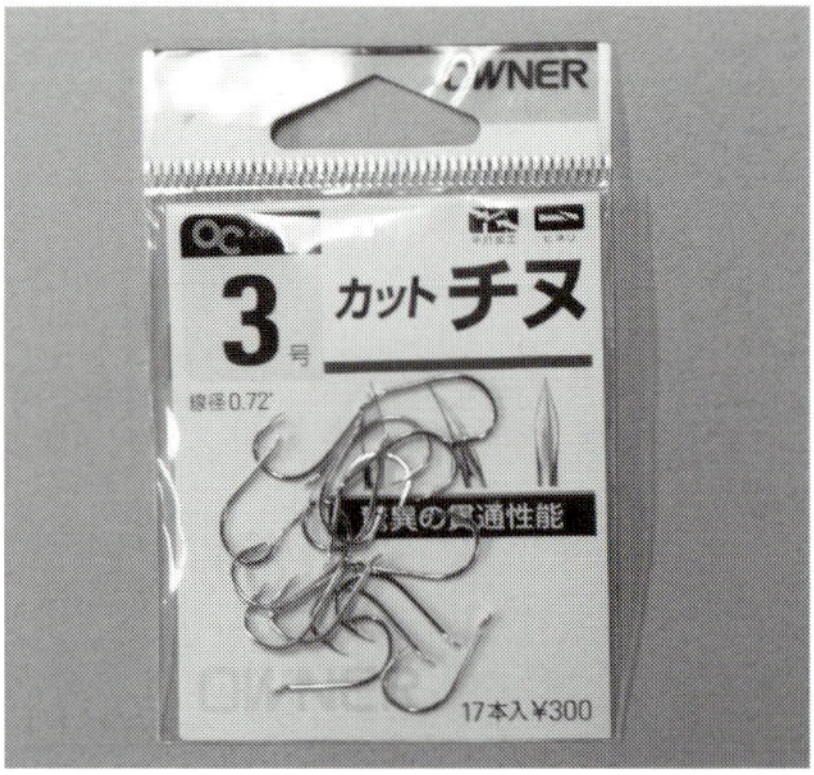

ラインの先にはチヌバリの2〜3号を結ぶのが一般的だ

さめのものがよい。

●ヤエン

さて、肝心のヤエンについてだが、現在市販されているものは完成度が高く、1本1000円前後で売られている。最初は同じものを2本ずつ、サイズ別に2種類として計4本は用意しておきたい。

サイズはL寸、M寸などとあるけれど、メーカーによって大きさがまちまちなので、実際は自分が使用するエサのアジの頭を落とした状態の長さと、第1アーム〜1番バリの間隔が近いものを選ぶようにしたい。

ヤエンの種類も多岐にわたるが、最初は本文中イラストにあるようなオーソドックスなタイプのものから使ってみるとよいだろう。

現在は2本アームの3本剣（バリ）が基本型と思うが、人気ヤエンの中には3本アームのものもある。

構造はいたってシンプルで、本体は直径0.8〜1.2ミリ前後のステンレス線を使用。ハリとアーム、ウエイトが溶接で固

竿掛けの所にスタンバイしておけば、アタリが出ても慌てずにすむ

ヤエンは生きエサを入れたバケツの所か……
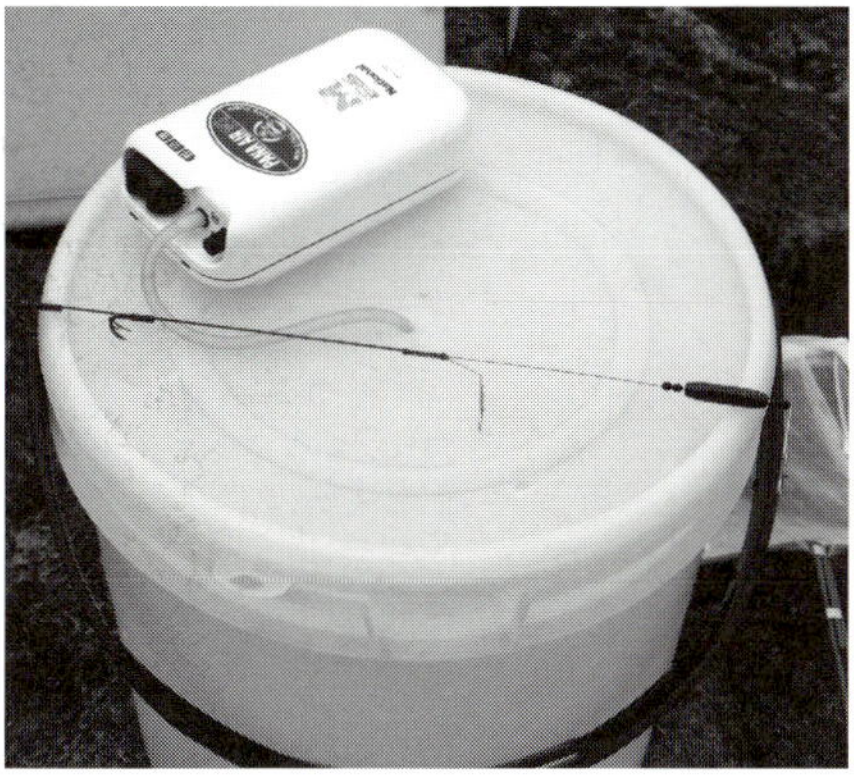

ヤエンは様ざまなタイプが市販されているので、各人好みで選べばいいが、シンプルなものが使いやすい

定されている。
アームの先にあるメガネと呼ばれる道糸の通し穴は、スプリング式やクリップ式のものがあり、いずれも外側から道糸を通せるようになっている。
このヤエンは、イカを20メートルくらいまで寄せてから道糸に通すもので、それから竿で道糸に角度をつけて、イカの所までヤエンを送り込む。
そして第1アームがアジの所まで到着したら、そのメガネ部分が支点となってハリのある先端部分がハネ上がり、イカの体にハリ掛かりする仕組みとなっている。

ヤエンを投入したら、竿を立ててイカの所まで送り込んでやる

・メガネ＝道糸を通す輪。外側から道糸を通せるように
　　スプリング式かクリップ式になっている

・支柱＝道糸とヤエンの間隔を決定する。短いと掛けバリが道糸に絡み、
　　長いと掛けバリの間隔が離れてしまう

・ウエイト＝ヤエンをエサの所まで送り届け、なおかつ第一支柱のメガネを
　　支点にしてテコの原理で掛けバリをハネ上げる役目を果たす
　　（そのため最後尾に固定されている）

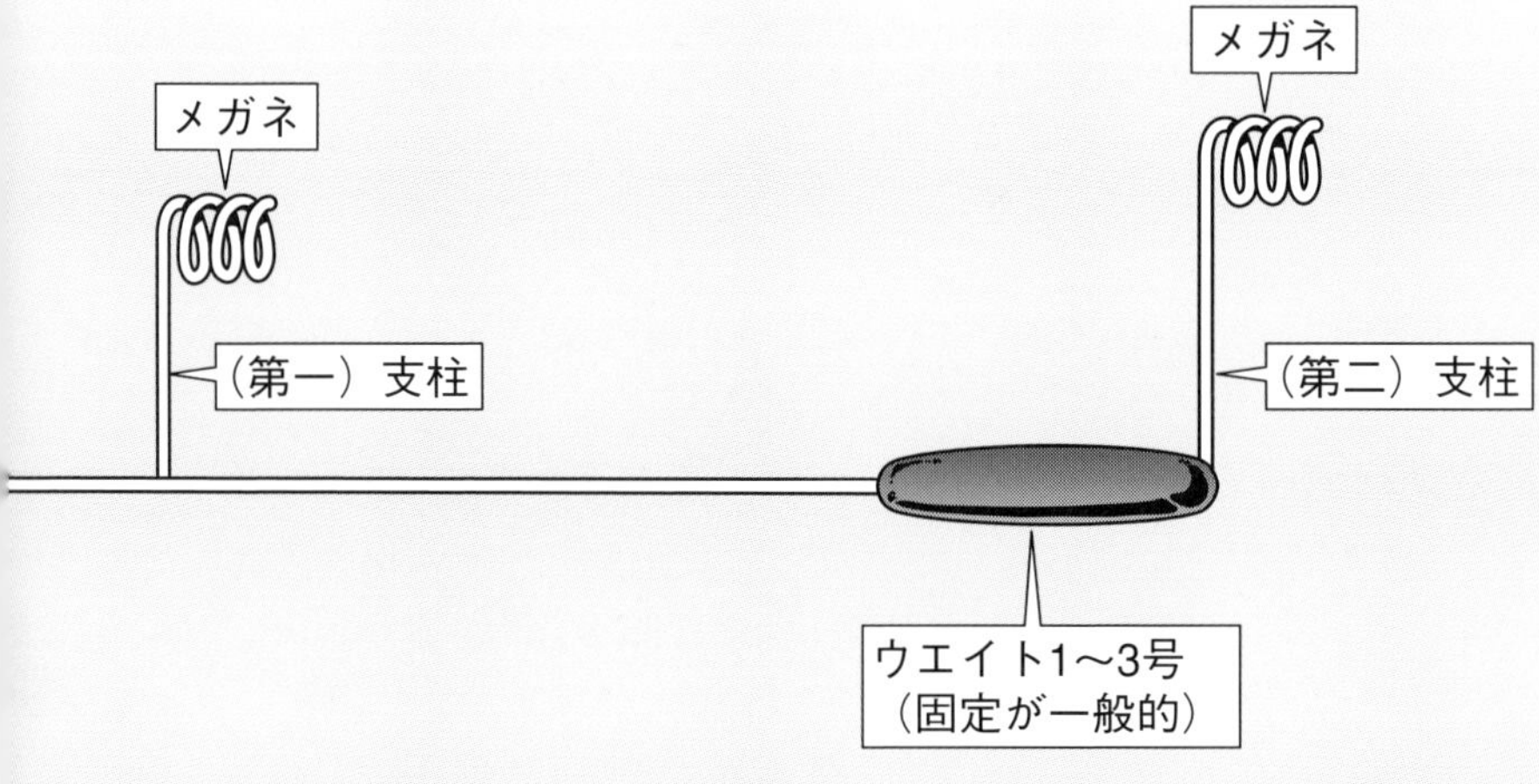
メガネ
メガネ
（第一）支柱
（第二）支柱
ウエイト1〜3号
（固定が一般的）

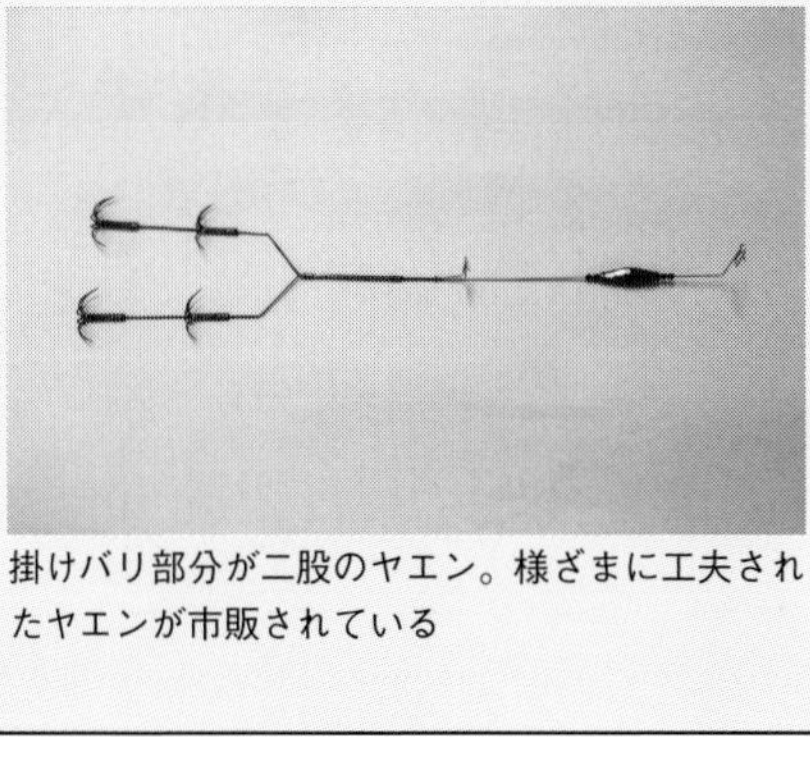

掛けバリ部分が二股のヤエン。様ざまに工夫されたヤエンが市販されている

これが最もオーソドックスな形のヤエン。シンプルなタイプは使いやすい

ヤエンの構造

掛けバリは二段か三段のタイプが多い

メガネの部分。ここにラインを通す

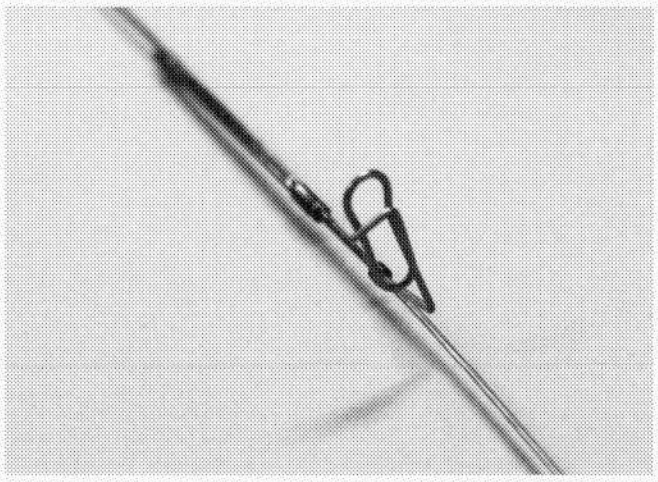

・掛けバリ＝第一支柱がエサの所まで到達したら
イカの体に触れる位置に2〜3個配置されている。
第一掛けバリは頭部に、第二掛けバリは第一バリのフォロー、
第三掛けバリは胴部を捉えるため

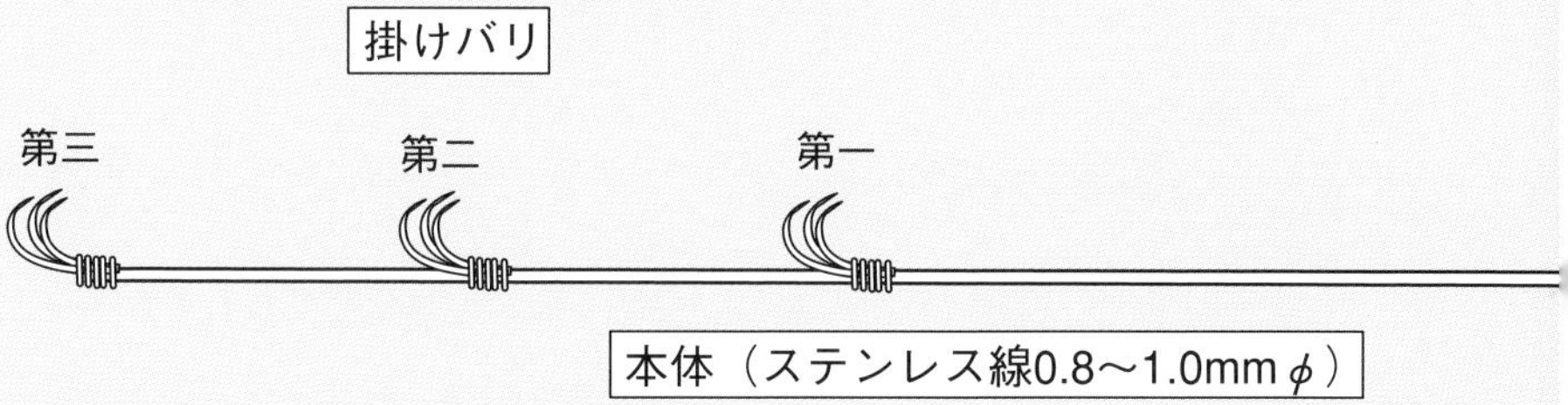
掛けバリ
第三
第二
第一
本体（ステンレス線0.8〜1.0mmϕ）

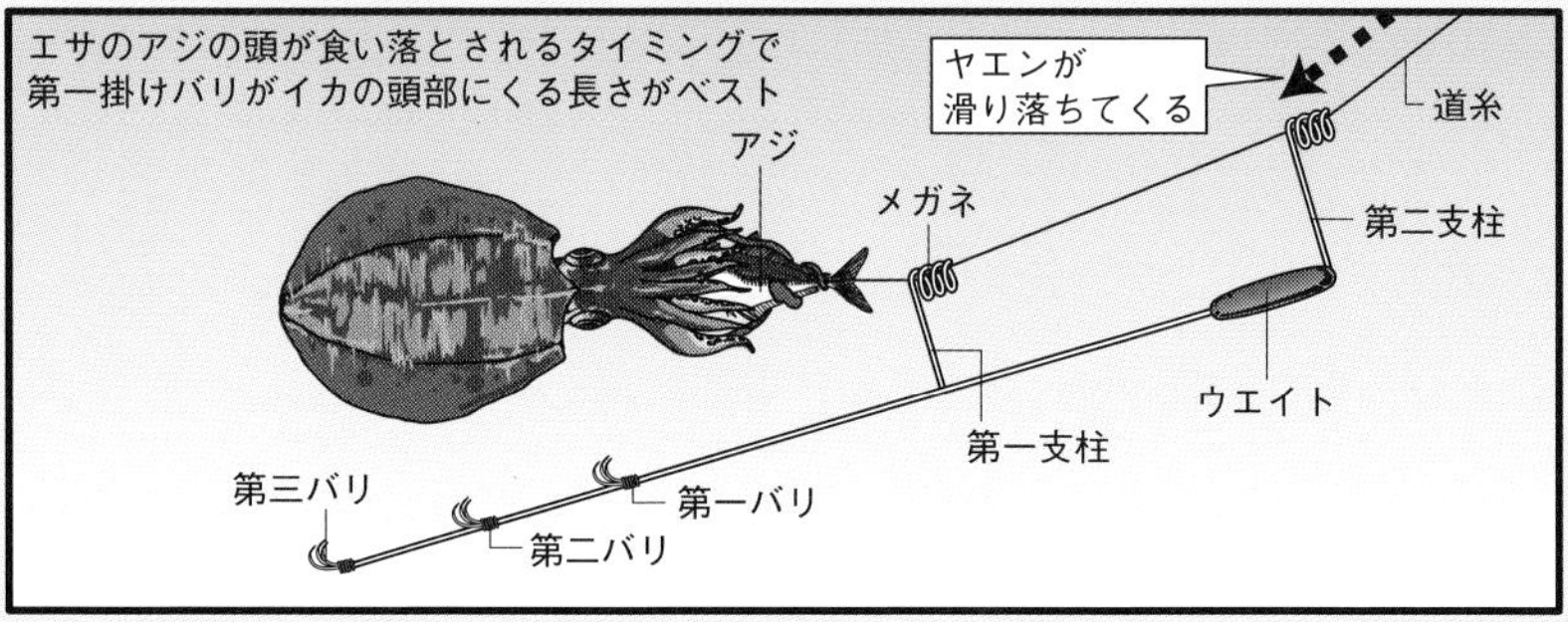
エサのアジの頭が食い落とされるタイミングで
第一掛けバリがイカの頭部にくる長さがベスト
ヤエンが
滑り落ちてくる
道糸
アジ
メガネ
第二支柱
ウエイト
第一支柱
第三バリ
第一バリ
第二バリ

エサと装餌

生きアジ確保が大前提だが、他魚や死にアジでもＯＫだ

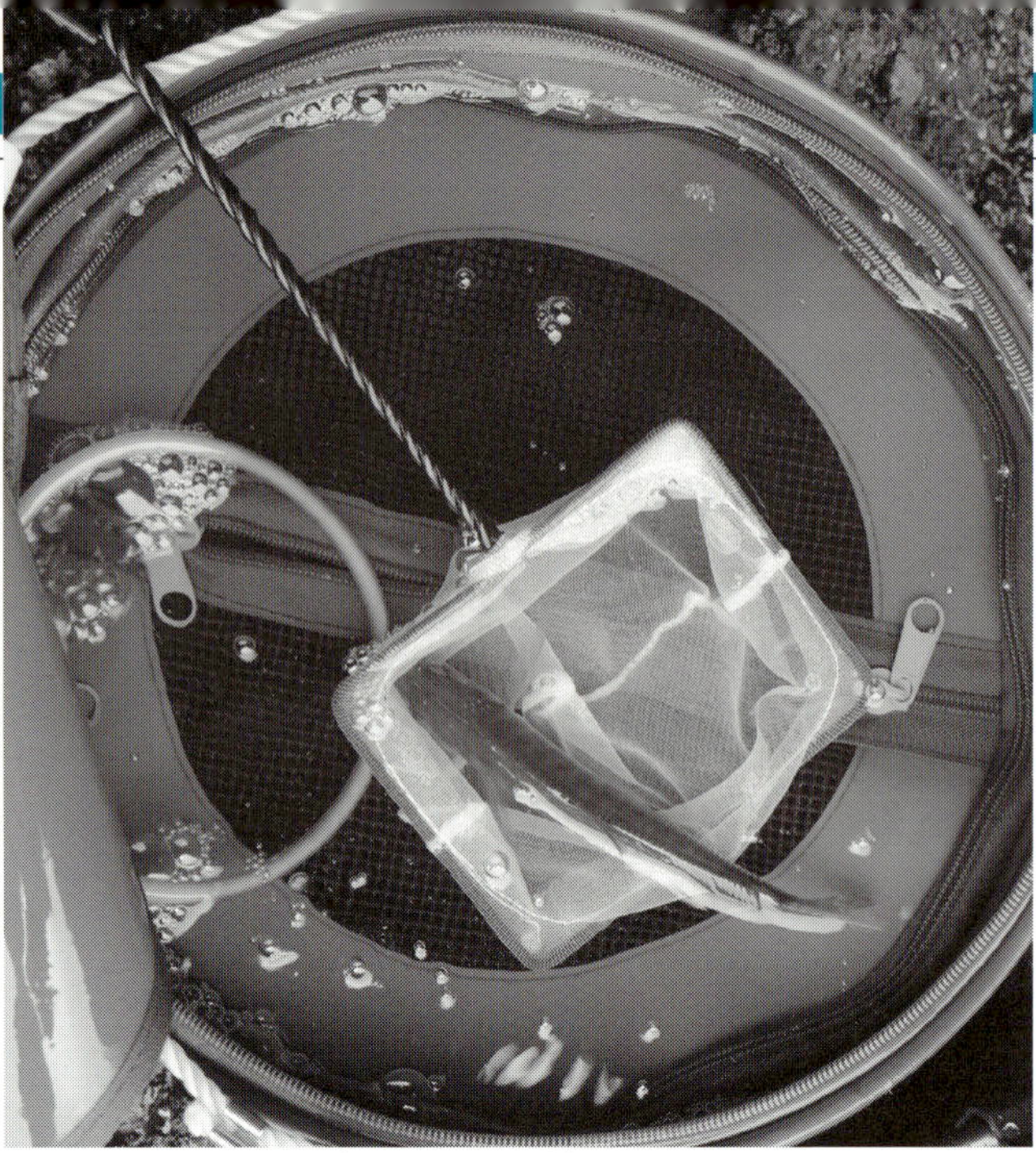

生きエサを弱らせないよう気を配ることも大切

アジの結び方

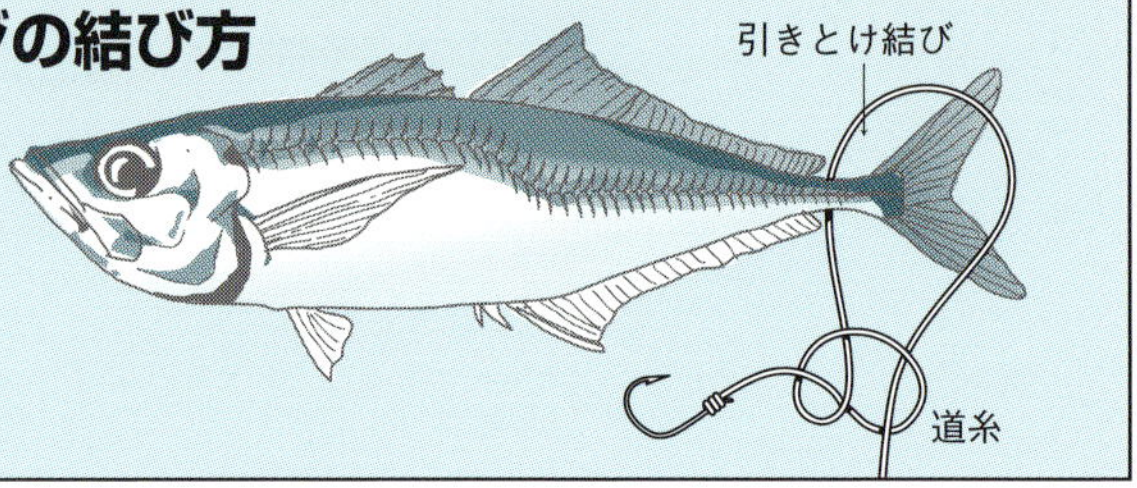

エサはなんといっても生きアジがベストだ。全長15～18センチくらいが使いよいが、春の大イカ狙いなら20センチ級でも大丈夫。

最も簡単な入手方法は、生きアジをあつかうエサ店で購入することだが（1匹150円くらい）、関西においてもヤエン釣りのメッカといわれる和歌山、三重県などの釣り場近郊でなければ入手しにくいのが実情だ。これら以外のエリアでは、サビキ釣りなどで現地調達する。

生きアジの運搬方法は、購入先に大型の生かしバケツを持ち込み、海水とアジを入れてもらう。あとは現場まで自力で運ぶ。

そのため、アジ専用の生かしバケツにはエアーポンプを必ずセットすること。市販の生かしバケツは15～17リットルの大きさが中心だ。あまり大きすぎると持ちきれない。1匹のアジに対して1リットルの容量があればアジを元気に生かしておくことができる。

ただし、釣りの最中でもバケツ内の水替えは必要だ。エアーポンプがあれば酸

■ネンブツダイ
ネンブツダイはアオリイカの反応がいいエサだ。アオリイカも常食していると思われる

■アジ
最もポピュラーな生きエサ。釣りエサ店で購入することもできる

■ウミタナゴ
ウミタナゴも生きエサとして使える

■スズメダイ
スズメダイもアオリイカの釣れる海域でよく見る小魚だ

■イナッコ
地域によっては、イナッコ(ボラの幼魚)を使うところもある

素は十分であるから、あとは水温が上がらないように気を配るべきだろう。中にはスカリが一体式になっているものもあり、現場で海中に入れておくことができるものもある。

ただ、生きアジでなければ釣りにならないというものでもなく、代用魚として、木っ葉グレなど堤防で釣れる15センチサイズの小型魚や、スーパーで売っている死にアジでもよい。

装餌方法は、生きアジも死にアジも同様だ。本文中イラストのように、引き解け結びで尾の付け根に道糸を結び、ハリをゼイゴの下の肉厚部分に掛ければ万全だ。

尻尾に道糸を結びつけず、ハリを打つだけでもOK。アジは硬いゼイゴがあるので、ここにハリを通しておけば、まず外れることはない

釣り場・ポイント

藻場・沈み根・カケ上がりがキーワード！

堤防なら、三脚を使うといい

磯ではチャランボを立て、竿掛けをセットする。これに竿を掛けてアタリを待つ

ヤエン釣りのおもな釣り場は、まず代表的なものが磯（沖磯も含む）、堤防である。これらは足元から水深があるため、藻場があれば高い確率でヤエン釣りの好釣り場となる。

そのほかには、ゴロタ浜やサーフでも沖のカケ上がりが近く、藻場があればアオリイカの好ポイントとなる。

また、近年ではチヌ釣りのイカダやカセからのヤエン釣りが人気を集めている。紀伊半島各地の内湾に設置されたチヌ釣りイカダは、アオリイカの乗っ込みポイントに隣接していたため、早春のころから釣果が見込めるとあって俄然人気が高まった。

ただし、前述した釣り場でも沈み根と藻場が重要なポイントで、水深の浅い浜などではカケ上がりが隣接していることが絶対条件となる。

ここで、各釣り場のポイント例を挙げてみたい。

磯の場合は、足元からポイントになることもあるけれど、沖の沈み根やその周辺の藻場など、ピンスポットで狙うことが肝心だ。

さらに、潮下にできるタルミなど、潮流によって変化するイカの着き場を意識すると、刻々と変化する状況にも対応できる。

堤防では、先端の潮通しのよい所が一級ポイントとなるが、穴場ポイントとしては港内の奥や、堤防の付け根もはずせない。とくに堤防のサイドに磯場がある場合は、堤防の付け根側から探りを入れてみたい。

さらに、船が出入りするような漁港の堤防なら、ミオ筋に絡むカケ上がりも狙い目となる。

ゴロタ浜では基本的に遠投で狙う。沖のカケ上がりや沈み根の際をたんねんに狙うのがコツとなる。

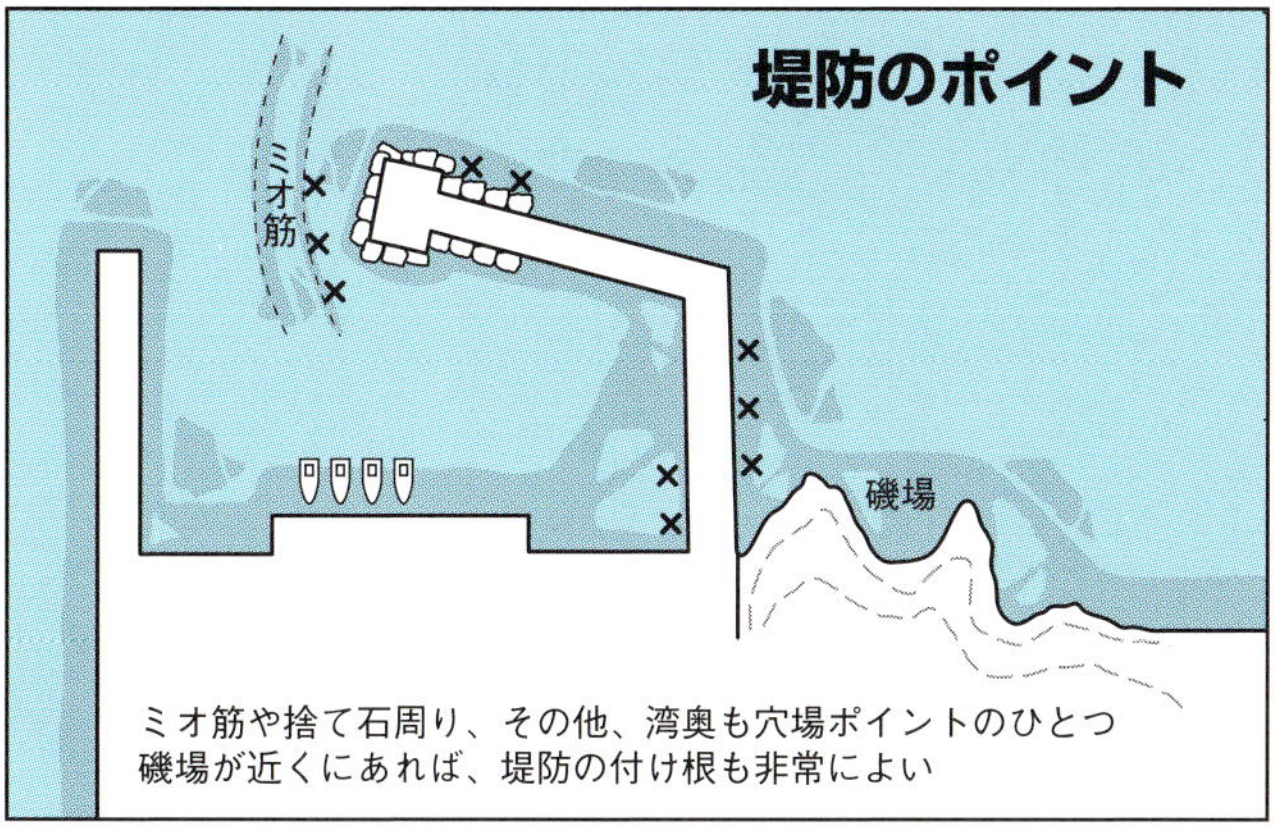
堤防のポイント
ミオ筋
磯場
ミオ筋や捨て石周り、その他、湾奥も穴場ポイントのひとつ
磯場が近くにあれば、堤防の付け根も非常によい

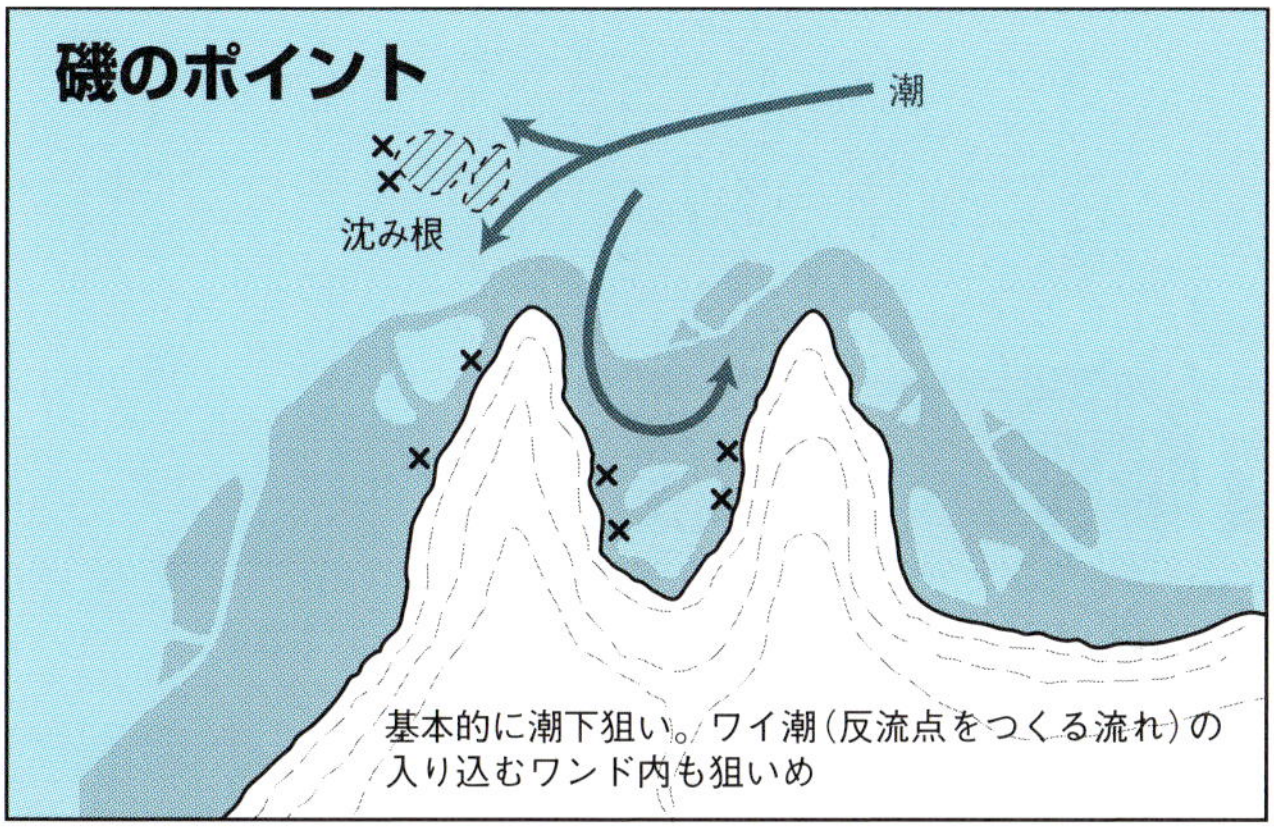
磯のポイント
潮
沈み根
基本的に潮下狙い。ワイ潮（反流点をつくる流れ）の
入り込むワンド内も狙いめ

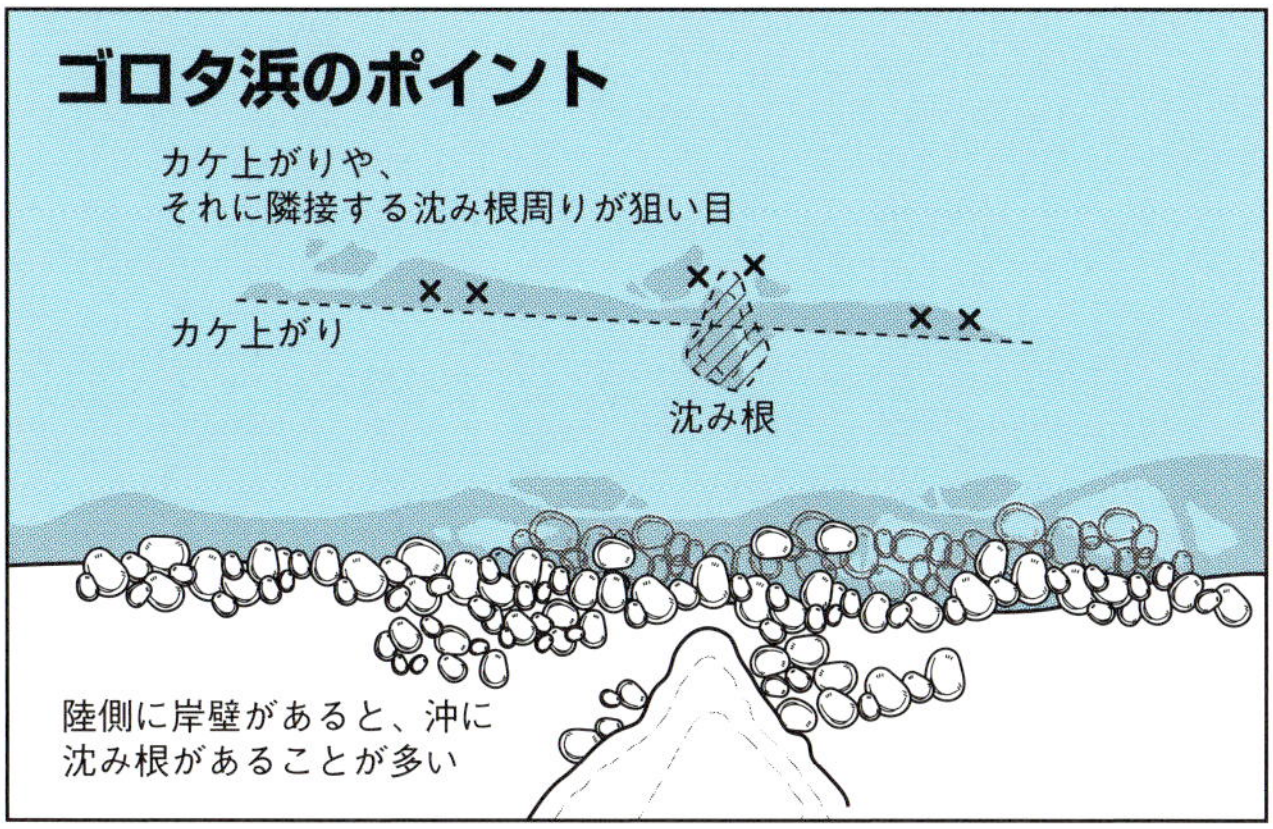
ゴロタ浜のポイント
カケ上がりや、
それに隣接する沈み根周りが狙い目
カケ上がり
沈み根
陸側に岸壁があると、沖に
沈み根があることが多い

アジの流し方・泳がせ方

↓潜らなければ即、交換！ 元気なアジが絶対条件だ

アジの泳ぎによって、ときおり道糸を出したり巻いたりして糸フケを調整する

道糸を張って、アジの動きを確かめる

ポイントが決まったら生きアジを投入するわけだが、基本的にはポイントの近くで自由に泳がせるだけでよい。

アジは必然的にシモリや藻の塊などに寄り添おうとするので、アジのほうからアオリイカを迎えにいってくれるのだ。

ただ、アジが弱ると深く潜れなくなるので、元気なアジに交換しよう。といっても弱ったアジを捨ててしまうのではなく、万が一、エサ切れのときのために死にアジエサとして取っておく。

置き竿で釣る場合は、磯ならピトン式の竿掛けなどに竿を掛けておく。慣れれば2本の竿を並べるのもよいが、最初は1本の竿をていねいに世話するほうがいいだろう。

もちろん1本竿なら手持ちでもよい。ピンスポットを把握しているならば、アジを誘導する際にも手持ちで操作するほうが断然有利となるからだ。

生きアジの誘導方法は、アユの友釣りよろしく、アジを向かわせたい方向とは逆の方向に軽いテンションを与えてやるとよい。これが強すぎるとアジを引っ張

道糸やアジをうまく操作してやることが、釣果に結びつく

り、弱らせることになる。アジの誘導は、できれば最小限にとどめるべきだろう。

●死にアジを使用する場合

死にアジを使用する場合、アタリを待つまでの動作は生きアジを使用している場合とは大きく異なる。

当然のことながら、死にアジは自分で動いてくれないのでこちらでアクションを与えてアオリイカにアピールする必要がある。

とはいっても、生きアジのごとく泳がせるのは無理というもの。死にアジの場合は、いったん底まで沈めてから竿を大きくグイッとあおって、アジを浮かせては沈めるの繰り返し。これで十分にアオリイカを惹きつける。

もちろんこの場合は手持ち竿での操作となり、アタリは手で感じることになる。アオリイカがアジに抱きついたらスムースに道糸を送り出せるようにしておきたい。

また、死にアジでも根掛かりすることもあり、ウツボやフグにボロボロにされることもある。生きアジのように弱る心配はないけれど、身が傷みはじめたら交換するほうがよいだろう。

アタリ〜ヤエンの投入

食べることに夢中になれば巻き寄せ開始。道糸角度45度でヤエンを投入

いつでも投入できるよう、ヤエンを口にくわえ……

アタリが出たら、竿を手に取る

道糸を手にとってヤエンをセットする

ヤエンの打ち込める位置まで、イカをゆっくり慎重に寄せる

置き竿でアタリを待つ場合、リールのドラグはフリーにしておく。この場合はスプールがガタつくほどではなく、アオリイカに引かれてスムースに道糸が出ていくくらいである。

元気なアジが泳いでいるだけでも竿先はグングンとおじぎをするが、アオリイカが抱きついて走りだすと一気に道糸が引き出される。これが、いうなればアタリということになる。

それより前にアジが不自然に泳ぎだしたり、竿先に変化が出る前アタリが見られることもあるが、まだこの段階では前述の本アタリが出るまで待つしかない。

アオリイカがアジに抱きついて走り出したら、走るだけ走らせてやる。これは自分の獲物をほかのイカに横取りされないための行動で、ある程度走ってからアオリイカはおもむろにアジの頭の後ろからかじり始める。

この食べ方には一定の順序があるようで、頭の後ろからかじりだし、頭を落としてから尾に向かって食べ進むようだ。

このようにして食べ進んでいくうち

取り込み成功。ヤエン釣りは陸に上げてしまうまで安心できない

ヤエンがイカに掛かると、グンッと竿に重みが乗る

投入したヤエンがイカの所に届くよう、竿を立てて送り込む

に、アオリイカの警戒心は解かれ、頭の中は食べることでいっぱいになる。すると、道糸を巻き取り、寄せにかかっても、アオリイカはアジを放すことなくこちらに着いてきてくれるのだ。

こうして、アオリイカの警戒心が完全になくなるのを待って、ドラグを増し締めし、リーリングを開始するわけだが、アオリイカの走りが止まって、アジを食べ始めてから寄せにかかるまで「5分は待て」といわれている。

ただこれも個体差があり、アオリイカの大きさによって2～10分と待ち時間の目安は変化する。良型のアオリイカが抱きついた場合、2～3分経てばいつでも寄せにかかれるように準備をしておくべきだろう。

寄せにかかるときの注意点としては、一定のスピードでリールを巻き続けることである。それでもアオリイカが途中でアジを放すようなことがあれば、その場で再びアジを沈めてやる。アオリイカの食欲が警戒心より勝っていれば、再びアジに抱きついてくることも多い。

ヤエンを入れるタイミングは、ヤエンをスムースに滑り落とせる距離まで寄せたときだ。具体的には、水面と道糸の角度が45度くらい。角度が緩いとヤエンがたどり着かなかったり、道糸にハリが絡むトラブルが発生することもある。

ヤエンの投入は、竿を後ろに倒して道糸をつまみ、道糸をヤエンに通してから竿を立てる。あとは、ヤエンが滑り落ちるスピードを竿の立て具合によって調整する。

ヤエンがアジの所まで到達すると、クン、と手応えがあったり、重みの増幅があるといわれるが、実際には明確には分かりづらいものだ。

ヤエンがハネ上がってハリ掛かりしたときに、向こう合わせ的にグーンと重みが乗って、初めてハリ掛かりしていることが分かることも多い。あとは強烈なジェット噴射を楽しみつつも、慎重にヤリトリすればよい。

ただ藻場のポイントでは、藻の中に潜られてバラすことも多いので、場合によっては強引に寄せることも必要になる。

ヤエン釣りの流れ

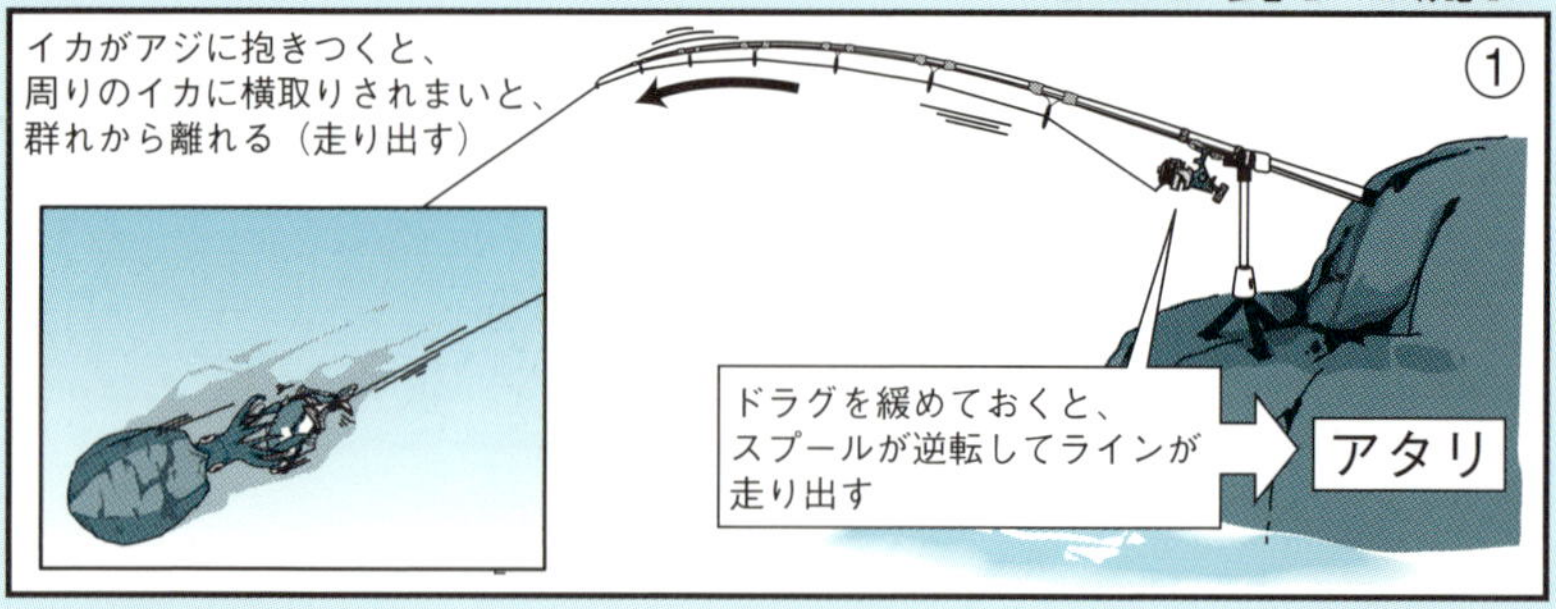

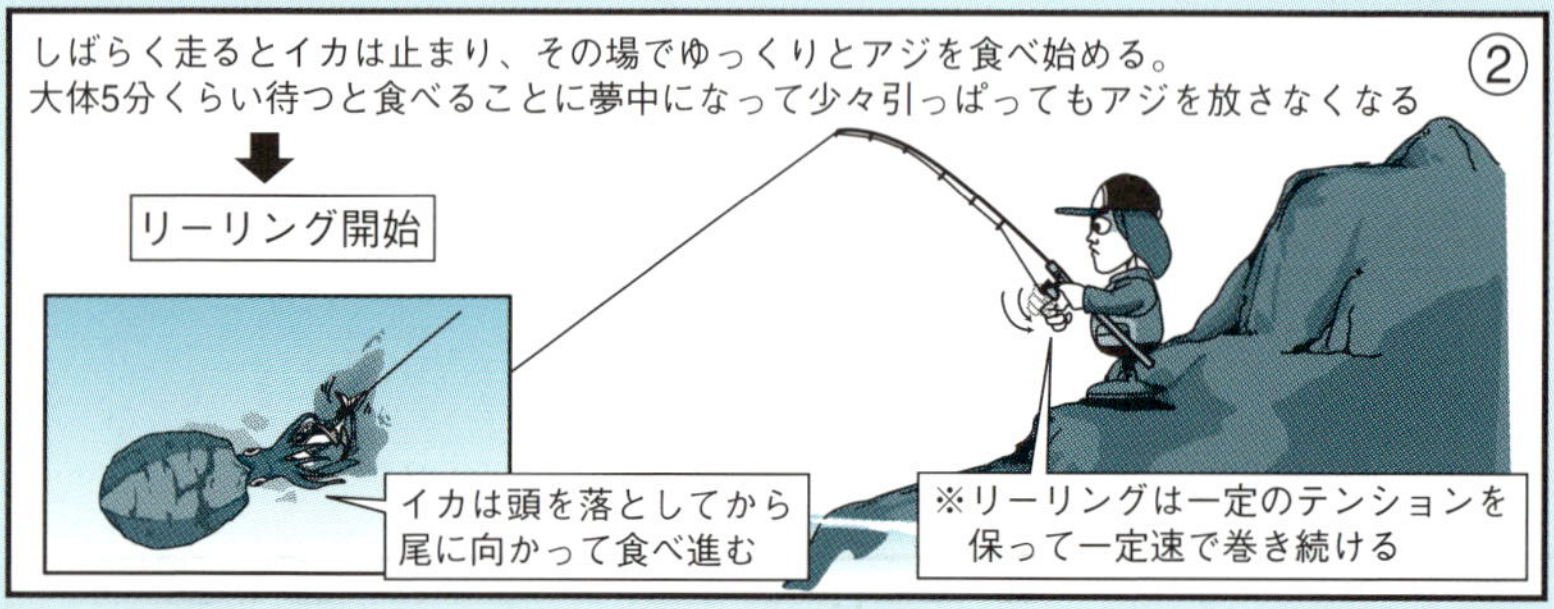

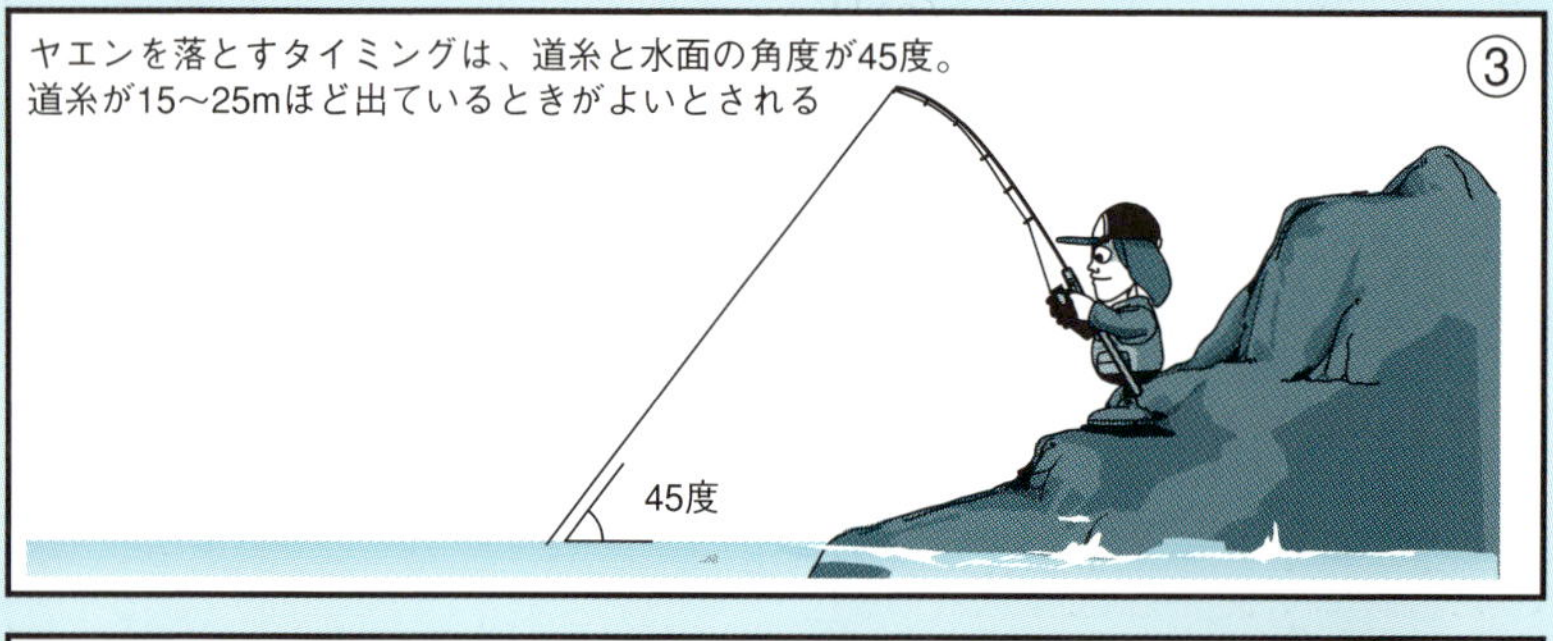

群れから離れる（走り出す）
ドラグを緩めておくと、
スプールが逆転してラインが

しばらく走るとイカは止まり、その場でゆっくりとアジを食べ始める。
大体5分くらい待つと食べることに夢中になって少々引っぱってもアジを放さなくなる

※リーリングは一定のテンションを

道糸が15～25mほど出ているときがよいとされる

ヤエンを落とすとき、道糸が出ている方向と正反対に竿を倒すと
道糸が顔の近くに寄ってくるので、道糸をつかみやすい

SHORE FISHING

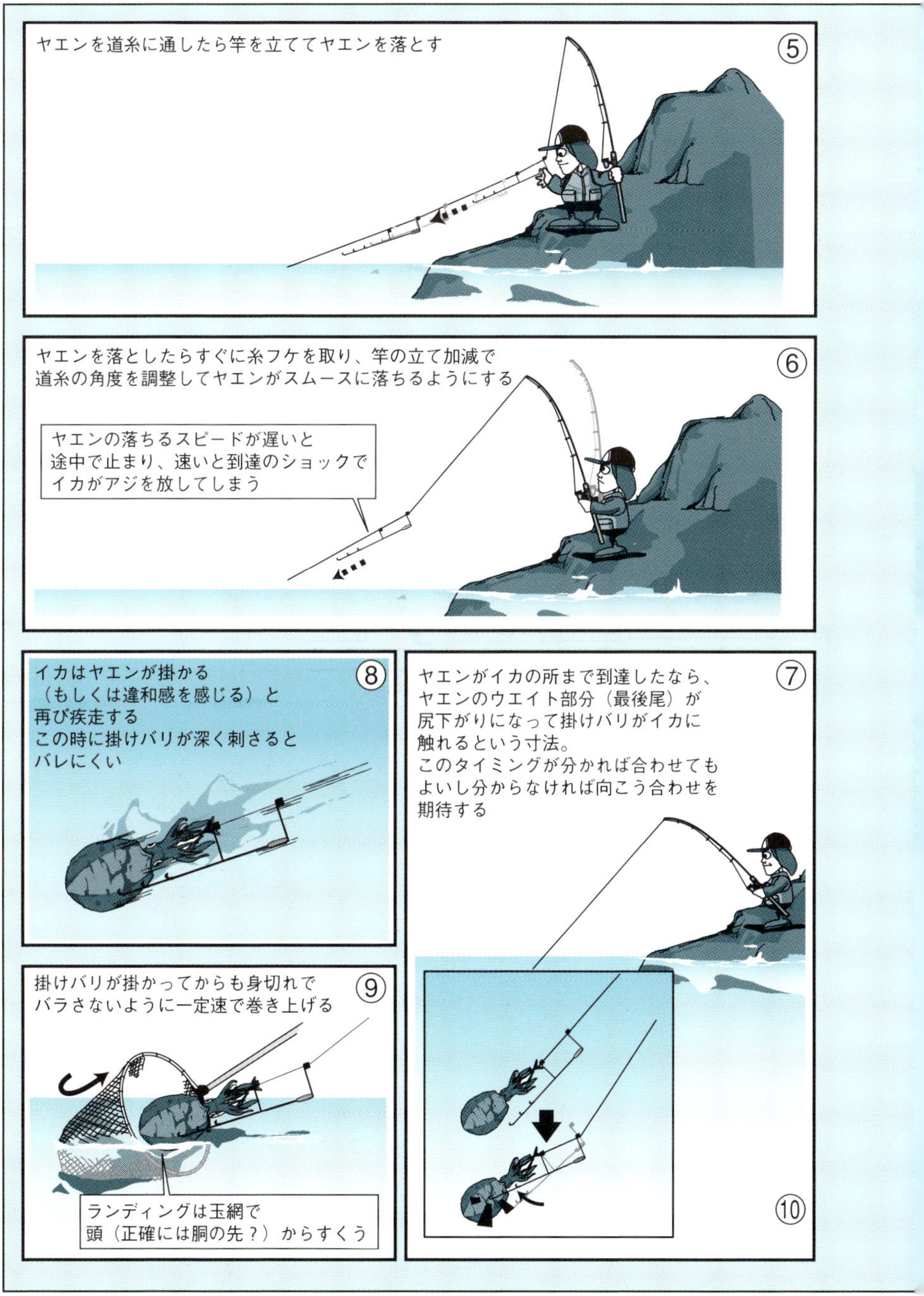
⑤
ヤエンを道糸に通したら竿を立ててヤエンを落とす
⑥
ヤエンを落としたらすぐに糸フケを取り、竿の立て加減で
道糸の角度を調整してヤエンがスムースに落ちるようにする
ヤエンの落ちるスピードが遅いと
途中で止まり、速いと到達のショックで
イカがアジを放してしまう
⑦
ヤエンがイカの所まで到達したなら、
ヤエンのウエイト部分（最後尾）が
尻下がりになって掛けバリがイカに
触れるという寸法。
このタイミングが分かれば合わせても
よいし分からなければ向こう合わせを
期待する
⑧
イカはヤエンが掛かる
（もしくは違和感を感じる）と
再び疾走する
この時に掛けバリが深く刺さると
バレにくい
⑨
掛けバリが掛かってからも身切れで
バラさないように一定速で巻き上げる
ランディングは玉網で
頭（正確には胴の先？）からすくう
⑩

取り込み

↓玉網・ギャフは必需品。イカは胴からすくうのがコツ

足元まで寄せきることができれば、最終的な取り込みは、玉網かイカ用ギャフを使用する。

ギャフの場合は胴を狙って下から掛け上げるようにし、玉網の場合も胴の先端からすくうようにする。足からすくおうとすると、最後の力を振り絞った逆噴射で逃げられることが往々にしてあるからだ。

最後に筆者よりひとこと

奥深いヤエン釣りにハマってみませんか？

ヤエン釣りは難しく複雑な釣りだと思われがちですが、アオリイカのいる所にアジを泳がせれば、非常に数多くのアタリをもらうことができます。

3割バッターでもよしとされるほど取り込み率は低いといわれていますが、名手と呼ばれる方たちは、これを6～8割まで引き上げるといいます。だからこそ奥が深く、深みにハマるほどおもしろいのだと思います。

取り込みは玉網かギャフを使う。どちらかというとギャフのほうがトラブルが少ない

アタリがあってから取り込むまでの間、常にハラハラドキドキのしっぱなし。こんな釣りはヤエン釣りくらいなものでしょう。

もし、アオリイカがいる釣り場で竿を出す機会があったならぜひ、生きアジを泳がせてみてください。もし、禁断の扉が開くようなことがあったなら、誰もが、その瞬間からヤエン釣りのとりこになると思うのです。

生きエサを上手に管理しよう

↓生きエサを元気なままでキープすることが、好釣果を上げる第一歩だ

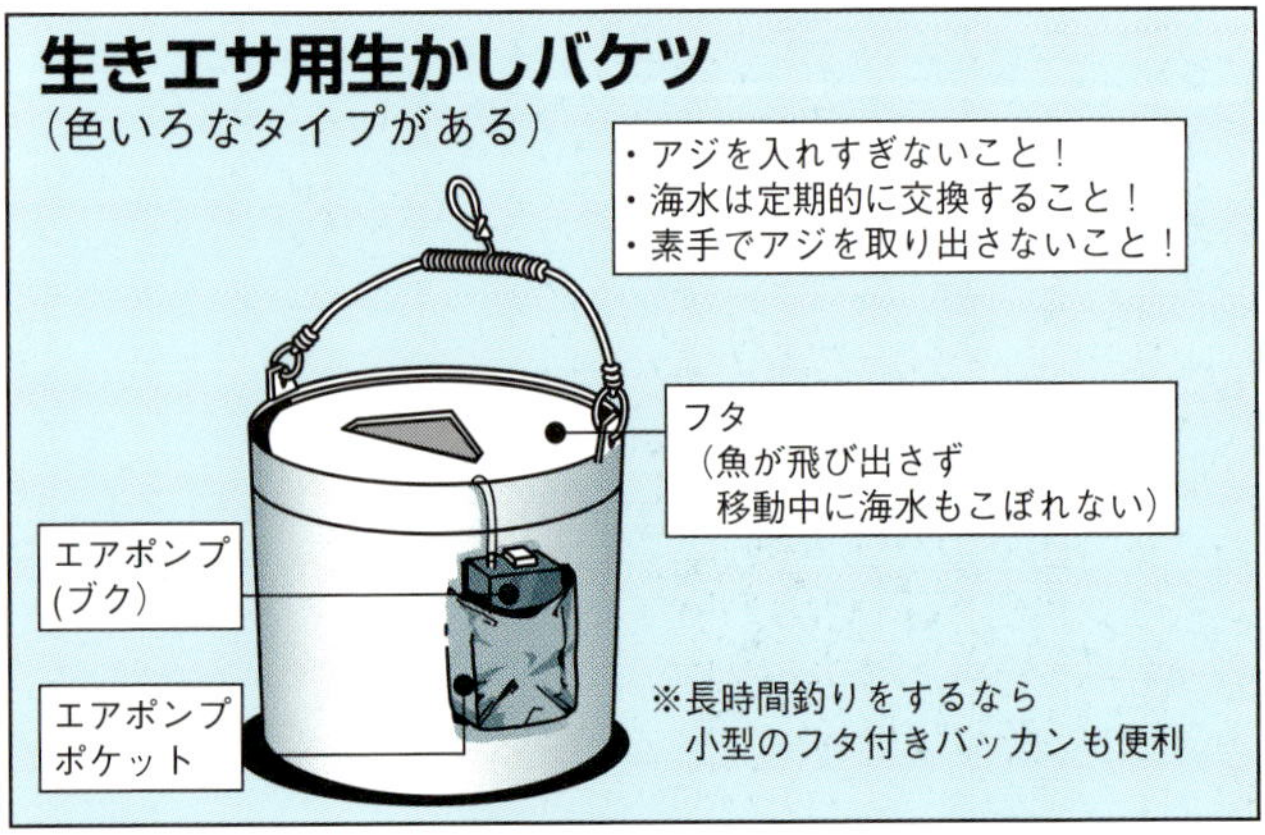
生きエサ用生かしバケツ
（色いろなタイプがある）
・アジを入れすぎないこと！
・海水は定期的に交換すること！
・素手でアジを取り出さないこと！
フタ
（魚が飛び出さず
移動中に海水もこぼれない）
エアポンプ
（ブク）
エアポンプ
ポケット
※長時間釣りをするなら
小型のフタ付きバッカンも便利

SHORE FISHING

アオリイカ釣りに用いられる生きエサといえば、まずはマアジが挙げられる。とくにアオリイカ釣りの盛んな伊豆半島周辺のエサ店の中には、ほぼ一年中生きたマアジが入手可能なところもある。ここでは、そんなマアジを購入したあと、長時間生きのよい状態に保つコツを述べてみたい。

エサとなるアジを運べ!! 生きよく運搬するための道具

まず、エサ店にて購入したマアジを釣り場に運ぶためには、次のタックルが必要となる。

●魚を入れる容器

容器には、生きエサ専用のポリタンクや、エアーポンプのチューブを通すことのできる密閉バケツを用いる。容器の容量は15～20リットルとやや大型のほうが、水質の悪化を遅らせる効果がある。

●エアーポンプ

水中に十分な酸素を供給するためには電池式のエアーポンプを用いるのが一般的で、ポリタンクなどの容器と一体型になるものも市販されている。エアーポンプのパワーは空気の排出量で表されるが、毎分1リットル以上の排出量があるものがベストだ。また、ポンプ自体が防水構造になっているものは、耐久性に優れているため長持ちする。

なお、当然のことながら、電池が切れると魚が酸素不足の状態に陥ってしまうので、予備の電池も忘れずに持参したい。

●生かしビク・バケツ

初夏から秋にかけて、直射日光の当たる堤防や磯の上では温度も相当高くなる。そのため、できれば運搬用の容器とは別に「生かしビク」のような活魚専用のスカリを用意し、釣り場に着いてからは魚を海中に入れて生かすようにすると、いつまでも生きのよい状態をキープすることができる。この場合、釣り場までの運搬用に用いた容器には3〜5尾くらいの魚を入れておき、残りはすべて海中で生かすようにする。

●小型ネット

容器から生きエサを取り出す際に素手で追い回すと、魚を弱らせることになるので、熱帯魚用に売られている小型ネットを一つ持参するとよい。

●水くみ用の小型バケツ&ロープ

水替えのときなどに海水をくむ必要が生じるため、水くみ用の小型バケツとロープも忘れずに持参しよう。

いつでもイキイキ!! マアジを生きのよい状態に保つために

活魚を弱らせる要因として「溶存酸素量の低下」、「水質の悪化」、「ストレス」、「体表のダメージ」などが挙げられる。逆にいえば、これらの要因を極力抑えることにより、魚を長時間生きのよい状態に保つことができる。

●溶存酸素量

魚を生かすための最低条件として、酸素の十分な供給が挙げられる。もちろん、容器の水量や収容する魚の大きさ、尾数などによってもこの条件は大きく変わるが、10リットルの海水に15センチ前後のマアジを20尾ほど収容したとすると、酸素の供給なしで魚を長時間生かし続けることは難しい。

前述のように、酸素の供給は電池式のエアーポンプを用いるのが一般的だ。この際、エアーホースの先にはエアーストーンを装着して容器の底に沈めるが、最近では微細な気泡が出てくるように工夫されたものも市販されている。大きな泡よりも、小さな泡が多数出るエアーストーンのほうがより効率的に水中に酸素が溶けるため便利である。

なお、小型のエアーストーンだと水面近くまで浮き上がってしまう場合もある

釣り場に着いたら、アジは生きエサ用のスカリに入れ、海中に沈めておくといつまでも元気な状態を保てる

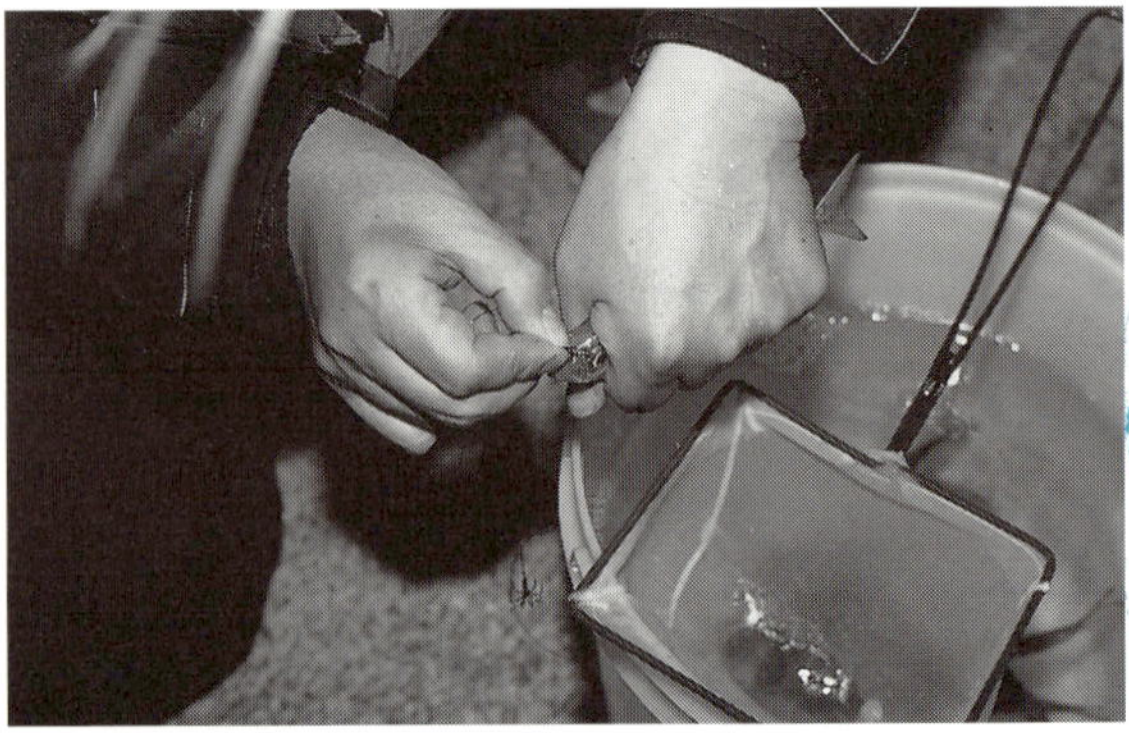

エサの装着は素早く行うこと。アジをつかむときは手を海水で濡らすことも忘れずに。エサ付けは、バケツの水の中で行うといい

ので、事前によく確認し、場合によってはナス型オモリなどを装着して確実に底に沈んでいるように調整する必要がある。

●水質

魚も生きている限り、人間と同じように糞や尿などの排泄物を出す。とくに魚類は尿としてアンモニアを排泄するが、これは生物にとってものすごく有害な物質のひとつである。観賞魚用の水槽にはアンモニアを除去するための濾過槽が装着されているが、釣り場にそのような装置まで持ち込むことは難しい。そこで、それらの有害物質を取り除くためにも、釣り場に着いたら容器の水を定期的に交換する必要がある。

容器の水を交換する頻度は、魚の収容尾数や水の汚れ具合によっても異なるが、少なくとも1～2時間ごとに容器の水を交換するように心がけたい。ただし、その際すべての水を一気に換えると、水温の急激な変化により魚がストレスを受けるので、半量くらいずつまめに変えてやるのが理想的である。

●ストレス

魚も人間と同じくストレスを受けることが知られている。前述の溶存酸素量や水質もストレス要因となるが、これに加えて魚の収容尾数や水温の急激な変化、照度などもストレスとなる。

水温上昇を抑える工夫

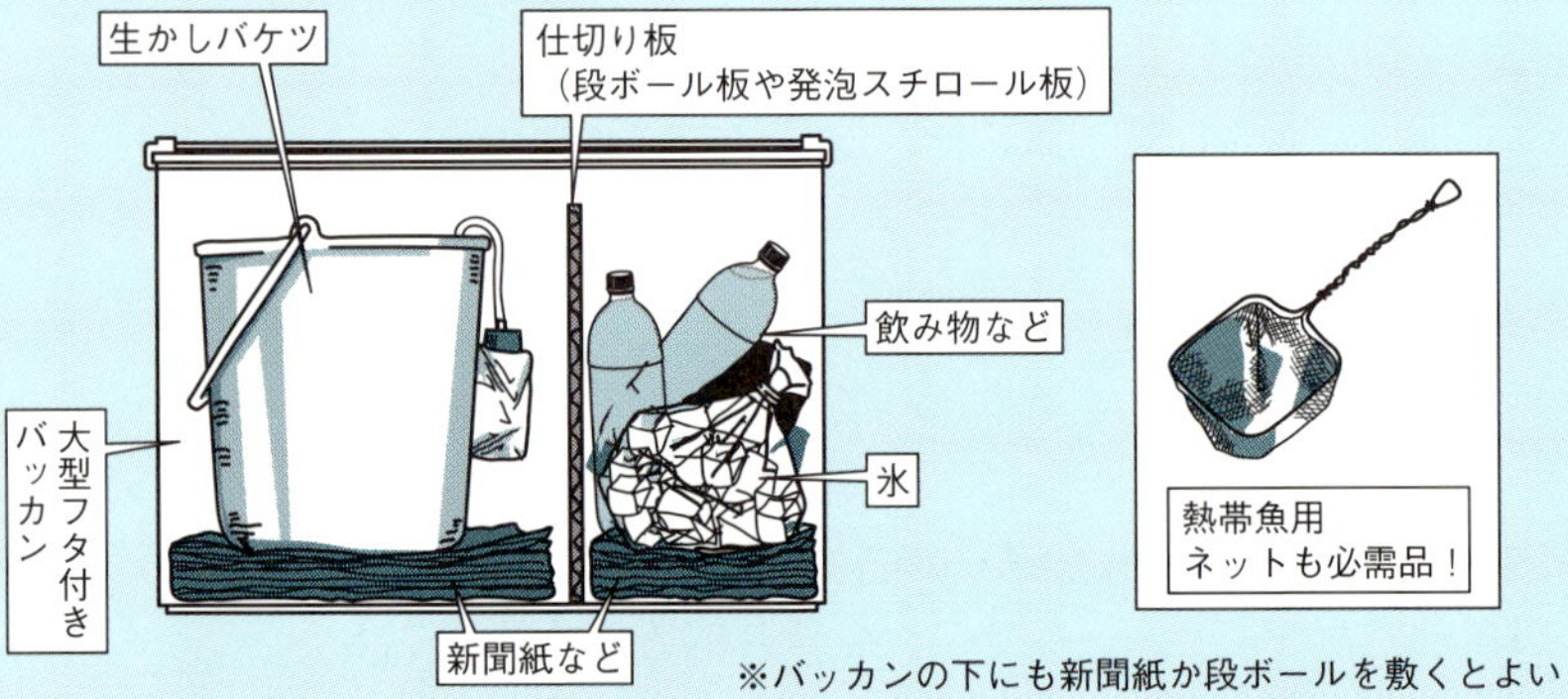
生かしバケツ
仕切り板
（段ボール板や発泡スチロール板）
飲み物など
氷
大型フタ付きバッカン
新聞紙など
熱帯魚用
ネットも必需品！

※バッカンの下にも新聞紙か段ボールを敷くとよい

まず収容尾数に関しては、容器の水量や収容する魚の大きさによっても異なるが、15リットル容量のポリタンクやバケツの場合、15センチ前後のマアジを15尾くらいまでにしたほうが無難といえるだろう。

次に、魚にとっては急激な水温の変化も、大きなストレスとなる。そのため、ポリタンクで運んだ魚を「生かしビク」のようなスカリに入れて海中で生かす場合でも、温かくなった水からいきなり冷たい水に入れると（温度差が5度以上あるような場合）大きなストレスになり、最悪の場合ショック死してしまうケースもあるので注意したい。

元気に泳ぐアジはイカにもより強くアピールする。イカがエサの小魚を襲うときは頭の後ろ（ここが急所）をひと噛みする

さらにマアジの場合、密閉された暗い環境下では暴れたり、容器の壁面に頭をぶつけたりしやすいといわれている。これを避けるため、マアジを収容する容器の中には明かりをともしておく人も多い。具体的には、大型の化学発光体や小型水中灯（タチウオ釣り用など）を容器の中に入れておくとよい。

●体表のダメージ

魚の体表は粘液で覆われているが、これが取られることは人間の場合、火傷を負ったのと同じとたとえられている。そのため、容器から魚を取り出す場合、素手で取り出したりするのは避けるべき行為で、観賞魚用の小型ネットを用いるようにする。その際、乾いたネットでいきなりすくうのではなく、一度水に濡らしてから用いるように心がけたい。

◆◆

以上のような点に注意して活魚を管理すれば、一日中生きのよい状態をキープすることができるだろう。これらはとくに難しいことではなく、要はまめに生きエサの状態を観察していればよいのである。

なお、沖磯や沖堤に生きエサを運ぶ場合、渡船の乗り降りに際して活魚を入れた容器の受け渡しも行うことになる。その際、あまりに重たい容器は他人に迷惑をかけることにもなるので（通常、伊豆半島の渡船では他の乗船者が荷渡しを手伝うので）、渡船に乗る直前に水量を10リットル以下にまで減らすように心がけたい。多くの場所では、渡船に乗っている時間は長くても30分以内と思われるので、釣り場に到着後すぐに海水を足してやれば問題はないはずである。

Column
4

陸っぱり イカ釣りア・ラ・カルト

SHORE SQUID FISHING A LA CART

【シリヤケイカ】

関東では九十九里の飯岡周辺が有名ポイント。状況次第で数釣りも可能だ

シリヤケイカはコウイカの仲間で、コウイカよりもさらに小型である。胴の長さは18センチほどしかなく、触腕も短い可愛らしいイカだ。

お尻（胴の後縁）には小さな孔が空いていて、ここから赤褐色の液を分泌してちょうどお尻を火であぶったように見える。これがシリヤケイカ（尻焼烏賊）の名の由来である。初夏の産卵期になると浅場に回遊してくるため、この時期からがシリヤケイカのシーズンとなる。

陸っぱりからの釣り方はコウイカとほとんど同じだが、コウイカに使用するテンヤはあまり効果がないようだ。基本的には小さめのコウイカスッテを３本ほど付けた仕掛けで狙い、軽くキャストしてゆっくり引きずりながら乗りを誘う。

生息条件もコウイカとほとんど同じで湾奥の砂泥底を好み、あまり潮の速い場所よりは潮が弛んだ港内のほうにポイントが集中する傾向が強い。その他、エギングでも乗ってくる。

シリヤケイカの仕掛け

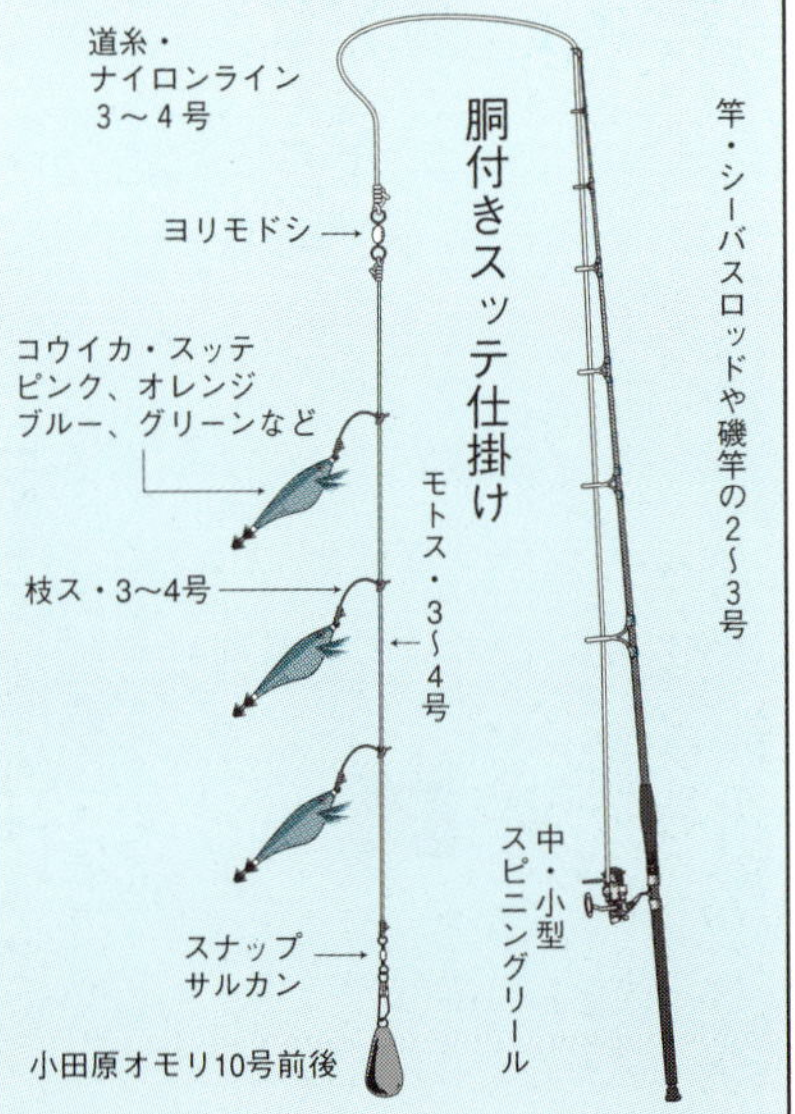
道糸・
ナイロンライン
３～４号
ヨリモドシ
コウイカ・スッテ
ピンク、オレンジ
ブルー、グリーンなど
枝ス・3～4号
スナップ
サルカン
小田原オモリ10号前後
胴付きスッテ仕掛け
モトス・3～4号
竿・シーバスロッドや磯竿の2～3号
中・小型
スピニングリール

SHIRIYAKEIKA

第2部

OFF-SHORE FISHING

船釣りでアオリイカを狙う

沖釣りターゲットとしての歴史は古いが、
一部マニアが楽しんでいたに過ぎなかったアオリイカ。
だが1999年ごろからポピュラーな釣り物として定着した。
ここでは船釣りで狙うアオリイカの基本を解説する

船釣りの常識

初めて船のアオリイカ釣りに挑戦する方のための、乗船の心得

関東周辺で最も早く乗合船というスタイルでアオリイカを狙ったのが、三浦半島長井漆山港にある光三丸だ。それも平成8年からだから、数ある沖釣りターゲットの中でも最も新しいだろう。店主の関根恕船長によると、

「昔からいるのは分かってたし、私自身も好きだったから」というのが理由。だが、いざ始めてみると職漁師からのいやがらせなどで、相当苦労はしたらしい。

ただ、その年はアオリイカも釣れたようで釣り客の人気は上々だったという。おそらく、もの珍しさもあったのだろうが、ともあれ平成8年は関東、いや全国のアオリイカ乗合船の創世記であり、関根船長は創設者であったに違いない。

さてアオリイカ乗合といっても通常の乗合船となんら変わりはない。臆せずして釣行してほしいが、初めて船に乗るという方はなかなか敷居が高いようだ。まず乗合船の利用法からである。

●乗合船について

関東周辺では東は外房勝浦、西は沼津あたりまでに乗合船宿が存在する。ただ、

エリア的には今後西へ西へと拡大する傾向にある。釣期としては港によってかなり変わってくるが、早い所で10月前後にスタートし、翌年の6月前後に終了する。ベストシーズンは晩秋から初春までで、これも釣り場によって変わってくる。どこの船宿でどんな釣況を見せているかは、本誌や各船宿のインターネットで検索してほしい。

・乗合船の種類＝乗合船には①予約制と②フリー乗船の2種類がある。関東周辺では東京湾（浦安～都内～神奈川県エリア）、三浦半島、相模湾までが②で、内房～南房～外房と伊豆半島、駿河湾方面が①となる場合が多い。ただし船宿によっても変わってくるので、初めて行く船宿の場合には必ず確認すること。

休日の乗合は込み合うことが多い。四隅を確保するために早起きすることも釣果をのばすコツかもしれない

・出船時間＝これもまちまちで、午前午後の2便制を取るところでは朝5～7時の出船で12時前まで、午後は1時ごろ出船して5～6時までというスタイル。一日釣りでは朝6～7時の出船で午後1～3時ぐらいまでの2種類が普通。ただ、これも船宿によって午前、午後のいずれか1回のみ、または午後3時ごろ出船して夜の7時半ごろまで狙うという（例：内房勝山）スタイルを取るところもある。

・予約制船宿への配慮＝首都圏から遠い所に予約制船宿が多いのは、はるばる遠方から来ていただく釣り客に対し、満船やすし詰め状態をなくし、少しでも快適に釣ってもらおうという船宿の配慮でもある。それに対して釣り人もある程度のマナーを持って対応すべきだろう。

スミで釣り座が汚れたらすみやかに洗いそう

避けるべきは突然のキャンセル、つまりドタキャンである。予約制では土日祝日のかき入れ時は多くの客を断わっているケースも多いのだ。やむを得ない理由があるならまだしも、釣況が悪いからとか天候が崩れるとかで自分勝手に判断して行くのを取りやめる行為は厳に慎んでいただきたい。前者はもってのほかとして、後者は船長が午後7時前の天気予報を見て最終判断する場合が多い。沖釣りの場合、最大の敵は風。多少の雨は関係なく、出船の可非は風力と風向きによって決まるのである。天候が怪しいようであれば、午後7～8時あたりに船長宅へ最終確認が正しいだろう。

・船宿到着から釣り座の決定まで＝船宿が決まったらどこに集合して、どうやって釣り座を確保するのかも確認しておこう。これこそ船宿によって様ざまなのだ。

集合場所は待合所（もしくは船長の自宅）、または港（船の係留場所）に直接集合とに分かれている。前者の場合はその場所で乗船料を前払いし、ボードにある釣り座表などで釣り座を決め、後者の場合は座りたい席にクーラーなどを置き、帰港後に乗船料を支払う場合が多い。

釣り座の決定はほとんどが先着制だが、まれに船長が指示する場合もある。いずれにせよ四隅の席は最も人気があり、土日祝日だと出船の2時間前には到着しないと確保は難しいだろう。基本釣法で詳しく説明すると思うが、やはり潮先となる場所が有利。ただし、エギの種類で優劣が出る場合、釣り座はほとんど

比較的良型が釣れることが多いのも船釣りの魅力

関係なくなるので、あえて釣り座にはこだわらない方も多い。

●仕立船について

最近までアオリイカは仕立船のみの釣りだったから、頑なに仕立船だけを頼りにする方はかなり多い。乗合船と違ってのんびり、ゆったり釣れるし、小さな船は小回りがきいて乗合船以上の釣果を得られることも少なくない。しかしながら料金の負担は高くなるうえ、小型船だと遠方の釣り場へ走れない、シケに弱いというデメリットもある。

予約、とくに土日祝日の場合は1カ月

移動中や取り込み時にタックルを置いておける竿掛けは、ひとつ持っていると便利なアイテム

前をめどに電話を入れたい。大人数の場合は船の確保と料金の決定に時間を要するのでなおさらだ。釣り船業の看板を出しているところなら船が空いているかぎり受けてくれるだろうが、土日祝日は乗合船のみというところもあるので注意したい。仕立専門の船宿であれば安心だが、アオリイカは狙わないという船長もいる。いずれにせよ予約電話のときによく確認しておくこと。

仕立船でよくトラブルのが料金問題。○○万円と言っていたのに、○千円多かったなどというものだ。料金について、船宿側は乗船料のみを説明する場合が多く、エサ代や貸し竿の料金は別になっているからだ。幸い、アオリイカはエギの釣りだからエサ代はかからないが、貸し竿に頼る場合はある。料金説明の際、貸し竿代も確認しておくことだ。

次に出船時間だ。アオリイカは日中より朝夕のマヅメ、または夜間によく乗るので、本来仕立船の出船時間は自由だが、船長の指示に従うのが無難だろう。

【乗船時の服装、装備】

■帽子
海上は想像以上に日射しが強い。まあ絶対必要とはいわないけれど、できれば用意したい

■レインウエア
雨の日はもちろん必要だが、晴れているときもウインドブレーカー代わりとして重宝する。レインウエアというより、フィッシングウエアと考えたい

■クーラーボックス
釣ったアオリイカを入れるのはもちろん、飲み物や食べ物を入れておくにも必要。

■ライフジャケット
安全のため、ライフジャケットは必ず着用すること。写真は腰に巻く膨張式のもの

■船釣り用ブーツ
要するに長靴。滑りにくいものを選ぼう

乗船システムと予約方法

そもそも、船に乗って釣りをするためにはどうすればいいのか？船宿ってどんな所？船釣り自体が初めての方のためにスムースに船に乗るため方法を紹介しよう

船釣りでアオリイカを狙いたいな、と思ったら、まずはイカが釣れているかどうか、好調に釣れているのはどこかを調べよう。

スポーツ新聞の釣り欄や釣り雑誌などには必ず釣果情報が載っているし、ホームページを開設している船宿なら、当日の釣果を速報していることもある。直接船宿に電話して聞いてみてもいい。

だいたいどこで釣れているかが分かったら、船宿を決める。これも釣り雑誌やスポーツ新聞の釣り欄を見て選ぶ。

乗合船の場合、予約なしで乗れる所も多いのだが、できるだけ予約を入れることをおすすめする。このときに、いくつか確認しておくことがある。確認事項を別表に掲げたので、参照してほしい。とくに慣れないうちは予約時に「初心者なので、よろしくお願いします」と伝えておくといいだろう。

予約も含め、船宿への電話は遅くても午後8時までにすること。船宿業は朝が早いので、夜遅く電話を入れると迷惑になる。午後6時50分すぎのNHKの気象情報を見て翌日出船するかどうか決める船宿が多いので、午後7時を少し過ぎたころに翌日出船できるかどうかを確認して、予約するのが望ましい。

●予約時の確認事項

1	集合時間、出船時間、帰港時間
2	受付場所、交通
3	乗船料金
4	道具、仕掛け、オモリについて
5	必要な場合は貸し道具の有無

エギシャクリの道具立て

短竿に小型両軸リールを使ったタックルが主流

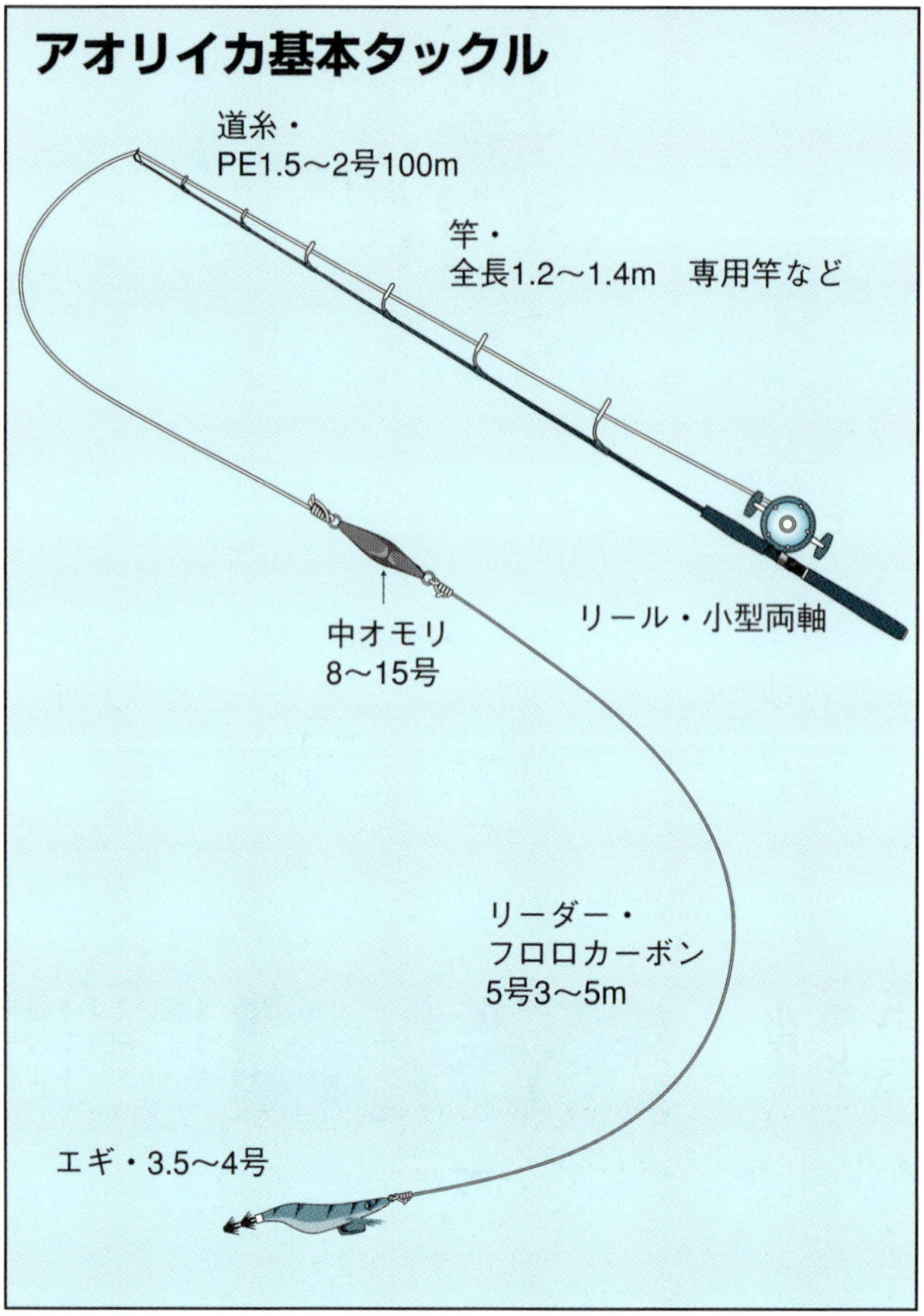
アオリイカ基本タックル
道糸・
PE1.5〜2号100m
竿・
全長1.2〜1.4m　専用竿など
中オモリ
8〜15号
リール・小型両軸
リーダー・
フロロカーボン
5号3〜5m
エギ・3.5〜4号

エギを使ったアオリイカ釣りの歴史はとても古いが、ここでは近年主流となっている小型両軸リールを使った道具立てを紹介していく。ただし、リールにラインといったハード面での進化こそあれ、仕掛けや釣り方の基本構成は昔と何ら変わらないことを付記しておきたい。

1メートル少々の短竿にピンクかオレンジのエギ

●竿

船用アオリ専用ロッドの定番は、全長わずか1.2〜1.4メートルほどの超ショートタイプだ。これは往年の、そして今も愛好者がいる「手バネ」の寸法を受け継いだもので、片手でのシャクリを前提にしている。非常に軽く、手首への負担を軽減するために胴調子気味のタイプが多い。

片手でこの短竿をシュパッ！　シュパッ！　と振り抜く心地よさ。シャクリ上げた瞬間アオリイカがズンッと手を止める、あの衝撃……これこそが船のアオリイカ釣りの美学であり醍醐味といっても過言ではないだろう。

もちろん欠点もある。疲れにくいアオリ専用ロッドをもってしても、片手で一日中シャクリを繰り返していると大人でも腕がだるくなる。

腕力に不安がある女性や子供、シルバー世代には、2メートル前後のライトシャクリ竿（オモリ負荷20号程度）などをおすすめしたい。胴から曲がる調子はアオリ竿にそっくりで、竿尻を脇に挟み、両手で握り込んでシャクることができるから快適だ。

ほかにも3メートル程度の長竿の利点を生かした釣法も登場してファンの注目を集めているが、これについては後ほど詳しく紹介しよう。けれども、くどいようだが、生粋のアオリイカファンにとっては超ショートロッドが原点であることはゆずれない。

●道糸とリール

正確なタナ取りが求められるので、道糸は1メートル毎に目印が付けられた1.5～2号のPEラインを用いる。アオリ釣り場は一般に、深くても40～50メートルまでだから100メートルも巻いておけばいい。

リールはダイワなら100～250番、シマノなら200～300番の小型両軸をセット。疲れず小気味よいシャクリ釣りを満喫するために、竿と一緒に握り込めるミニサイズの両軸リールを強くおすすめしたい。

●中オモリとハリス

船のアオリでは棒状の中オモリを道糸とハリスの間に介し、エギを指示されたタナへと手早く沈める。中オモリの重さは10号前後が主流だが、攻める水深、潮の速さなどで若干変動がある。関東では8、10、12、15号の範囲を使うケースが多い。

ハリスはフロロカーボン5～6号、長さは3～5メートル。陸っぱりのエギングに比べるとかなり太いけれども、「エギが根掛かりしても回収できる太さ」として定着している。また、船長は自分が定めたハリス長を基準にタナを指示していくから、太さよりも長さを統一するほ

■ハリス
フロロカーボン5～6号が標準。エギをロストしても構わなければ、もっと細くしてもいいが……

■竿
アオリ専用竿は「手の延長」といった感じの短さ。シャクリ上げたとき6：4程度に曲がるタイプは、手首の疲れを軽減してくれる。軽くて細身だが、エギがしっかりと動く腰の強さも併せ持つ

■リール
両軸リールは小さく軽いものを選択する。PE1.5～2号が100メートル巻ければOKだ

接続はエギ専用スナップが便利。エギの交換も簡単に行える

■エギ

【サイズ】原寸ではないが、上が４号、下が3.5号サイズ。４号が基準だが、秋の小型狙いや乗り渋りのときは3.5号に落とすといい
【背色】ピンクとオレンジが定番。自分なりの直感で、変わった色のエギをもう１本持参するのも楽しい
【腹色（下地）】まだら模様のマーブル（写真下）はハズレが少ない。無地のタイプは金が人気カラーだ

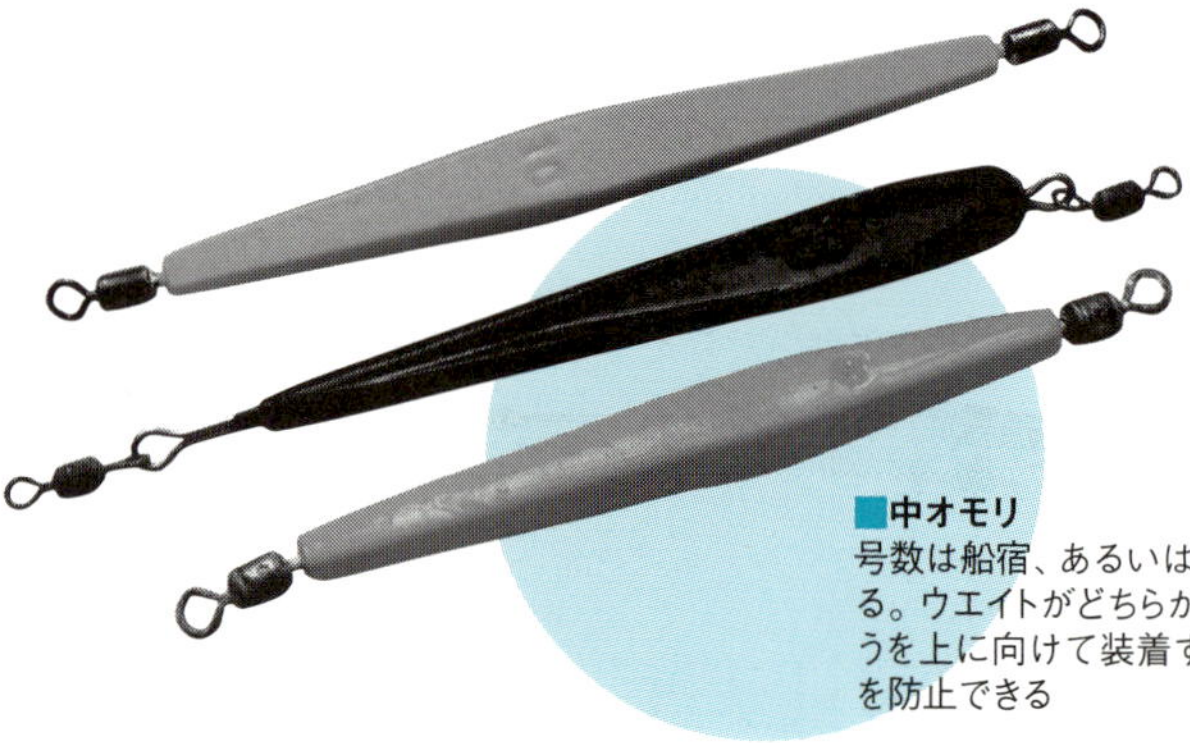

■中オモリ

号数は船宿、あるいは攻める水深によって変わる。ウエイトがどちらかに偏ったタイプは重いほうを上に向けて装着すると、より一層、糸絡みを防止できる

うが重要だ。長すぎたり短すぎたりするとアオリが乗るタナから外れてしまうことになる。

以上のことからお分かりのとおり、「中オモリの号数と、ハリスの長さ」だけは、必ず船宿へ確認しておこう。これが乗船前の必須項目だ。

●エギ

サイズは3.5〜4号が中心。秋の小型には3.5号、初冬〜初夏の中大型狙いには4号を多用する。

釣具店に行くと多様な形状、膨大なカラーバリエーションに目がくらみそうになる。しかしアオリ経験者なら周知のとおり、関東地区で確固とした実績を挙げ、揺るぎない地位を確立したのは、背色がピンクとオレンジのエギだ。そのショッキング系の派手な色味、さらにはエギの沈下バランスの基準となった製品がヨーヅリのアオリーQシリーズだった。

今やアオリーQと比較しても遜色なくイカが乗るエギが他社からも続々と発売される時代だけれども、いずれにしても

【覚えておきたいエギとハリスの結び】

便利で丈夫な「エギ専用スナップ」が登場した昨今は、エギ交換もずいぶんラクになった。かつては、接続にスナップを使うとアオリイカが乗らない……なんて迷信もあったのだが、今やなつかしい昔話だ。

ところがエギの中には小さな工房で、手作りで作られる逸品が今もある。それらは伝統的な作りを継承し、接続部が口糸（ヨリ糸）になっているタイプが多い。元来スナップなんて念頭にないから、ハリスを直に結ぶ方法を知っていなければ使えない。

図の右はその結び方を解説したものだ。ハリスの先端に8の字結びで大きなチチワを作り、その先端にもう一つ小さなチチワを作る。これをくぐらせるようにして締め込めばいい。左のようにサルカン（スイベル）やアイ（環）にも使えるので、覚えておけば万全だ。

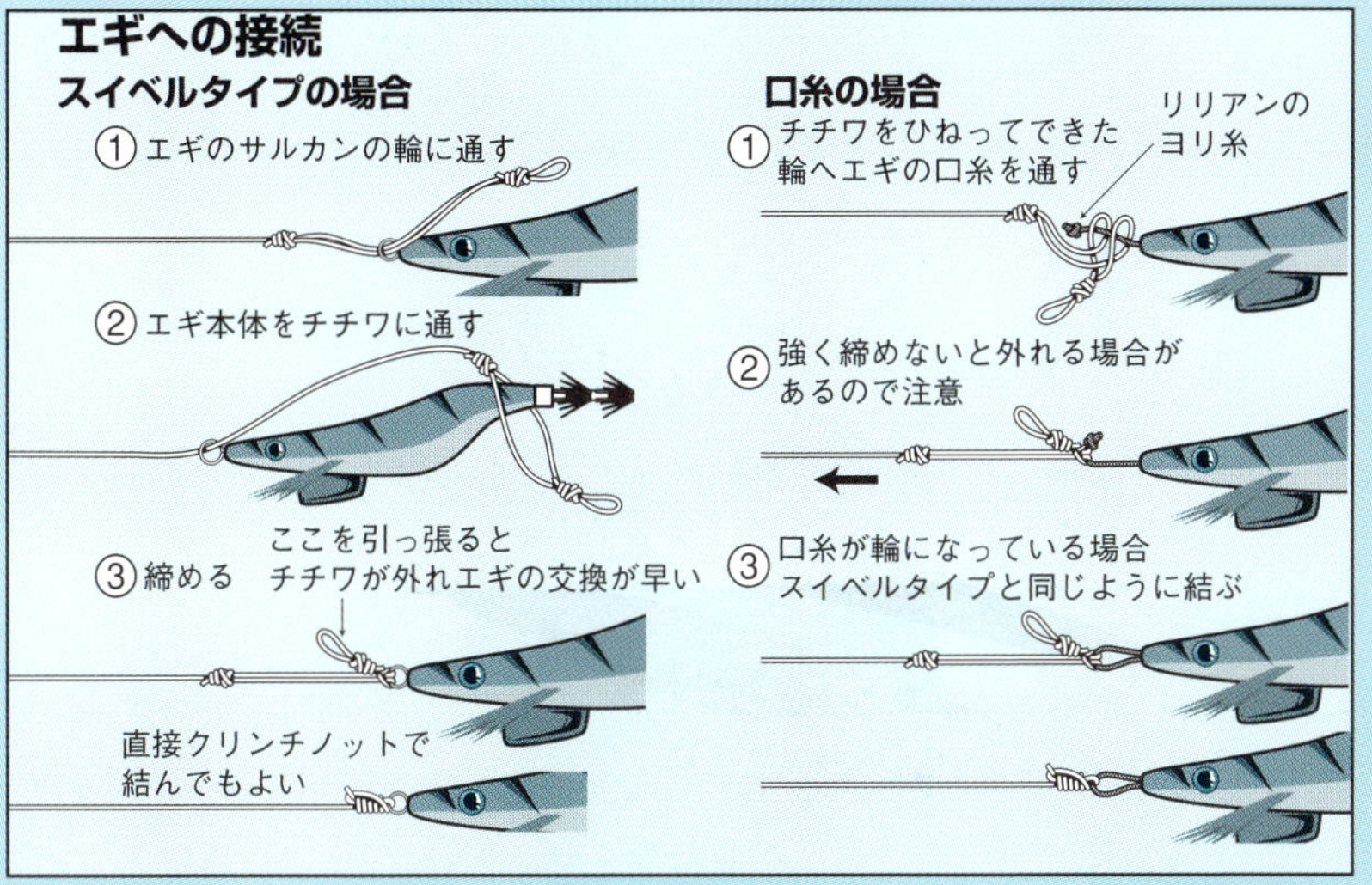
エギへの接続
スイベルタイプの場合
①エギのサルカンの輪に通す
②エギ本体をチチワに通す
③締める
ここを引っ張るとチチワが外れエギの交換が早い
直接クリンチノットで結んでもよい
口糸の場合
①チチワをひねってできた輪へエギの口糸を通す
リリアンのヨリ糸
②強く締めないと外れる場合があるので注意
③口糸が輪になっている場合スイベルタイプと同じように結ぶ

定番はピンクとオレンジ。この色を好む理由はアオリイカに聞くしかないが、初めてエギを買いそろえるならこの2色で決まりである。

さらにもう一つ、腹色と称される下地の色合いも選択しなければならない。おおむね光沢のある生地だが、中でもマーブルと呼ばれる数色が入り交じったものがオールラウンドタイプとして抜きん出ており、実績もある。

「背色ピンク&腹色マーブルを1本。背色オレンジ&腹色マーブルを1本。せっかくの沖釣り、良型狙いでサイズは4号でいこうかな」……こんなふうに2本だけを手にして乗船しても、一人だけ「置いてけぼり」にされることはない。

2色の使い分けは潮が明るいか暗いかで、一応の目安がある。

・ピンクは澄み潮、晴天時など、海中の光量が多いとき。
・オレンジは濁り潮、曇天など、海中の光量が少ないとき。

オレンジは潮が暗いときに抜群の威力を発揮することが知られている。

アオリを誘うシャクリ方

鋭くエギを跳ね上げ、ゆっくり沈下させる。シャープで小気味よいシャクリがキモ

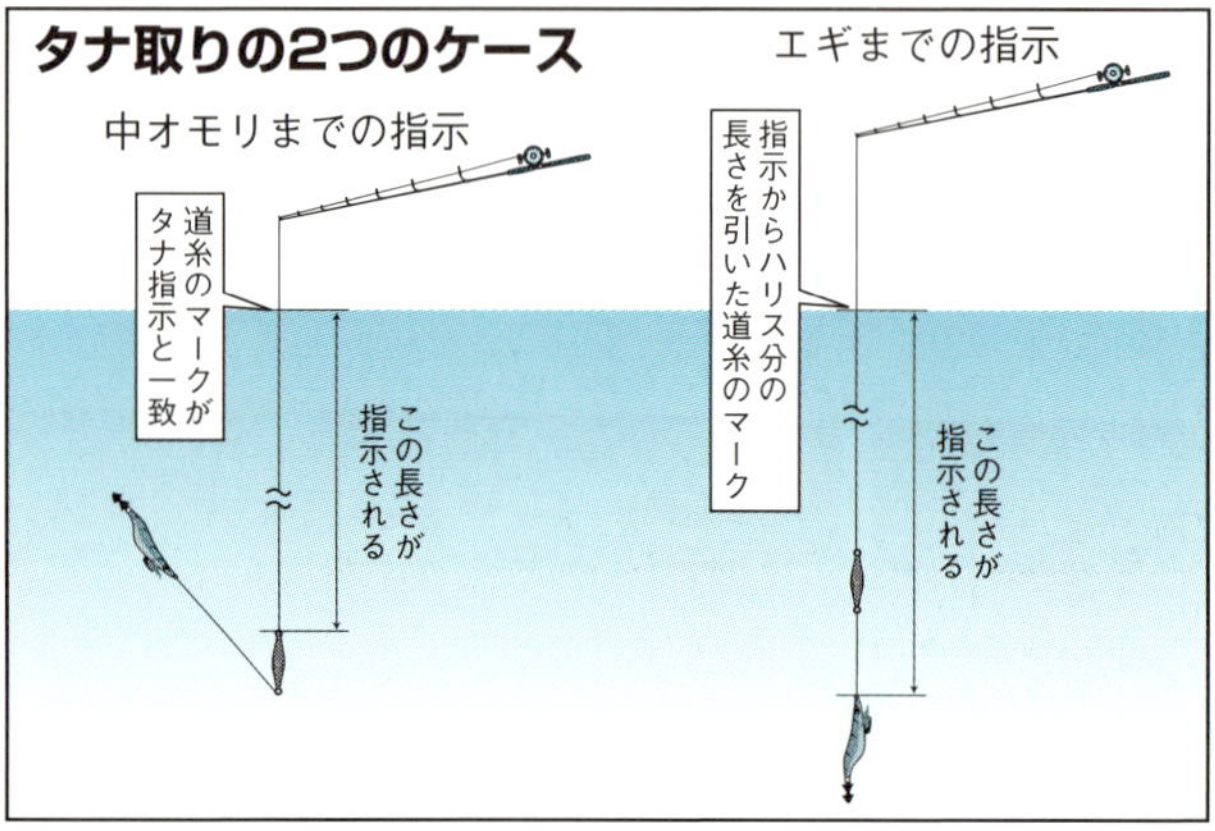
タナ取りの2つのケース
中オモリまでの指示
道糸のマークがタナ指示と一致
この長さが指示される
エギまでの指示
指示からハリス分の長さを引いた道糸のマーク
この長さが指示される

船がポイントに着くと、指示ダナがアナウンスされて釣り開始となる。

水深は浅場で狙える秋と春〜初夏にかけては20メートル前後を、やや深みに落ちる冬季は30〜50メートルあたりまで探っていく。海底は平根が点在するカケ上がりの砂地や、険しい根周り（藻場・岩礁）など様ざまだ。

鋭くシャクリ、確実に落とし込む

●タナ取り

船長はアオリイカのおもな遊泳層とされる、底から1〜2メートルの範囲にエギを置くイメージでタナを指示する。近年の乗合船は、その指示ダナを水面からエギまでではなく「水面から中オモリまで」の深度でコールするケースが圧倒的に多い。

あらかじめ指定されたハリスの長さを差し引き、ときには潮の速さでハリスがたなびく角度を計算しながら指示を出していくわけだ。釣り人は水面にある道糸のマーカーを素直にカウントすればいい

このサイズともなれば、シャクった竿がズシンと止められ、重量感たっぷりのヤリトリを楽しめる

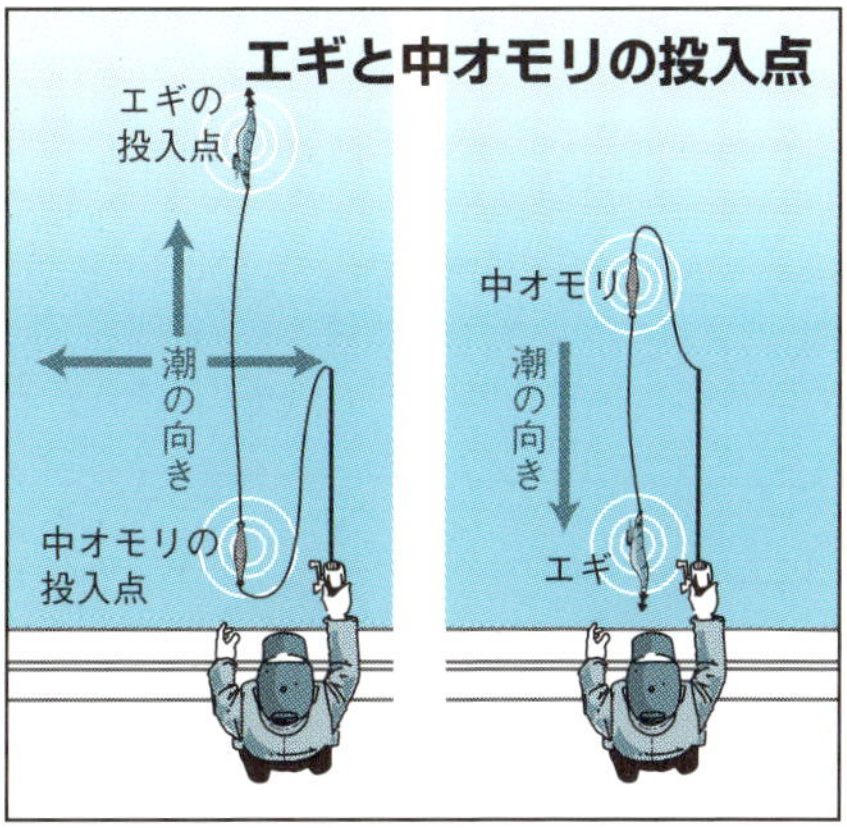

エギを投入してから、中オモリを投げる

だけなので、至極楽ちんである。

ただしこれも土地柄があり、エギまでの深度を測る船もある。乗船時に一応確認しておいたほうが無難だろう。

●投入

仕掛けがシンプルなので、ほかのイカ釣りに比べればとても簡単だ。

コツは最初にエギをシュッと前方に放り投げて、ハリスがピンと張ったところで中オモリを手前に落とすこと。中オモリとエギをできるだけ離すことで、降下中の仕掛け絡みを防ぐ。

唯一注意したいのは、エギが手前に戻ってくる潮向きのときだ。手前に中オモリを投入するとエギの上にかぶさる形になり、仕掛けが絡んでしまう。こんなときはエギを手前に落とし、中オモリを前方に放り込んでやる。投入点を逆転させれば手前マツリはしない。

●シャクリ

道糸のマーカーが指示ダナまできたらクラッチオン。竿先を7時方向に下げて、まずは10～20秒ほど、エギが沈みきるのを待つ。潮の加減にもよるが、竿先に神

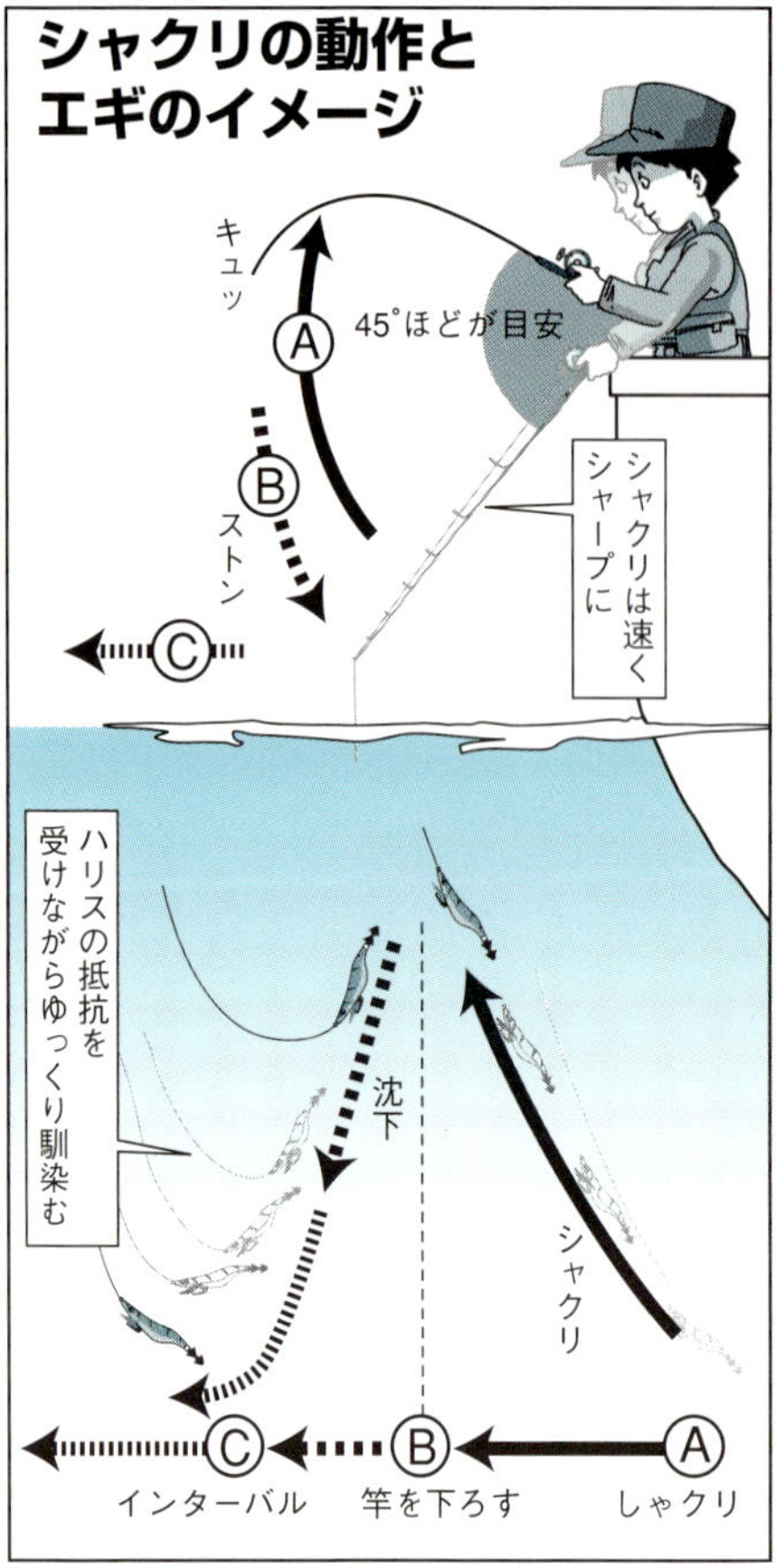

■シャクリはギュッと鋭く
手首を固定した状態で、ヒジの曲がりを利用しながらギュッとシャープにシャクろう

経を集中させていると、トッ、と微妙な重みが加わるはずだ。分からなければ20秒もカウントすれば、3.5〜4号サイズのエギなら確実に沈みきっている。

ここからシャクリが始まるが、まずイメージしたいのがエギの動き。ジッとしていたエギが、潮を切り裂くようにビュッ！　と鋭く跳ね上がる。そして一転、海底へ向かってゆっくり沈下していく……そんな姿を頭に描くことだ。アオリイカはシャープに跳躍する物体に反応して近づき、一転、力尽きたように沈むエギに「今がチャンス」と抱きついてくる。

エギにそんな動きを与えるために、

①竿がシュッと風を切るくらい鋭くシャクリ上げる。

②一転、竿先を海面にサッと戻してラインのテンションを瞬時に抜く。

③跳ね上がったエギが再び沈みきるまで、5〜8秒待つ。

以上の動作を繰り返していこう。

竿は短いし軟らかいしで、不慣れなうちはエギをできるだけ大きな幅で跳ね上

人生初のアオリイカは、心底しびれること請け合い！

【シケ後の荒食いを見逃すな！】

アオリイカがよく乗る日ってあるのかな？　と問われたら、ズバリありますよ！　と答えている。

まず一つがシケ後の荒食い。魚と同様、シケの最中にジッとなりを潜めていたアオリがお腹を空かせて活発にエサを追う。

次は雨の日や曇天。一般には夕マヅメに似た条件になり、エサを盛んに捕食するといわれる。また、その原因は諸説あるけれども、低気圧に覆われると不思議と食いが立つので絶対にチャンスというアオリマニアもいる。

「よくぞまぁ、昨日みたいな雨の日に乗船するよ」などと感嘆することがあるけれども、当人は、

「このチャンスを逃してなるものか」と信じてシャクっているわけだ。

雨中の釣りは無理にはすすめないが、シケ直後の荒食いは確かに実感したことがある。釣況が悪い日が続いても、シケ後だけは好転することがあるから見逃せない。

げようと、下から頭上まで手一杯シャクリ上げてしまいがち。気持ちは分かるけれども、これでは腕が早々に疲れてしまい、次第にエギの動きも鈍くなってしまう。

竿とリールをしっかり握り、ヒジの曲がりも使いながら、竿を引きつけるように鋭くコンパクトにシャクる。竿先を50センチも跳ね上げる感じで十分だろう。やたらと大きなストロークより、エギの鋭い動きを優先する。そんな気持ちでキュッ、ストン。キュッ、ストン……と、シャープで小気味よいシャクリを持続していくことだ。

また、周りが乗り始めると、ついついシャクリの間隔が早くなりがち。エギが沈みきっていない状態でシャクってしまうと、中オモリだけが飛び上がる「空振り」となってエギは動かない。チャンス時ほど焦らずに、落とし込みの間をしっかり取りたい。

乗りは衝撃的！　最高の引き味を楽しもう

海底は平場の場合もあるが、図のように険しい岩礁周りを攻めるときは刻々とタナが変化していく。船長のアナウンスに応じて、根掛かりしないよう細かくタナを調整しながらシャクリ続けていこう。

最初はせわしないと思うかもしれないが、これこそが沖釣りの醍醐味でもある。陸からは届かない沖合の沈み根を狙い、海底の起伏に沿ってエギをトレースしていけるメリットは大きい。カケ上がりでエサを待ち伏せていたり、根の谷間に潜んでいるアオリイカを直撃できるからだ。

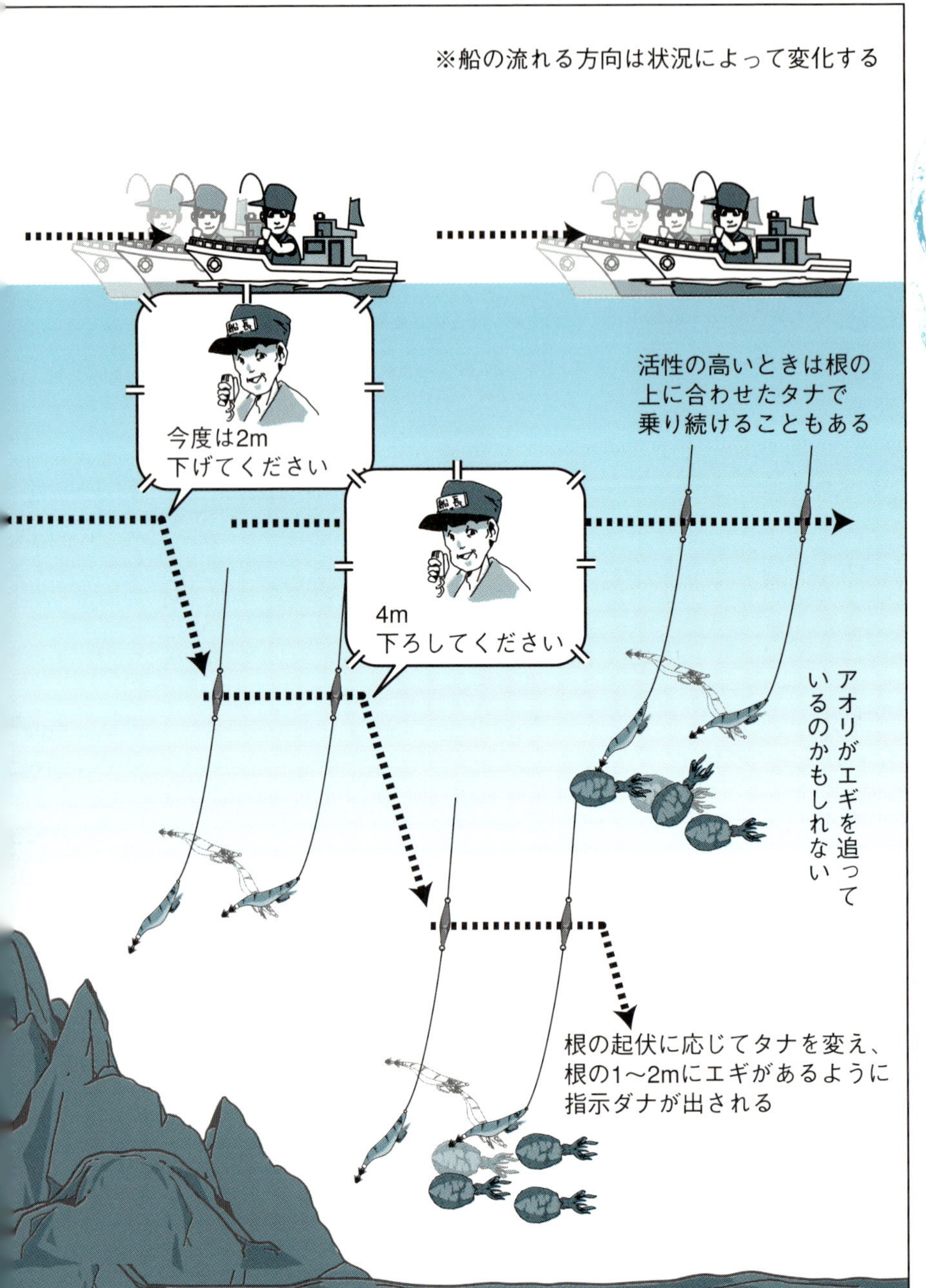
※船の流れる方向は状況によって変化する
今度は2m
下げてください
4m
下ろしてください
活性の高いときは根の
上に合わせたタナで
乗り続けることもある
アオリがエギを追って
いるのかもしれない
根の起伏に応じてタナを変え、
根の1～2mにエギがあるように
指示ダナが出される

海面からの指示ダナに正確に合わせることのメリット

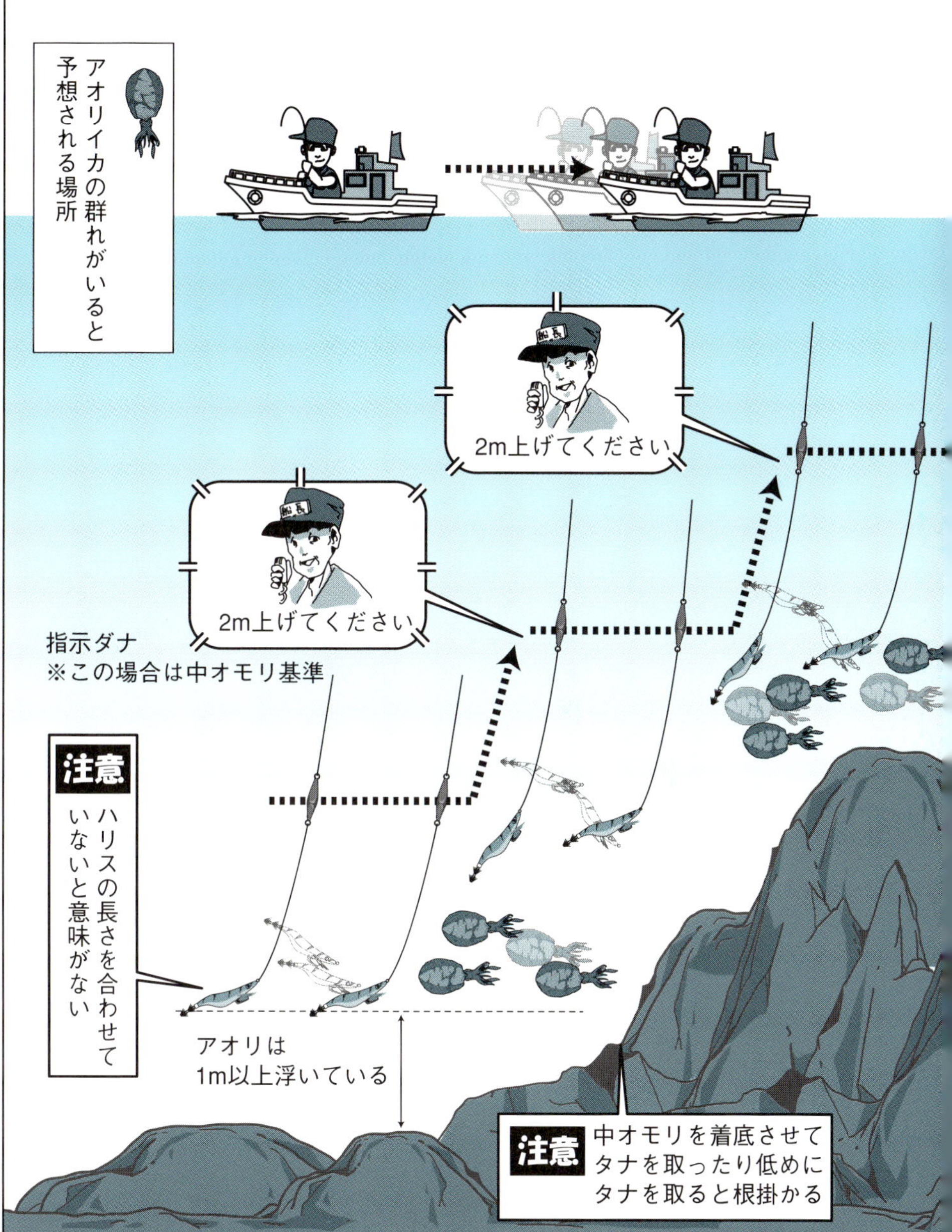
アオリイカの群れがいると予想される場所
2m上げてください
2m上げてください
指示ダナ
※この場合は中オモリ基準
注意
ハリスの長さを合わせていないと意味がない
アオリは
1m以上浮いている
注意
中オモリを着底させてタナを取ったり低めにタナを取ると根掛かる

そしていよいよイカが乗ると、シャクリ上げた竿がドシッ！ と手元から止まる。1.5キロを超す良型になると、根掛かりと勘違いしまうほどの衝撃だ。ここで不審に思って竿を強くあおったり、糸を緩めてはいけない。なにせエギのカンナにはカエシ（アゴ）がないから、乗りが浅いとバレてしまう。

アオリイカの明確な引き込みは竿が止められたあと、ワンテンポ遅れて訪れる。竿の曲がりを保ったまま、あるいはソーッと持ち上げてイカの生体反応を聞いてみると、グン、グンと引き込んでくるはずだ。

巻き上げは急がず慌てず、アオリの引きを楽しむようにゆっくり行おう。竿を上下させると糸が張ったり緩んだりしてバラシの原因になるから、必ず水平に保って巻き上げてくる。

1キロを超すアオリイカの引きは強烈で、ショートロッドをこれでもかと絞り込んでくる。グーンと引き込んだら無理して巻かず、竿の弾力を利用して耐えることだ。バレないでくれ！……そう願いながらのこの瞬間が、これまたゾクゾクするほどたまらない。

海面に中オモリが見えるところまで上げてきたらリールをストップし、竿を立てて中オモリを手元に寄せてくる。中オモリを竿先まで巻き込んで取り込む人もいるが、トップガイド周辺の破損につながるのですすめられない。

中オモリをつかんだら船内に引き込みながら竿を置き、その手で素早くハリスをつかむ。あとは糸をゆるめないように気を付けながら一手一手たぐり込んでいこう。

水面に姿を現したアオリイカは、めまぐるしく体色を変える。実に美しいワンシーンだが、あまり見つめていると顔面めがけて大量のスミ攻撃を食らうので要

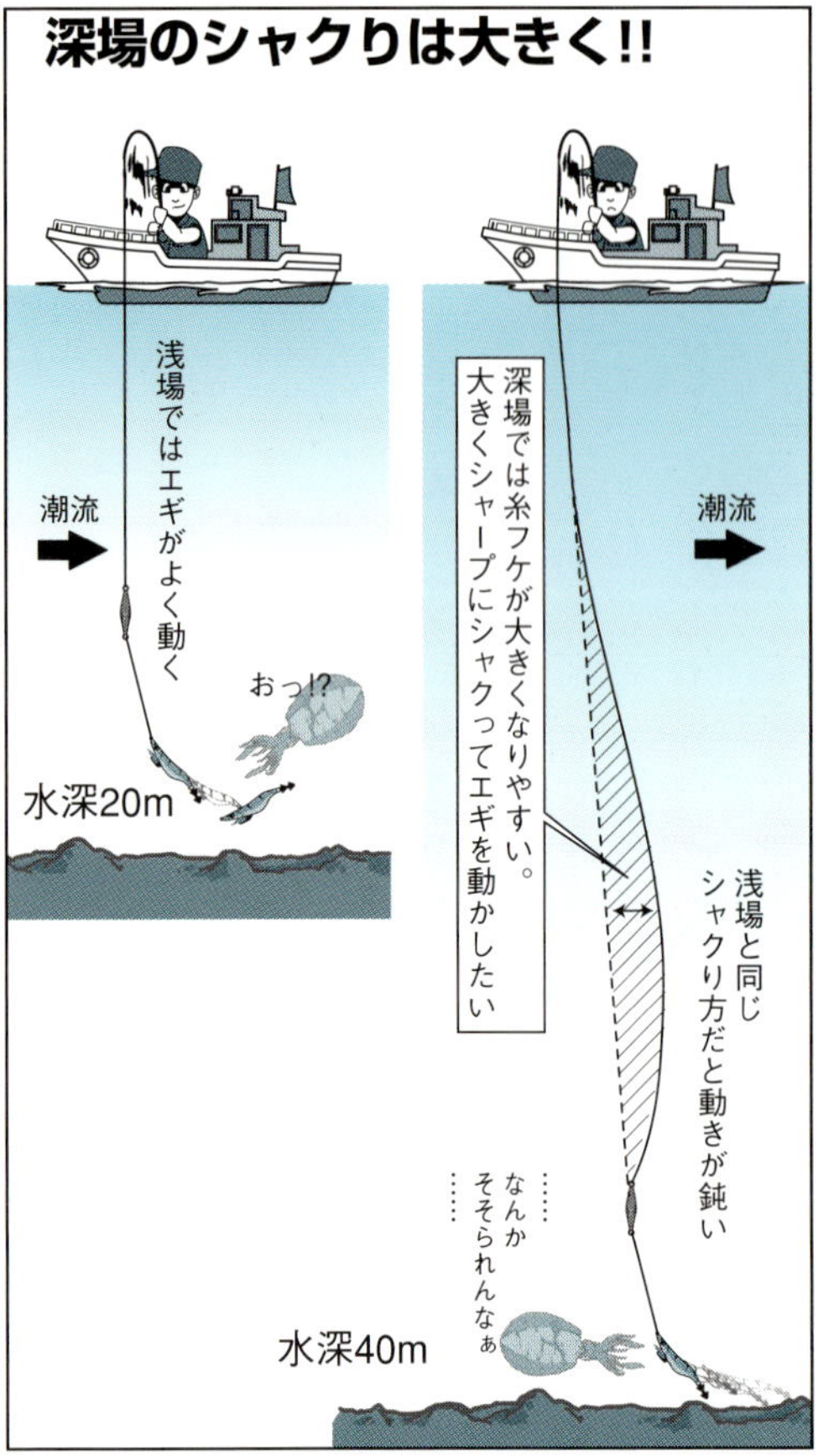
深場のシャクりは大きく!!
潮流
浅場ではエギがよく動く
おっ!?
水深20m
潮流
深場では糸フケが大きくなりやすい。大きくシャープにシャクってエギを動かしたい
浅場と同じシャクり方だと動きが鈍い
……なんかそそられんなぁ……
水深40m

■取り込みの基本手順

まずは中オモリをつかんで、竿を置く。ハリスを緩めないように注意

中オモリを船内に引き入れながらハリスをつかみ、たぐり込んでいく

しっかり掛かっていれば抜き上げてもいい。足1本の場合はタモ取りする

注意だ。取り込みはタモ取りしたほうが無難だが、小型なら掛かり所を確認して抜き上げてもいい。いずれにしても、船内にはソーッと引き入れること。豪快に引き上げてドスンと放り込むと、間違いなく周りにスミを吐き散らし地獄絵図となる。

さてもう1つ、深場に落ちる1～3月、冬季のアオリ釣りについてアドバイスしておきたい。

水深40～50メートルという深場も攻めるこの時期は、図をご覧のとおり潮の抵抗などを受けて想像以上に道糸がたわむ。中途半端な力でシャクるとエギが動きにくいのだ。

つまり、より鋭く、力強いシャクリを根気よく続けることが求められてくる。さすがにベテランでも疲れてしまうが、1キロオーバーの良型がそろう時期だからジッとしてはいられない。

ところが最近、このシャクリのつらさを克服し、エギの動きを高めるという「長竿釣法」が登場して話題となっている。次のページからは、その詳細を解説してみよう。

メリットが多い長竿のシャクリ

多様化する船釣りのアオリイカ釣法

短竿によるシャクリとはまるで違う釣り姿。エギがしっかり動いていれば、竿の長さに関係なくアオリは乗ってくる

これまでのタックルの釣りとは感覚の異なる新鮮な魅力がある

長いスミイカ竿にもアオリが乗ってきたことがヒントに

横浜は金沢八景の野毛屋。

この船宿が発信源となって各地に広まりつつあるのがアオリの長竿釣法である。初めて出くわしたのは、水深40メートルの深みで良型を狙う、早春の相模湾の乗合船だった。

船中7名で11杯とやや乗り渋りだったが、長竿釣法を駆使した2人が釣果の半数を手にしてしまった。短竿組が置いてけぼりにされたあの日の衝撃は、今も脳裡に焼き付いている。

2人はもちろん野毛屋へも足繁く通っていた。黒川勇治船長に教わった長竿釣法をあちこちの釣り場で試し、その効果を確かめていたらしい。

勇治船長といえば手バネを使うマニア向けだった船のアオリ釣りを、リール竿を使った万人向けの釣りへ切り替えた先駆者でもある。短いアオリ専用ロッドに小型両軸リールを組み合わせてエギをシャクる、現在のアオリ乗合の原型を形作

⬆使うエギには変わりはない

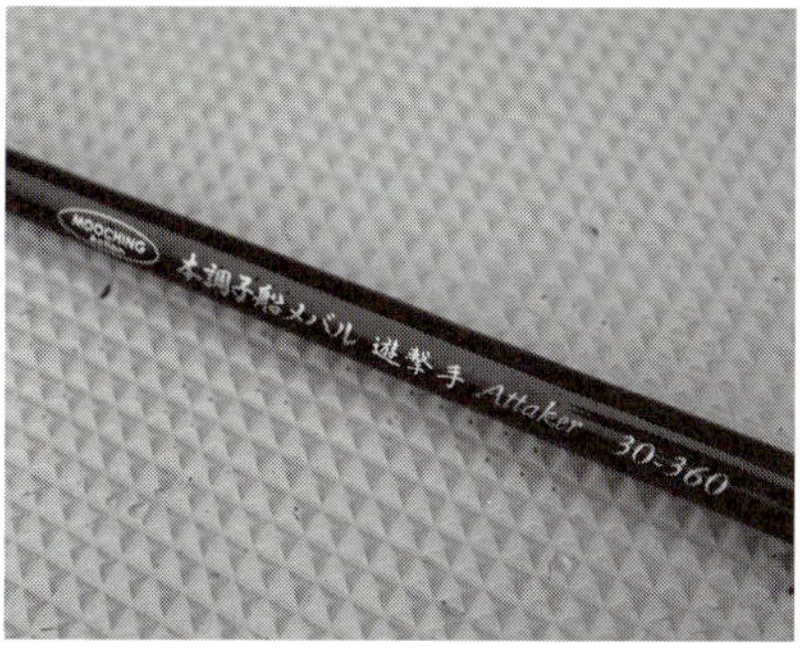

⬆まるでマダイとファイトしているように見える。良型が乗ると大きく長竿を絞り込む

➡最近は短竿にこだわらないファンが増えている

⬅初めはメバル竿などが使われていたが、現在はアオリ専用の長竿も市販されている

った人だ。

その船長が密かに長竿に注目していたのは、アオリ乗合を始めたころにさかのぼるという。

極端に短いアオリ専用竿に馴染めないのか、当時のお客さんの中にどうしても短竿を使わない人がいた。その方は当初2.4メートルほどのスミイカ竿を両手に抱えてシャクっていたようだが、それなりにアオリが乗ってくる。そこに着目していたのだ。

小さな動きで大きな効果 不利な釣り場もカバーする

次ページの図をご覧いただこう。

竿が長ければ長いほど、竿先は大きく動く。手元が小さな振り幅で、竿先は大きく動く。たとえば手元を20センチ動かしたとき、1.2メートルの短竿の穂先は60センチしか跳ね上がらないが、3メートルの長竿なら1メートル跳ね上がる理屈だ。当然、エギにかかる負荷は大きくなり、動きもシャープになるはずだ。

しかし一方で、そんな長竿をシャクっ

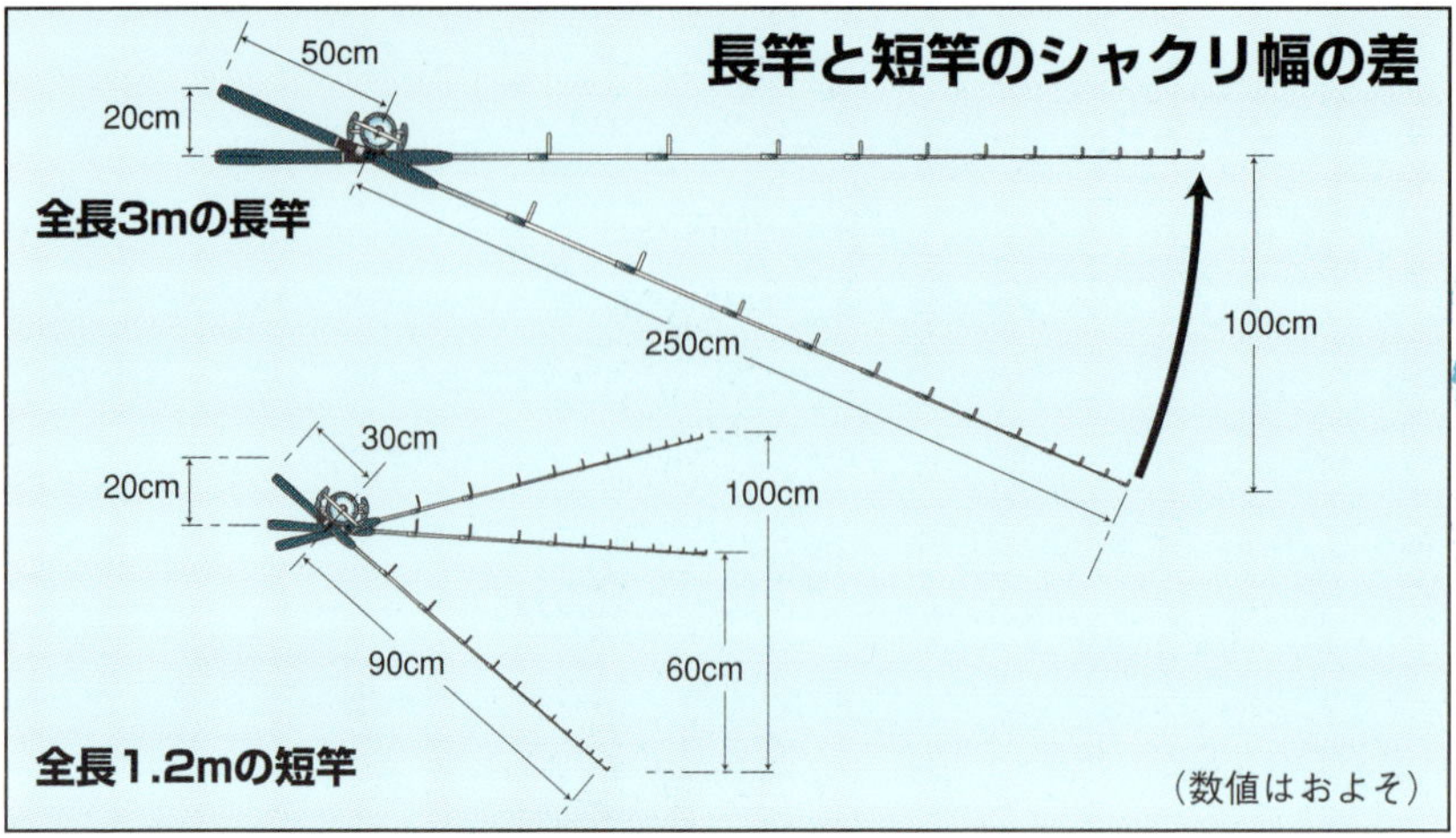
長竿と短竿のシャクリ幅の差
50cm
20cm
全長3mの長竿
250cm
100cm
30cm
20cm
100cm
90cm
60cm
全長1.2mの短竿
（数値はおよそ）

短竿と長竿ではエギの海中での位置が違ってくる

長竿では両手を使ったシャクリになり、片手に比べて疲れない

たら疲れるんじゃないかと疑問も湧く。振り幅が小さくて済むとしても、竿が長ければ手元にかかる負担は大きくなるだろう。

ところが、後述する細身軽量のメバル竿を手にしてシャクってみると、そのイメージは崩れ去る。竿尻を自分の脇にしっかりと留めてシャクることができるから実に楽ちん。両手で竿を握り込んだり、リールの前に片手を添えてシャクってもいい。

片手のみでシャクリ続ける短竿の場合は釣りの最中にどうしても握力と腕力が低下していき、次第にシャクリも甘くなってしまう。しかし、自分が一番楽な方法でシャクれる長竿釣法ならば、結果的に安定した力でシャクリ続けることができる。

鋭く、安定したエギの動きを保ち続けるメリットに加えて勇治船長は、「他人とエギの位置がずれる」ことも長竿の利点ではないかと言う。

どんな釣りでもそうだが、潮先が圧倒

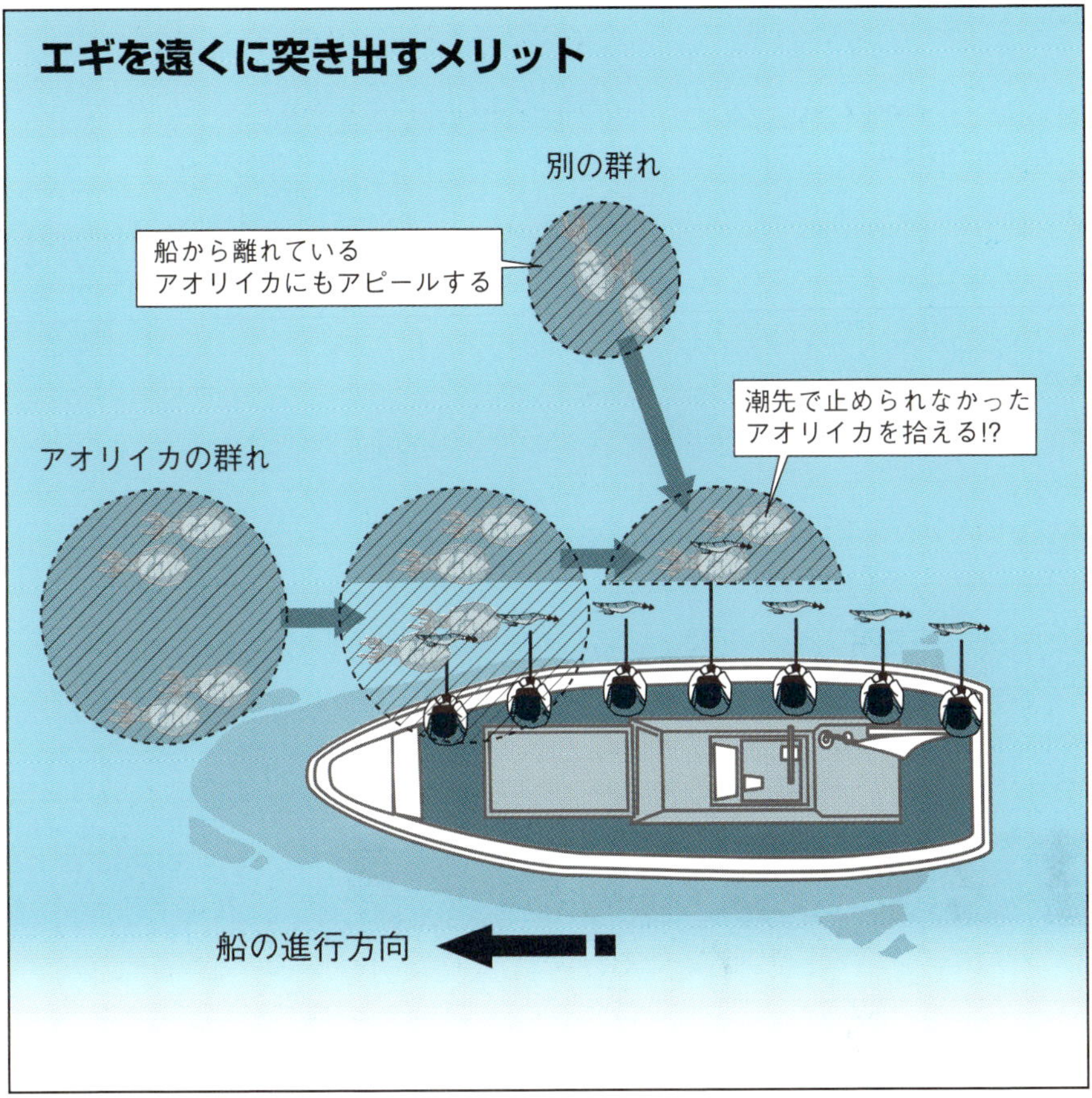
エギを遠くに突き出すメリット
別の群れ
船から離れている
アオリイカにもアピールする
潮先で止められなかった
アオリイカを拾える!?
アオリイカの群れ
船の進行方向

的に有利な日はアオリ釣りにも見られる。例えば、舳先側からアオリの群れに突っ込むケースではミヨシ側の釣り人に乗りが集中してしまい、胴の間から後方にはお鉢が回ってこない悲しい場面もある。

それが長竿を使うようになってからは胴の間に座ってもあぶれることなくアオリが乗る、つまり座席による釣果の格差が少なくなったという。

「アオリイカは船が流れる狭い線上だけに小さく固まっているわけじゃない。あっちにもこっちにも泳いでいるからね。長竿を使えば他人とエギの位置がずれるから、そうしたイカにもアピールするんじゃないかな。実際、胴の間に座った長竿の人が、いの一番にアオリを上げることもあるしね」

イメージを図示してみたが、なんとなく納得できるような気がしてこないだろうか？

長竿釣法のタックル＆テクニック

↓意外と疲れないシャクリが楽しめる

⬆3メートルクラスのメバル竿があれば、まずそれで長竿釣法にチャレンジしてみよう

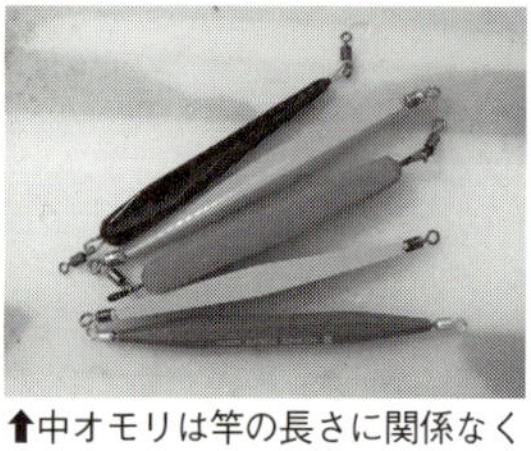

⬆中オモリは竿の長さに関係なく同じものが使える

⬇野毛屋オリジナル中オモリ

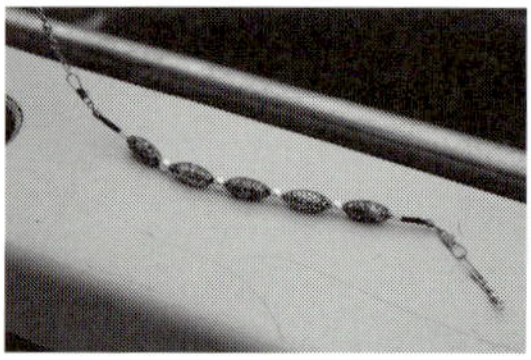

⬆長竿釣法の生みの親、野毛屋の勇治船長

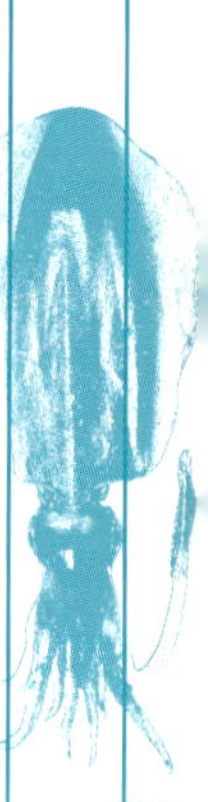

竿は軽くて細身の2.4〜3.3メートルクラス

気になる竿の話に移ろう。スミイカ竿に端を発したこの釣法は、より軽く、シャクリやすい竿を求めてマゴチ竿、そして全長3メートル前後の長寸サイズがそろっている船用メバル竿へと移行し、さらに専用竿が発売され、今に至っている。

手始めに挑戦してみたいなら、お手持ちの2.4〜3.3メートルクラスのメバル竿やマゴチ竿を持ち込んで、どんな感触なのかを試してみるのもいい。

ただし、あくまでもメバル用なので細かなところには不満もあるはずだ。それを感じるようならば、専用竿で釣ってみたい。

竿以外の道具立ては従来どおりだが、竿尻を脇に固定してシャクることができるからリールの大きさにそれほどこだわる必要はない。片手でシャクる短竿の場合はＰＥ２号が100メートル巻けるサイズの小さく軽いリールが求められるが、長竿の場合はＰＥ３〜４号が100〜150メー

■長竿のシャクリの動作
短竿と同様にギュッ、ギュッと鋭くシャクリ続けるが、竿の動きに比べて手の動きが小さくて済む。それでもエギはしっかり動いている。また、ウネリの大きい日も竿の長さで船の上下動をかわすことができる

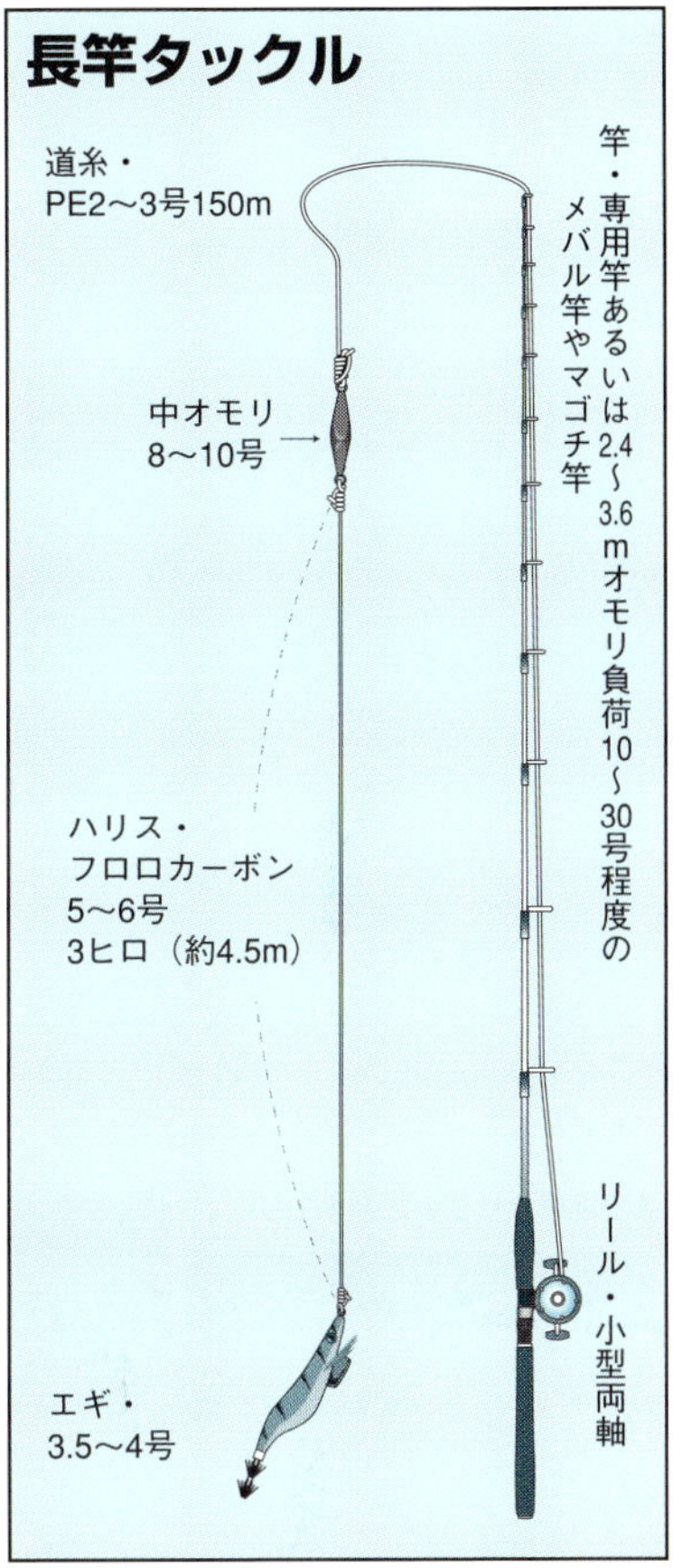
長竿タックル
道糸・
PE2〜3号150m
竿・専用竿あるいは2.4〜3.6mオモリ負荷10〜30号程度のメバル竿やマゴチ竿
中オモリ
8〜10号
ハリス・
フロロカーボン
5〜6号
3ヒロ（約4.5m）
リール・小型両軸
エギ・
3.5〜4号

トル巻けるサイズでも十分楽しめる。

大きなシャクリは不要。鋭くコンパクトに

鋭くエギを跳ね上げては落とし、しばし待ち……という釣り方の基本イメージは、短竿と全く同じだ。

大きく違う点は、前段にも触れた手元の振り幅にある。上の写真は3.6メートルの長竿をシャクる勇治船長の姿だが、手元の振り幅は小さいのに、竿先が大きく跳ね上がっている。これこそが長竿釣法の真骨頂、小さな動作でエギが大きくシャープに泳ぎ上がる様が、目に浮かぶだろう。

慣れないうちは、ついつい竿を大きく振り上げるオーバーアクションになりがちだが、

「エギは十分動いているんだから、これ以上強くシャクることはないよ」と船長。あまりに強く大きくシャクリすぎると疲れるだけだし、竿先を下ろしたときに無駄な糸フケも出て竿先への絡みを招きやすくなる。

竿尻をヒジに当てたシャクリ

長竿の持ち方は自分が疲れない方法でいい。リールの手前に手を添えたシャクリ

竿先の糸絡みには注意が必要だ

竿先を海面に下げて構え、ギュッと小さく鋭くシャクる。中オモリとエギの重みが伝わると竿はグンッと曲がる。そして即座に曲がりを戻す感じで竿先をスッと下げ、5～6秒カウントする。難しく考えることはなく、こうした動作を軽快に繰り返していけばいい。

「イカが乗るとね、シャクリ上げた長竿が大きく弧を描いたまま、ビタッと静止するんだ。この瞬間がまた快感なんだよ」

ある秋の日、船長の声を背に受けながら試してみたが、竿の持ち方も前記のとおりお好み次第、持ち重り感はさほどない。

ただし道糸の竿先絡みだけは注意が必要だ。竿先はかなり極細なので、糸が絡んでいるのに気付かないで振り回したり、リールを巻き上げるとあっけなく折れてしまう。

糸絡みに気をつけながらシャクリ続けていると、ついに船長がいう「ビタッ」がきた。半円を描いたまま竿の動きが止まる瞬間は根掛かりのようなドキッとした感覚に包まれるが、続いてグーン、グーンと引き込んできてイカだと気付く。

アオリイカに引き込まれる長竿がきれいな曲線を描く光景は、本人はもちろんのこと見ているほうもワクワクさせられる。ダイレクトな引きが味わえる短竿でのヤリトリも大好きだが、こうしてムギューッと長竿を絞り込んでくるイカとの攻防もなかなかいい。

取り込みは要注意だ。短竿の場合は海面に中オモリが見えたところで竿を立て

長竿での取り込みのコツ

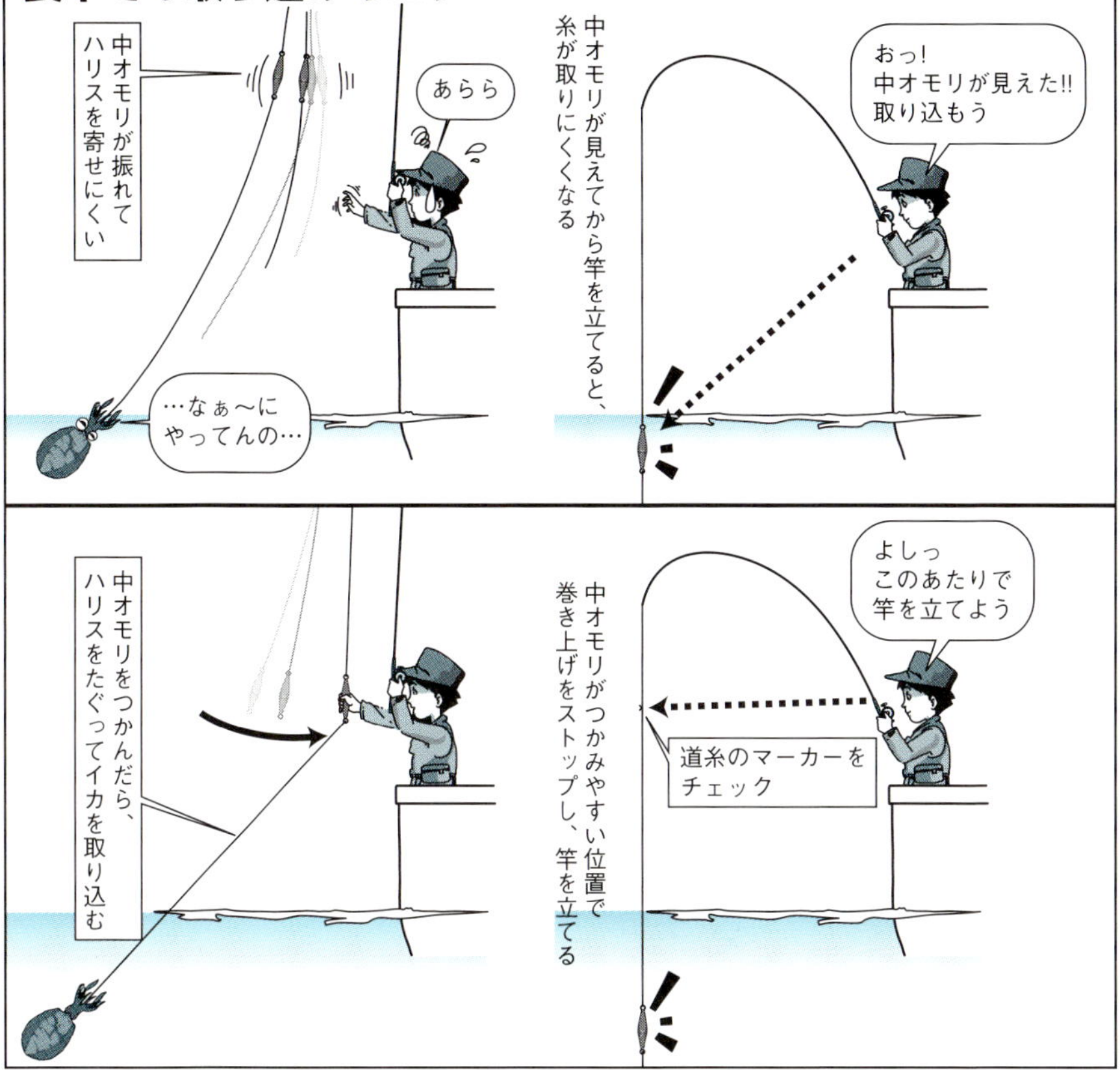
おっ！
中オモリが見えた!!
取り込もう
中オモリが見えてから竿を立てると、
糸が取りにくくなる
あらら
中オモリが振れて
ハリスを寄せにくい
…なぁ〜に
やってんの…
よしっ
このあたりで
竿を立てよう
中オモリがつかみやすい位置で
巻き上げをストップし、竿を立てる
道糸のマーカーを
チェック
中オモリをつかんだら、
ハリスをたぐってイカを取り込む

れば、中オモリがちょうど手前に寄ってきて手に取りやすいが、長竿ではそうはいかない。

図に描いたダメな例をご覧のとおり、中オモリが海面に見えた時点で竿を立てるのは遅い。中オモリはすでに竿先近くまで巻き上げられており、いくら手を伸ばしても届かないのだ。

頭上でぶらぶら揺れる中オモリのせいで、ハリスも手前に寄せにくい。竿を大きく後ろに倒せばなんとかつかめるものの、その間竿先は真下に向かって「つ」の字に曲がり、ポキンと折れやすくなる。

長竿での取り込みは、中オモリが手元にくる位置を計算して巻き上げをストップしなければならない。最初のうちは意外な盲点になりやすいから気をつけてほしい。

週1ペースで各地を転戦しているアオリファンに聞くと、たまにいい思いをするからこそ、長竿が手放せなくなったと言う。定番は短竿としても、長竿が加わったことでアオリ釣りのおもしろさが倍増したことは間違いないようだ。

船釣りのアオリイカQ&A

↓だれもが知りたいアオリの不思議

実際の船上では、基本釣法&基礎知識で紹介した事柄では対処できない様ざまな謎に遭遇する。

ほかの釣り同様、アオリイカ狙いも人間の知恵だけでは理解できない現象が多々存在するのだ。そこがこの釣りのおもしろさでもある。

ここでは、未だに解明されないアオリイカ釣りの謎を、経験的観察に基づいて考えてみた。

現場で迷ったとき、ふと思い出して参考にしていただければ幸いである。

Q エギは魚かそれともエビか

A イカに聞かなければそんなことは分からない。ただし、使う側のイメージとなると話は別だ。

鋭くシャクリ上げて、フワリと落とす船からのシャクリでは、エギの動きはエビそのもので、エビエサのマダイ狙いでも生きエビをイカにかじられることは日常茶飯事だ。

船からのアオリの経験が長い（少なくとも10年以上）人は、エビのイメージで釣っている人が多い。

一方、ルアー釣りからアオリ狙いに入った人には、魚のイメージで釣っている人が案外と多いものだ。派手なカラーのエギはベラやカサゴ、あるいはイワシ、アジを連想させる。

どちらが正解ということではなく、釣る側がどうイメージして、それをシャクリの動作に取り入れるのかが大切。

たとえそれが真実とは異なっているとしても、自分の考えなりに釣れた1杯ほ

船釣りだからこそ生じる不思議な現象が釣り人をさらに夢中にさせる

ど嬉しいものはないからだ。

ただし、1杯や2杯で早計に結論を出し、自分のイメージを固めてしまうのは得策ではない。

たとえばアジがわんさかいるような釣り場で、それに似たエギを変化を付けてシャクっても全然乗らないということはよくある。逆にそんな釣り場でも、アジには似ても似つかないような色のエギにバンバン乗るときもある。

エギの色や動きとは、人間の目で判断して何に似ている、何のような動きであるという感覚は、必ずしもイカの就餌の信号と一致しない。だから釣りがおもしろいわけなのだが……。

近代エギ以降、エギはエビをモチーフに製作されてきたが……

Q 何色のエギから釣り始めればいい？

A 秋から冬はピンク、オレンジ系、冬から春はブルー、グリーンがいいというのは一例、もしくはある釣り場に限ったことでしかない。こうした傾向は秋の澄み潮、春の濁り潮と関係しているように思えるが、日中と夕マヅメでも異なるわけで、一概にこの色と決めつけないほうがいい。

ではどうするか。自分が絶対の自信を持つエギがあるのならば、それをいつも最初の1本とし、傾向を見るようにする。いわばパイロットエギだ。

それがなければ、隣の人とは違う色をとりあえず選んでみる。

アオリ狙いでは1度に1本のエギしか使えないため、色や模様の違いを1人で探るのは大変。周りの人の乗せたエギを参考にするのが手っ取り早い。ただし、あまり周囲に振り回されても迷いが大きくなるだけのことがあるので、2～3本の中から常に選ぶほうがいい結果になることも多い。基準はピンク、オレンジ、グリーンだ。

Q 万能なエギは存在するのか？

A 一般に東京湾を中心にピンク、オレンジ系の色が万能とされるのは、安定した乗りを見せるばかりでなく、使う人が多いから、という面がある。使う人が多いエギは当然乗る率も高くなり、さらに合わせる人が出てくるためだ。

おもしろいのはそんなケースを覆すエギがあること。1人だけに乗る場合だが、それも条件次第であることが多く、いつでも万能と過信しないほうがいい。

Q 投入合図が出たら即投入、は釣れる確率が高いのか

A

スルメイカやヤリイカなど、水深100メートルにも達する水深を狙う場合は即投入でいち早くタナまで仕掛けを下ろしたほうが釣れる確率が上がる。船長が魚探で群れを探して投入を指示するため、そこから船がずれる、もしくは群れが移動する前に仕掛けを下ろす必要があるためだ。

アオリイカ狙いの場合も最初に落ちてきたエギに食い気のあるイカが飛び付く可能性があり、実際に最初に投入した釣り人が乗せる光景を目にするが、だからといって即投入が鉄則とは一概に言い切れない。

なぜなら、アオリ狙いでは魚探で群れを探すことはなく、アオリイカが着いていそうな根を狙うため。要するに潮で船が流される動きを予測して、根の際や上を通過するように操船するためだ。

このとき、投入の合図はポイント、つまり根に差しかかってからではなく、根に向かって流される船の姿勢が安定した時点で出されることが多い。これは船長にもよるが、いきなりポイントの核心部に船を止め、合図を出すことは少ない。

考えてみれば、投入、即釣れたという日は数も多く釣れる日であることが多い。それ以外、1～2杯もしくはオデコで終わるような日はおおむね流しの途中で釣れているような気がする。

要するにアオリイカの活性が高ければ根から若干離れていても積極的にエギに向かってきて、そうでない場合は根からそれほど離れないのでないかと推測できる。

いずれにせよ素早い投入を心がけるに越したことはないが、群れを確認して投入するわけでも、深場を狙うわけでもないので、それほど焦る必要もないのではないか。

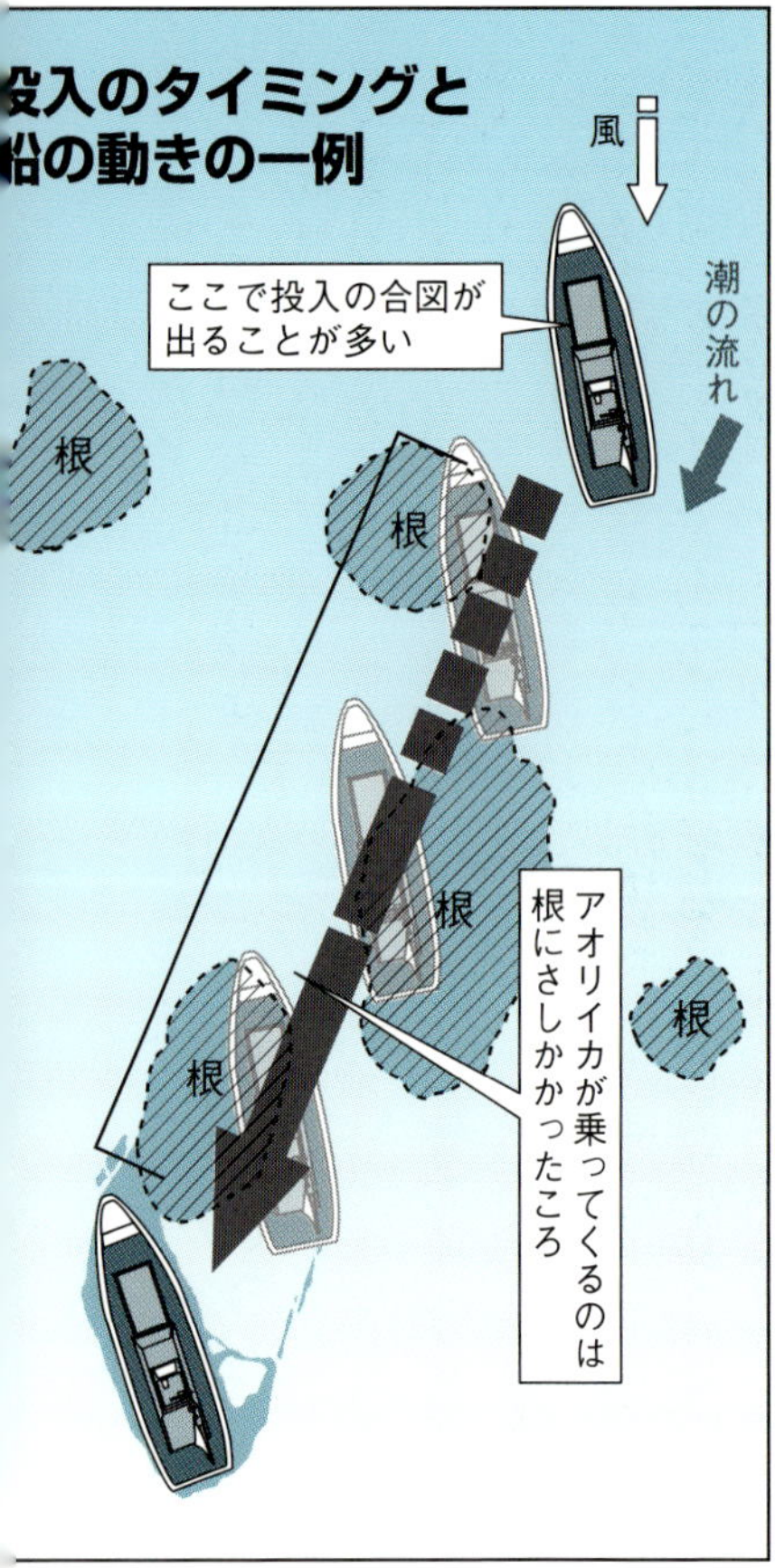
投入のタイミングと
船の動きの一例
風
潮の流れ
ここで投入の合図が出ることが多い
根
根
根
根
根
アオリイカが乗ってくるのは根にさしかかったころ

OFF-SHORE FISHING

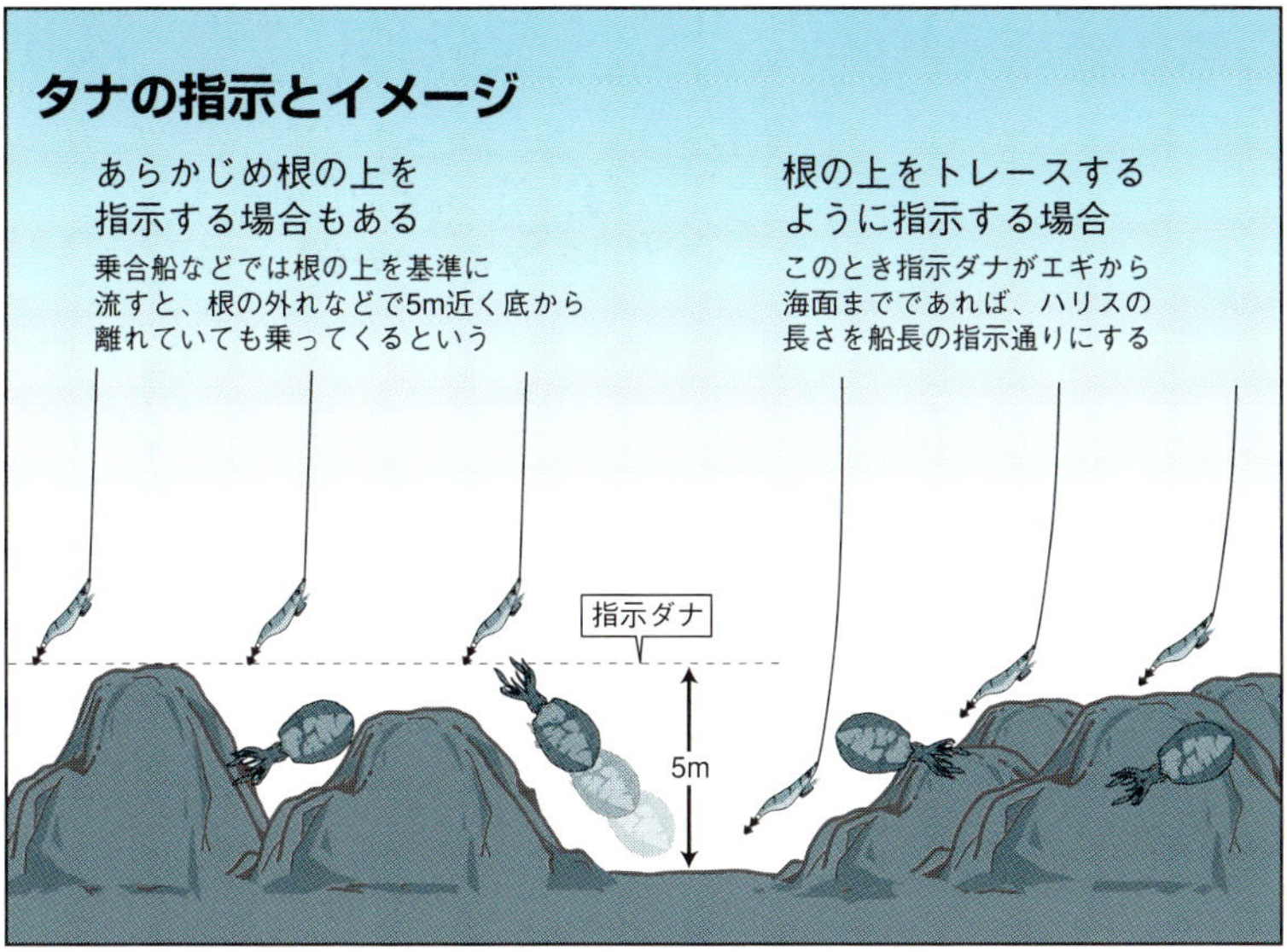
タナの指示とイメージ
あらかじめ根の上を指示する場合もある
乗合船などでは根の上を基準に流すと、根の外れなどで5m近く底から離れていても乗ってくるという
根の上をトレースするように指示する場合
このとき指示ダナがエギから海面までであれば、ハリスの長さを船長の指示通りにする
指示ダナ
5m

Q タナの指示が意味するものとは

A タナの指示には、底ダチを取りハリスプラス1～2メートルといった『下からのタナ取り』と海面から中オモリもしくはエギまでを指示する『上からのタナ取り』の2通りがある。

下から取る場合は釣り人本人が底ダチを把握しているわけだが、上から取る場合はエギの状態をイメージしづらい。一般に上からタナを取る場合の指示ダナはおおむね根の上1～2メートル上をエギが漂うように指示されているが、海底には起伏があり、ましてアオリイカを狙う場合は根を中心に流すため、必ずしも海底から1～2メートル上にエギがあるとは限らない。

アオリイカ狙いに慣れている船長などは、根にさしかかるときや根から下るときにその都度○メートル上げて、○メートル下げてとこまめに指示を出してくれる。

もちろん魚探を見ながらではあるが、船の向き、流される方向により予測を立てながらのことである。いわば根の状態を把握していなければ出せない指示であるから、経験がものをいう。

また乗合船の船長の談によれば大人数で起伏の激しい根の上を流すときは、あらかじめ根の一番高い位置を指示ダナの基準にしたほうがよいことが多いという。一度にたくさんのエギが投入されるため、海底をこまめにトレースするよりも、ある程度高い位置で誘ったほうがアピールできるからではないか、との話であった。

いずれにせよ、実績のある船宿で上からの指示が出された場合、忠実に守る価値は大いにある。ハリスの長さなどもしかりである。

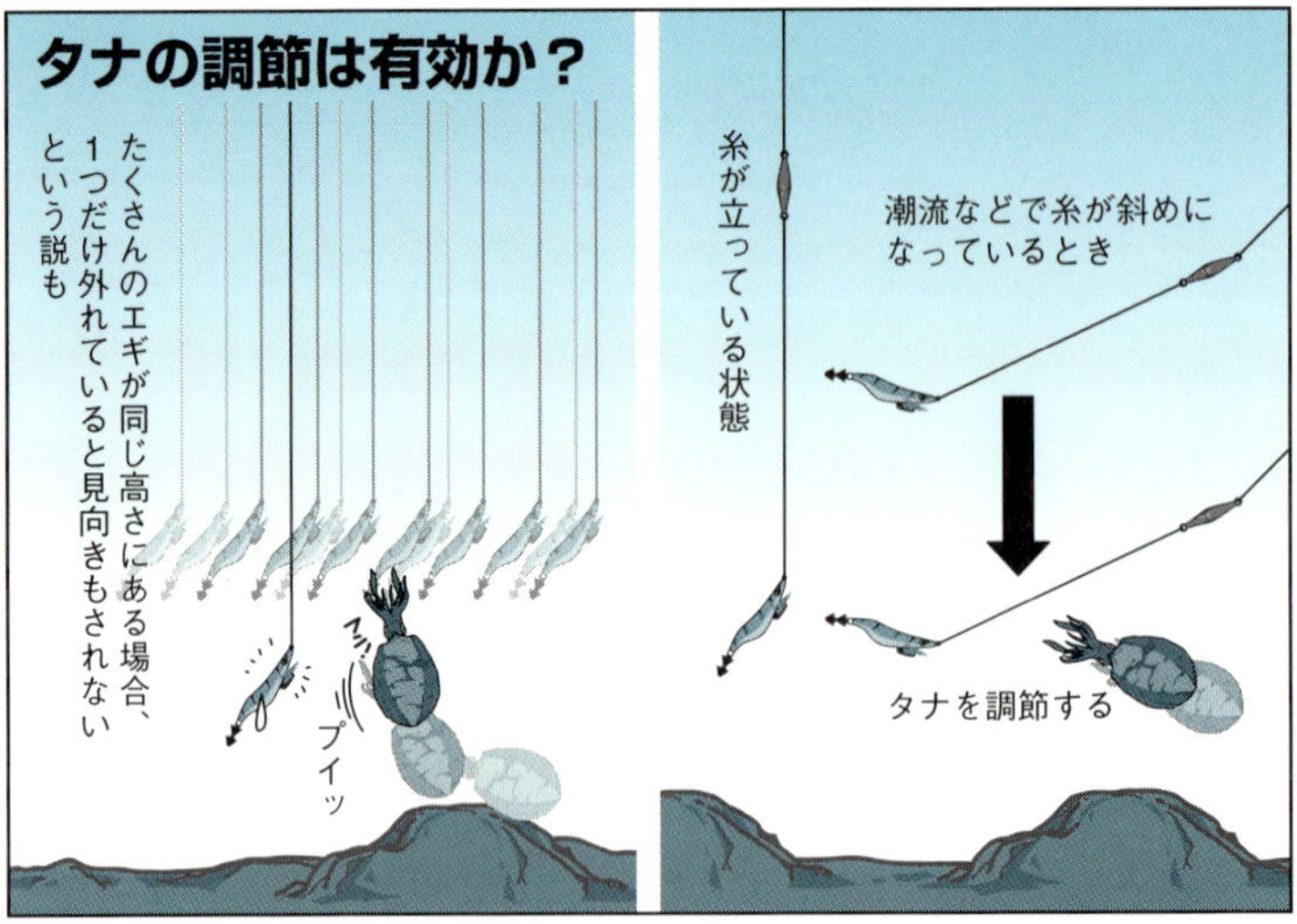
タナの調節は有効か？
たくさんのエギが同じ高さにある場合、1つだけ外れていると見向きもされないという説も
プイッ
糸が立っている状態
潮流などで糸が斜めになっているとき
タナを調節する

Q 自分でタナを調節するのは有効か？

A 前項で触れた乗合船の場合、自分だけタナを微調節してもメリットはなかった。20本を超えるエギが同じ高さにあるとき、1つだけ低い位置にあっても効果はないらしい。それどころかイカに無視されるのではないかとさえ思えた。

では小人数の場合はどうか。よく聞く話にタナが低すぎるとスミイカやカミナリイカが多くなる、というのがあるが、どうやらこれは事実らしい。

もちろんスミ、カミナリが多いポイントでなければ通用しない話であるが、底から1メートル以内はカミナリで、アオリが乗ったのは2メートルであった。

また、潮流の速さや糸の立ち方によってタナを調節するのは有効であるといえる。潮流が速い場合、エギが沈んだ重さにメリハリがなくなる。もちろんエギのタイプによっても異なるが、素早く落ちるタイプのエギを使っていると顕著に分かる。

このようなときはエギが潮の抵抗で吹き上がっていると考えられるので、若干タナを低くするのも一手であるはずだ。また、糸が斜めに出てしまう場合も同じ。道糸がフケているぶん、低めに設定してもいいはずだ。

これらを計算して指示ダナを出す船長もいるため一概にはいえないのが実情だが、根掛かり覚悟でタナを取り直すというのは決して悪いことではない。

ここまではタナを低くする方法だが、アオリイカは底ベッタリにいるわけではない。潮況や活性により、上がることもある。タマヅメから夜にかけては3～4メートルでも乗るし、昼間の東京湾で底から5メートルで乗ったこともあるのだ。また、ポイントが変わってもタナは変わらないということもある。

Q さあ一人目が釣れた！ そのときあなたはどうする？

A たとえば同じ船に乗り合わせた人がアオリイカを乗せたとする。そのエギが大人気のピンクだったとする。周りの人もおおむねピンクかオレンジ。そのとき、あなたの使っているエギは青だった……。

最初の選択として同じ色にするという手がある。確かに一番手堅い。仕立など少人数だったらぜひそうしてみたい。

ところが、乗合船それも20人以上乗っていたら、果たしてどうする？

まず考えられるのが、釣れた人が2～3人しか離れていなければエギを合わせてみる。もし続けて乗るなら可能性は高まるはずだ。

ところが釣れた人とは10人以上離れていて、反対の舷だったりしたら……。みんなと同じエギを使っていたら、かなりの群れじゃない限り自分の席まで回ってこないかもしれない。このまま潮が変わるのを待つしかないのか。

ここでもうひとつの選択肢として、釣れた人と違うエギを使うという手がある。釣れる人が偏るようなときほどみんなエギを合わせるから、あえて違うエギを使ってアピールするという考え方だ。

これはかなり勇気が必要だが、効果がないとは言い切れない。もしかしたら自分だけ……という甘い誘惑もある。

実際のところ効果のほどは分からないが、釣っている本人が釣れないと思うようじゃダメ。あくまで自分の決断で、信じたエギを使うほかない。

ただし、一度の流しで一気に数杯が取り込まれるようなときは群れが固まっていて活性も高いはず。エギに迷って取り替えているヒマがあったら、一回でも多くシャクるべきだろう。

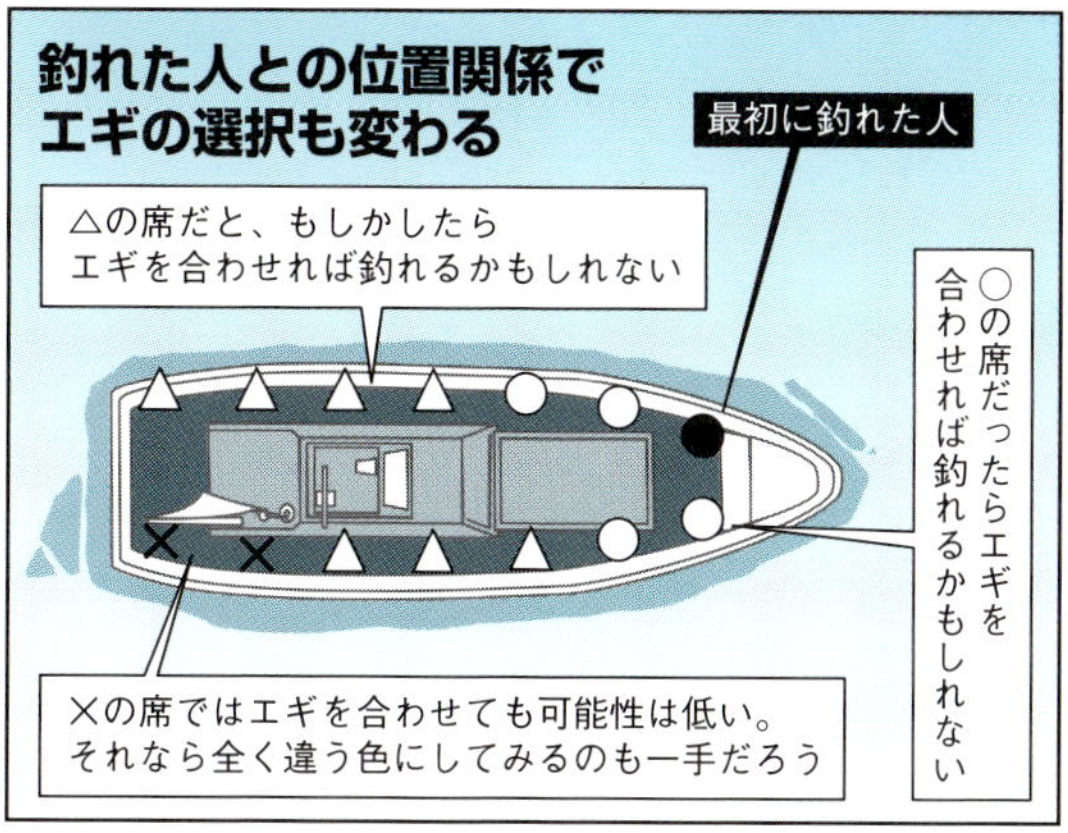
釣れた人との位置関係でエギの選択も変わる
最初に釣れた人
△の席だと、もしかしたらエギを合わせれば釣れるかもしれない
○の席だったらエギを合わせれば釣れるかもしれない
×の席ではエギを合わせても可能性は低い。それなら全く違う色にしてみるのも一手だろう

船中1杯目。ここから試行錯誤が始まる

Q でかいエギにはでかいアオリ?! コレ、本当?

A でかいエギといっても、一般に入手可能な市販エギの最大は4.5号（全長13・5センチ）。時折5号を見かけるが、曳き釣り用でもない限りそれ以上の大きさのエギは一般的ではない。

さて、大きなエギには大きなアオリが乗るのか？についてだが、その可能性は高いといえる。大きなエサを捕るにはそれなりのリスクが伴うため力のある大型が狙うという捕食の原理がその根拠。大きなイカは体を維持するために大きなエサで効率よくエネルギーを摂取する必要もあるため、小さなエサを数回捕まえるよりも大きなエサを1回で捕るほうが理にかなっているのだ。

もし10杯の群れの中に2杯の大型がいたとすれば、他人より大きなエギを使っていればその2杯が釣れてくる可能性は高い。

ただし、これはあくまでもエギが海中でイカに対して大きく見えればの話。大きなエギがそのまま海中で大きく見えている保証はどこにもないのだ。

また、大型の釣れる確率は高くなっても数そのものが釣れるようになるわけではない。群れ全体が小型が中心となるような場合は、でかいエギが嫌われる可能性だってあるのだ。

【おいしく食べるための持ち帰り方を考える】

釣ったアオリをおいしく食べるには魚と同じように、生きているうちに締めてクーラーに仕舞うのがいい。イカの場合は、そんなことをせずともいいように思えるが、締めたものとそうでないものでは、微妙に歯応えが違うとする人が多い。魚の場合は明らかに味の違いとなるが、イカの場合にも当てはまるようだ。

アオリを締めるには、目と目の間に千枚通しのような物を刺してやればいい。マダコを締めるときと同じ方法だ。

締めた直後は鮮やかに色が変わる。これは気分的な問題なのかもしれないが、実においしそうな澄き通った白になり、あとはビニール袋（ジッパー付きがスミが漏れずに何度も使えて便利）に入れて、クーラーへ仕舞えばよい。アオリのスミはスミイカほどではないが、量が多いので、クーラーの掃除を考えると、分けておいたほうがいいと思う。

目と目の間を刺す

第 3 部

OFF-SHORE FISHING

ボート釣りで
アオリイカを狙う

メジャーな「陸っぱり釣り場」はアオリイカもスレてしまった、
とお嘆きのあなた。そこからミニボートに乗り込んで、
ほんの少し沖へ出るだけで状況が一変することをご存じだろうか？
本章では、熱狂的なファンが増殖中の
ボートエギングについて掘り下げてみる

ボート釣りの魅力

小回りの効くミニボートで、未開のポイントを直撃！
考えるだけでワクワクするじゃないか

釣り人を拒む崖下も、アプローチ可能

小型ボートで未開の海へ

切り立つ崖下、やや沖合に浮かぶ小磯。「あぁ、あの周りはアオリイカのパラダイスに違いない。あそこまで行けたならきっと……」

そんな、もう少しで手が届きそうな未開のポイントを渇望しているなら、迷わずボート釣りにトライすべきだ。それも大きなボートではなく、艇長3メートルほどのミニボートがいい。

小ぢんまりとした湾、岸辺のごく浅い藻場周り、沖磯の際。そうした場所は大型の釣り船も入ることができず、それこそ小回りの効くミニボートの独壇場になるからだ。

ミニボートの種類は別掲のとおり、手こぎボート、2馬力ボート（免許不要艇）、船外機ボート（要免許）の3種が代表的だ。車に積載して好きな海へ出かけるマイボートとして購入してもよいし、地域によっては手軽に乗船できるレンタルボート店も点在している。

関東エリアのレンタルボート料金を例にあげると、手こぎで3000～4000円、2馬力タイプが5000～8000円、船外機艇が10000～15000円といったところが相場。2～3人で乗船すれば、釣り船（1名8000～10000円）に較べて1人当たりの経費は安くなる。

冬の深場も攻略可能

もう一つ、釣り船にも共通する沖釣りならではのメリットがある。四季に応じて深場と浅場を移動するアオリイカの真上に、ボートを付けられることだ。

四季による水温変化の大きな本州沿岸では、多くのアオリイカが水温が低い冬～早春にかけて水深20～40メートルほどの深みへ移動して越冬する。そのため、

【ミニボートあれこれ】

⬇手こぎボート

写真はレンタルボートでおなじみのタイプ。荷物を積み込むと、2人乗りまでが釣りやすい。ほか運搬しやすいインフレータブル(ゴムボート)を購入する人も多い。沿岸の浅場狙いなら、手こぎで十分楽しめる。

軽くて安定性も低いので、荷物は左右前後、バランスよく積み込む

⬇2馬力ボート

船体の「登録長」が3メートル未満かつ推進機関が出力1.5キロワット(約2.039馬力)未満のボートは、免許および船検が不要。補助動力が付いた程度のミニボートだが、安全に楽しめば沖合1キロ圏内を探索できる。

レンタル艇も増加。必ずレクチャーを受け、安全最優先で楽しみたい

⬇船外機ボート

全長3～3.5メートルほどの、免許&船検が必要な船外機エンジン付きボート。エンジンの多くは5～9馬力で推進力もあり、海上をラン&ガンしながら好ポイントを探っていける。もちろん冬季の深場狙いも可能だ。

関東では3～4人乗りのレンタル艇も人気がある

陸上からコンスタントな釣果を上げるのは難しい。

その点、ボートは少し沖合の深みまで攻める範囲が広がり、アオリイカが集まるピンポイントさえ探し当てることができれば秋や春と同等の釣果を上げることも可能だ。

ただし浅場で釣れる秋・春は磯際や藻場周りなど目で見て分かるポイントを選べばよいのに対して、深場は目に見えないピンポイントを探し当てなければならない。後述する魚群探知機がどうしても必要になることを承知してほしい。

本稿ではボート釣りの基礎事項は割愛させていただくが、一歩間違えば漂流や転覆、衝突などの大きな事故に見舞われる可能性もあるのがこの世界。

最悪の事態を防止するために、本書シリーズ『基礎から始める・ボート釣り入門』(日東書院)や、タツミつりシリーズ『最新・海のボート釣り入門』(辰巳出版)などをお読みになり、安全対策、海上のルールとマナーなどを頭に入れて安全第一で楽しんでいただきたい。

タックル&装備

基本的には陸っぱりのエギングタックルでOK。ボートならではの装備とは魚探とパラシュートアンカー

ライフジャケットは必須。ボート釣りでは、動きやすい自動膨張タイプが流行中だ。また、波打ち際からの出船が大半なので、マリンブーツやウエダーなども必要

「板子一枚、下は地獄」という言い習わしがあるように、何らかのトラブルに見舞われた場合、海上に浮かぶボートに逃げ場はない。

その際、唯一の生命線になるのがライフジャケットだ。現行法では「12歳未満」に着用義務が科せられているだけだが、年齢を問わず、不意の落水、衝突事故などに備えて必ず着用するようにしたい。ボートに積んであるだけでは突発的な事故の際、まったく意味をなさない。

トラブルに備えて携帯電話も持参し、落水による故障、そして浮力を確保するために防水パックに入れておこう。

浅場は陸っぱりタックルでOK

水深5～15メートル付近でよく釣れる春と秋、すなわちアオリイカ狙いの最盛期に使用する竿&リール、ラインシステムとエギは陸っぱりとまったく同じでOKだ（※本編では、船下のシャクリ釣りと区別するため「キャストエギング」と称する）。

ただしロッドは7～8フィートの、やや短めでもよい。ポイント近くに付けるボートエギングはそれほど遠投する必要もないし、短竿は狭い船内で取りまわしやすいというメリットがある。

また、水深20～40メートルの深みがメインポイントになる冬季は、釣り船で用いられる中オモリを介したシャクリ釣りが最もお手軽だ。

図をご覧のとおりキャストエギング用のタックルを流用し、スナップの先に中オモリ、ハリスとつないでエギをセットすれば準備完了。とても簡単である。

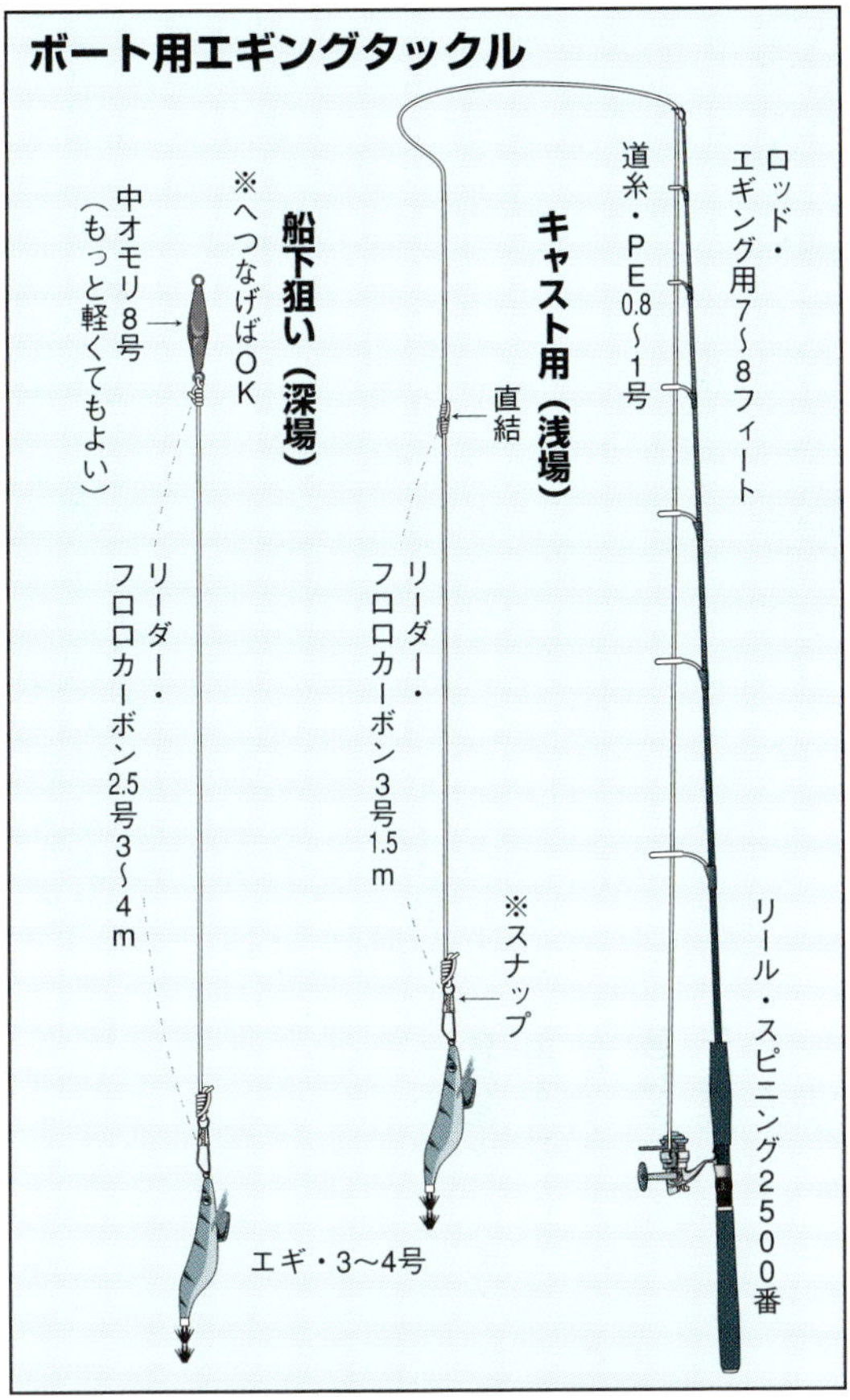
ボート用エギングタックル
ロッド・エギング用7～8フィート
道糸・PE0.8～1号
キャスト用（浅場）
直結
リーダー・フロロカーボン3号1.5m
※スナップ
リール・スピニング2500番
船下狙い（深場）
※へつなげばOK
中オモリ8号（もっと軽くてもよい）
リーダー・フロロカーボン2.5号3～4m
エギ・3～4号

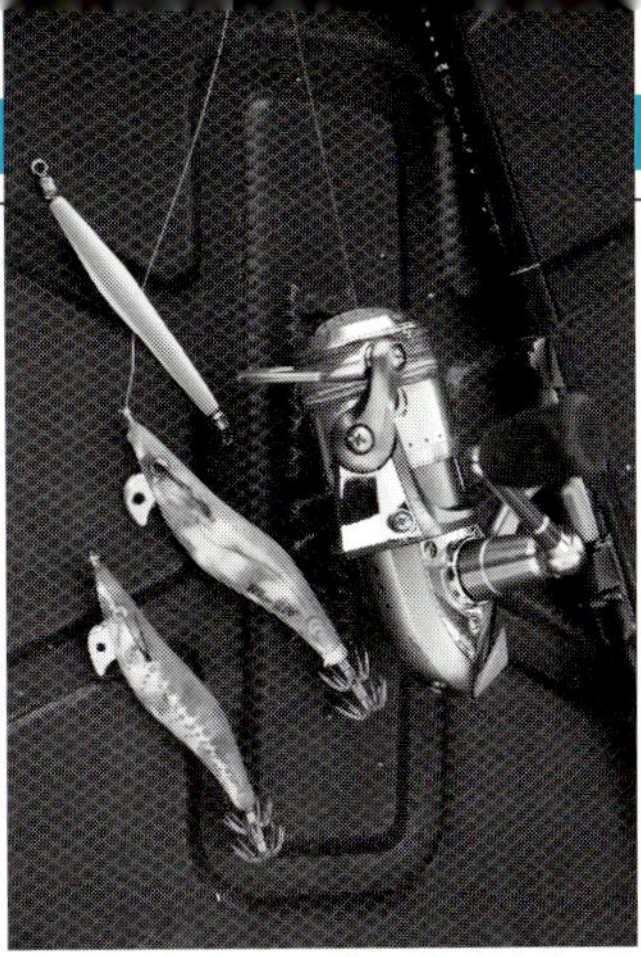
スピニングタックルは陸っぱり用をそのまま流用すればいい。深場狙いなら中オモリも用意

ぜひほしい魚群探知機

海底が透けて見えるような浅場なら問題ないけれども、ボートで圧倒的な釣果をたたき出す釣り人は間違いなく魚群探知機（以下、魚探）を使用している。

といっても実は、軟体かつ水分の多いアオリイカは魚探に映りにくい（とくに普及品の携帯魚探）。魚探で把握するのはアオリイカの反応ではなく「水深、地形、そしてアオリイカのエサになる小魚」の反応だ。

目には見えない海中の沈み根や藻場、カケ上がり、小魚の群れなどを魚探で発見すれば、そこは人知れぬマイ・ポイント。うまくすれば巨大なレコードサイズや数釣りに遭遇することもある。

魚探はそんなボートならではの楽しみを与えてくれる。高価なエギを20個買うなら、魚探に投資していただきたい。

➡写真はホンデックス製の小型魚探。2万円前後からラインナップがある

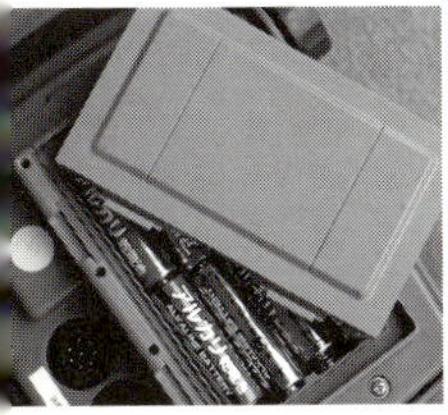
⬆この機種は単三乾電池8本で作動

パラシュートアンカー

ボートならではの装備品にパラシュートアンカー（シーアンカーとも呼ぶ）がある。図を見ればお分かりのとおり、海の中にパラシュートを張って、ボートが流れるスピードを抑える装置だ。

これは、ボートを流しながら楽しむエギング釣法に不可欠なもので、ぜひ必携したいアイテムの一つ。

無風ベタナギならこの装置の出番もなく、そのままボートを流しながら釣ればよいが、そんな絶好のボート日和は本当にまれだ。風や潮が強まるとボートの流れるスピードも速くなり、真下に入っていた仕掛けが大きく斜めに引きずられて、釣りどころではなくなる。その不具合を抑制し、釣りやすくしてくれるのがパラシュートアンカーの効能だ。

通信販売などでも購入できるが、その構造は非常にシンプル。3メートル程度のボートなら直径1メートル程度で十分効果があり、古傘などを利用すれば図のように簡単に作成できる。

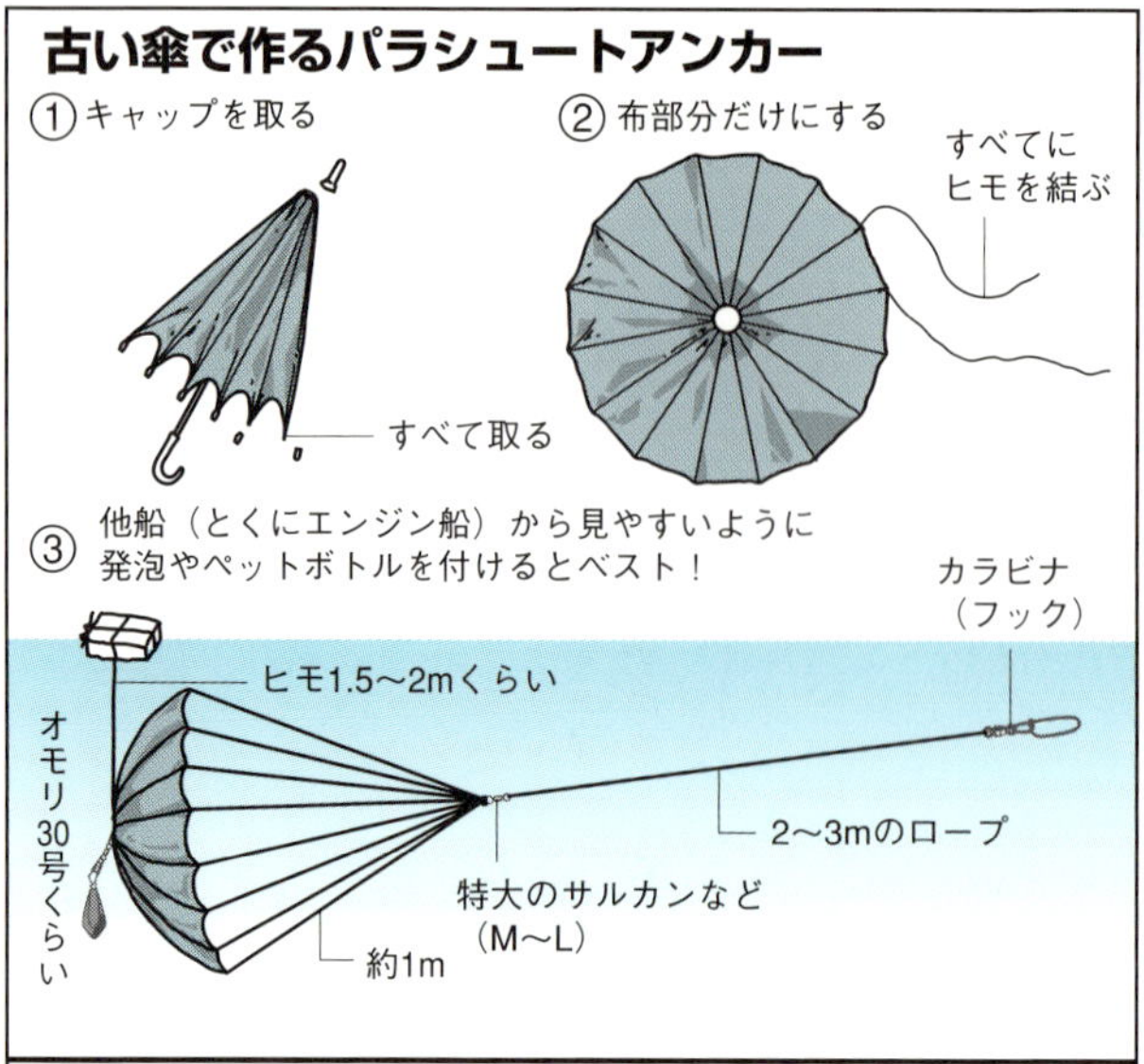
古い傘で作るパラシュートアンカー
①キャップを取る
すべて取る
②布部分だけにする
すべてにヒモを結ぶ
③他船（とくにエンジン船）から見やすいように発泡やペットボトルを付けるとベスト！
カラビナ（フック）
ヒモ1.5～2mくらい
オモリ30号くらい
2～3mのロープ
特大のサルカンなど（M～L）
約1m

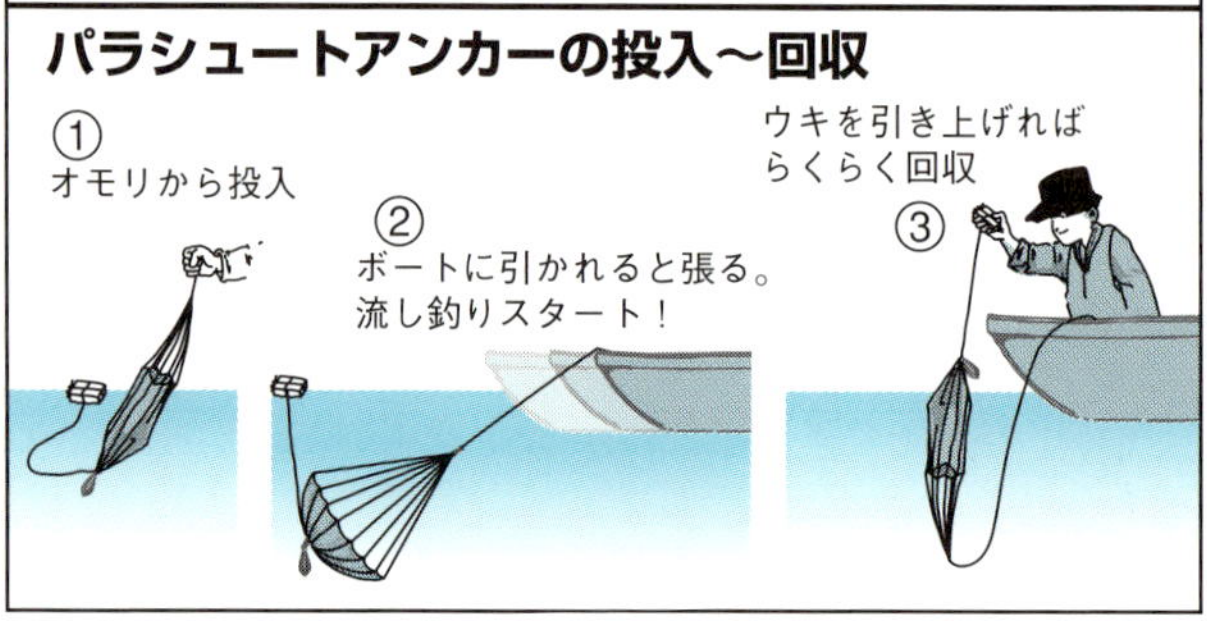
パラシュートアンカーの投入～回収
①オモリから投入
②ボートに引かれると張る。流し釣りスタート！
③ウキを引き上げればらくらく回収

パラシュートアンカーは舳先につなぐこと。ボートの側面から出すと横転する危険性がある

ポイントの選択

陸っぱりからは届かないエリアを攻められるのがボート釣りのメリット。冬の深場攻めも効果的だ

ボート釣りにおける釣り場とポイントの選択は、水深15メートル以浅で釣れ盛る春と秋ならば、陸っぱりとほぼ同様である。藻場や岩礁の周りといった目視できるポイントに入り、キャストエギングを気軽に楽しめばよい。

磯際は誰でも狙いやすい好ポイント

春と秋の好ポイント

しかしもちろんボートの利点を生かして、岸から手が届かないエリアを目指したい。アオリイカもスレておらず、最初の1投で乗ってくることもよくある。

たとえば春の大型狙いで藻場の周りを攻めるにしても、浅瀬から沖へ張り出したエッジ（沖側の際）まで進み、その周囲をたんねんに探っていく。おなじみのアマモやホンダワラが繁茂する沖側のエッジは水深5～8メートルといったところなのでキャストエギングに最適だ。

水深5～15メートルの海底に横たわる広大な平根（低く平らな岩礁と砂れきが入り交じる）も根掛かりが少なくて、釣りやすい。そんなエリアはボートを流しながら広範囲を探る釣り方がベスト。

藻場や広大な岩礁域は、水深10メートル以浅で透明度の高い海域ならボート上から確認できる。海の色が明るければ砂地、そして突如として暗く黒ぐろとした色合いに変化したところは藻場か岩礁だ。つまり魚探がなくてもそこそこ楽しめるわけで、ボートのエギング入門にも最適といえる。

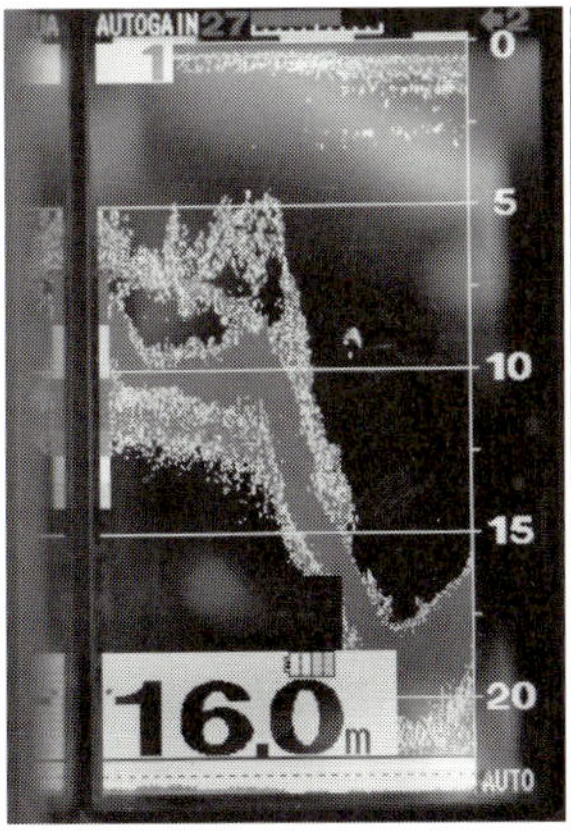

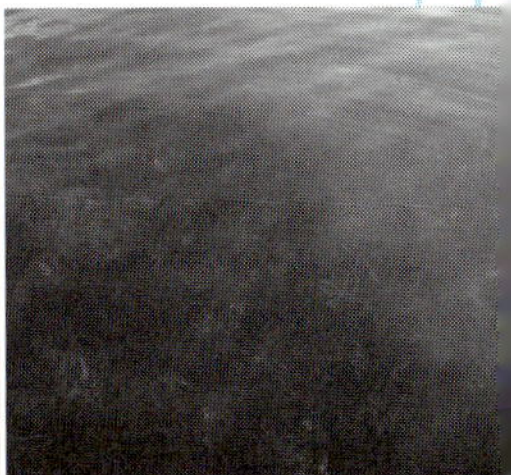
⬆藻場と砂地の境目。白と黒のコントラストで確認できる

⬅急なカケ上がりの肩に小魚の反応。こんな所は一番の狙い目

春＆秋の浅場はキャストエギング
水深5～15mの岩礁、藻場

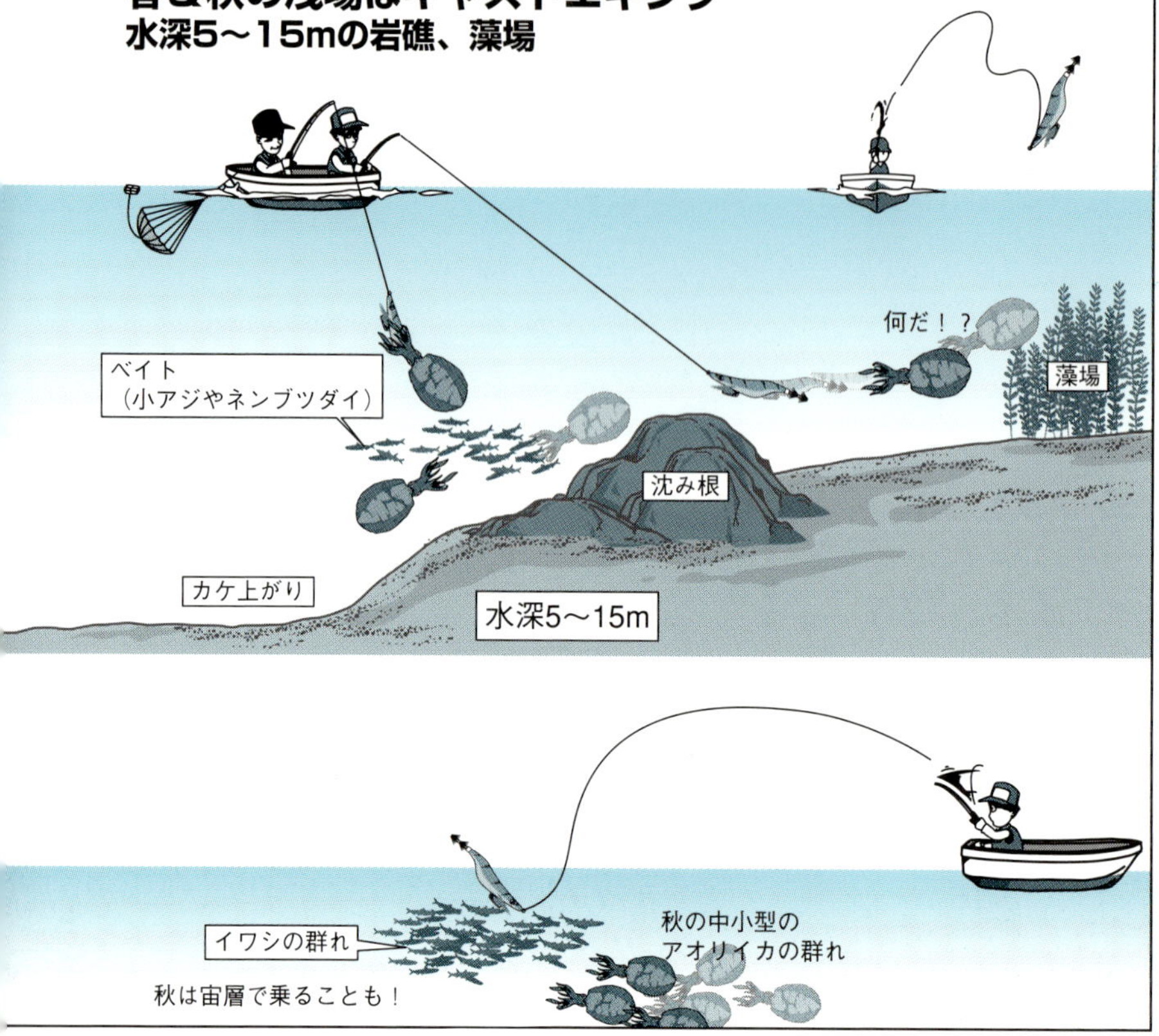
何だ！？
藻場
ベイト
（小アジやネンブツダイ）
沈み根
カケ上がり
水深5～15m
イワシの群れ
秋の中小型の
アオリイカの群れ
秋は宙層で乗ることも！

もう一つ意外な穴場がある。中上層を遊泳するイワシやキビナゴなどの大群の周りだ。とくに秋は中小型のアオリイカが数十杯の群れで移動しながら、エサを追いかけて捕食する。

イワシの群れを発見したら試しに、エギをキャストし沈下させてみよう。すると水深15メートルの場所であっても、海面下5メートルの浅いタナでエギに抱きついてきて驚かされることがある。アオリイカの遊泳範囲は決して海底付近だけではない。時節、状況に応じて大きく上下することを頭に入れておこう。

冬の深場はピンポイント

魚探があれば、小魚が着いた根周り、急なカケ上がり、あるいはイワシの群れを見つけるにも好都合。浅場であろうと深場であろうと、魚探があるにこしたことはない。

そしてアオリイカが水深20～40メートル付近に落ちる冬～早春は、この魚探がどうしても必要になる。深すぎてボート

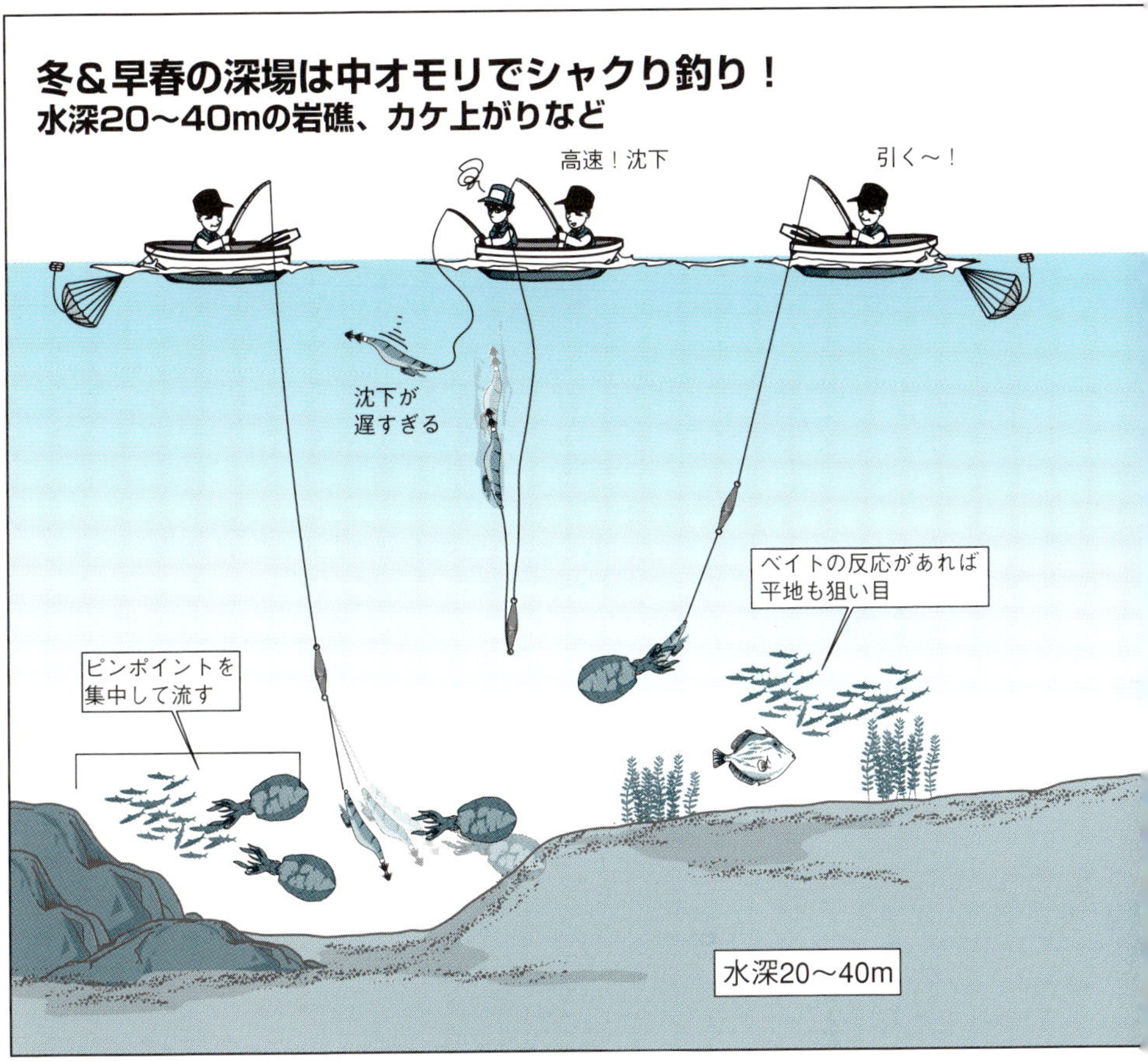
冬＆早春の深場は中オモリでシャクリ釣り！
水深20〜40mの岩礁、カケ上がりなど
高速！沈下
引く〜！
沈下が
遅すぎる
ベイトの反応があれば
平地も狙い目
ピンポイントを
集中して流す
水深20〜40m

20メートルを超す砂地の中に岩礁を発見。小魚も着いている理想的なポイント

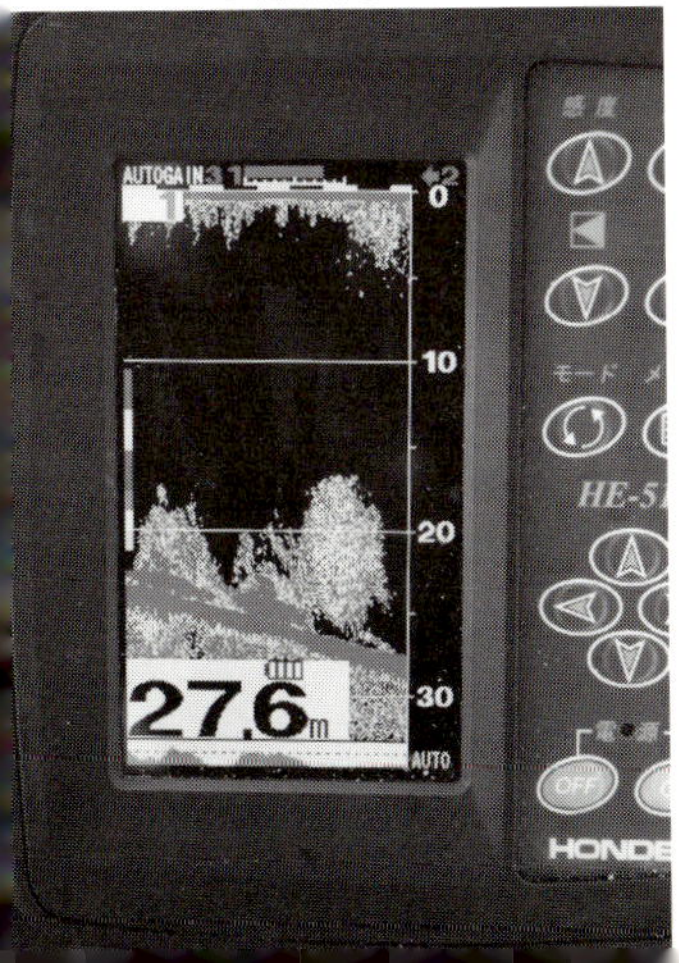

上から海底の様子を探ることなどできないからだ。エサ場となる岩礁やカケ上がり、平根などを的確に探し当てなければまるで釣りにならない。

魚探を駆使して海底を読み取り、さらにアオリのエサになる小魚の反応の有無をチェック。そして投入！　となるわけだが、こうした深場で、キャストエギングはおすすめしない。

エギが着底するまでイライラするくらい時間がかかるし、ようやく着底したと思ったら、ポイントから大きくズレてしまった……なんてことが頻発するためだ。これではロスが多すぎる。

深場は釣り船と同様、中オモリを使用したシャクリ仕掛けで「素速くピンポイントに到達させる」ことを最優先したい。

ボートでキャストエギング

ボートをアンカーで固定すれば、初心者にも釣りやすい。
流しながら釣る「流し釣り」も有効だ

ボートの機動力を生かせば、エギングはもっと楽しくなる

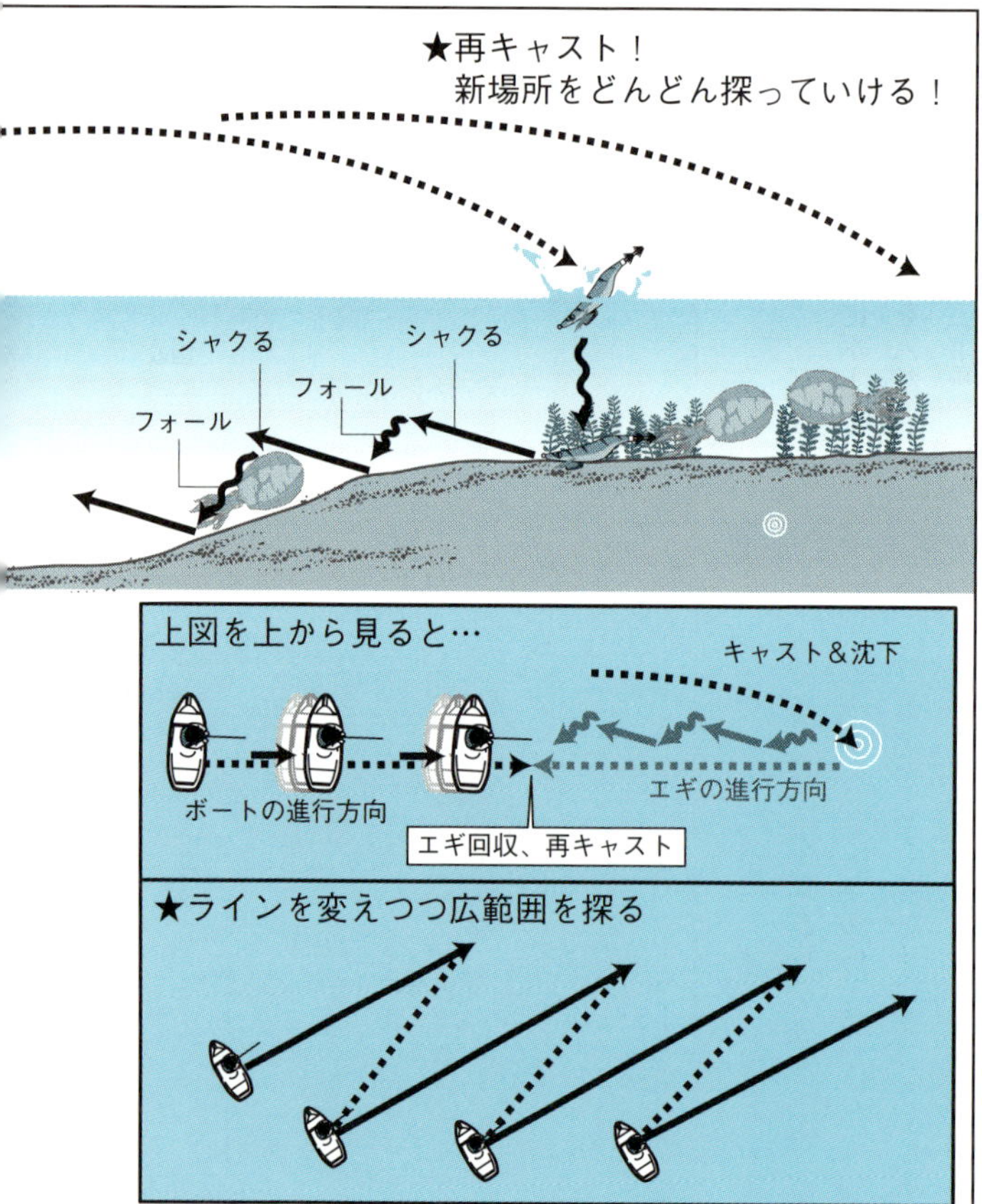
★再キャスト！
新場所をどんどん探っていける！
シャクる
シャクる
フォール
フォール
上図を上から見ると…
キャスト＆沈下
ボートの進行方向
エギの進行方向
エギ回収、再キャスト
★ラインを変えつつ広範囲を探る

ポイントを定めたら、いよいよ釣り開始。まずボートのキャストエギングについて触れてみたいが、アンカーでボートを固定して釣る（カカリ釣りという）場合は、陸っぱりとなんら変わりはない。ボート釣りの初心者は操船や安全対策を体得するまで、このカカリ釣りで楽しんだほうがいいと思う。

流し釣りのキャストエギング

ここではボート釣りに少し慣れたあとの、さらにその先の釣法について触れてみよう。それは、ボートだからこそ可能な「流し釣り」である。

流し釣りとは、ボートを風まかせ、潮まかせで流しながらポイントを幅広く探る方法。むろん安全上、風速・潮流とも穏やかな海を選ぶことが必須であり、釣りやすさの上でも条件となる。

微風ベタナギという好条件ならそのままボートを流してもよいが、多少は風があるのが海上の常。そこで活躍してくれるアイテムが前記したパラシュートアンカーだ。ボートの流れを抑制し、釣りやすくしてくれる。

流し釣りの手順は、

①ポイントの風上側にボートを回し、パラシュートアンカーを入れる。

②ボートが進む方向（=風下）へエギをフルキャストして、底まで沈める。

③糸フケを巻き取りながら、シャクリ&落とし込みを繰り返す。

④手前まできたら巻き上げて再キャスト。

以上を繰り返してポイント上をトレースし、アオリイカが乗らなければ少しラインをずらして流し直す。そうすれば50メートル四方に広がる平根などを「線」ではなく「面」で攻略できる。

もちろんアオリイカが乗ったら、そこを集中して流し直してもいいし、アンカリングしてじっくり攻める手もある。つまり流し釣りはアオリが集まるピンポイントを探し出す利点も持つわけだ。

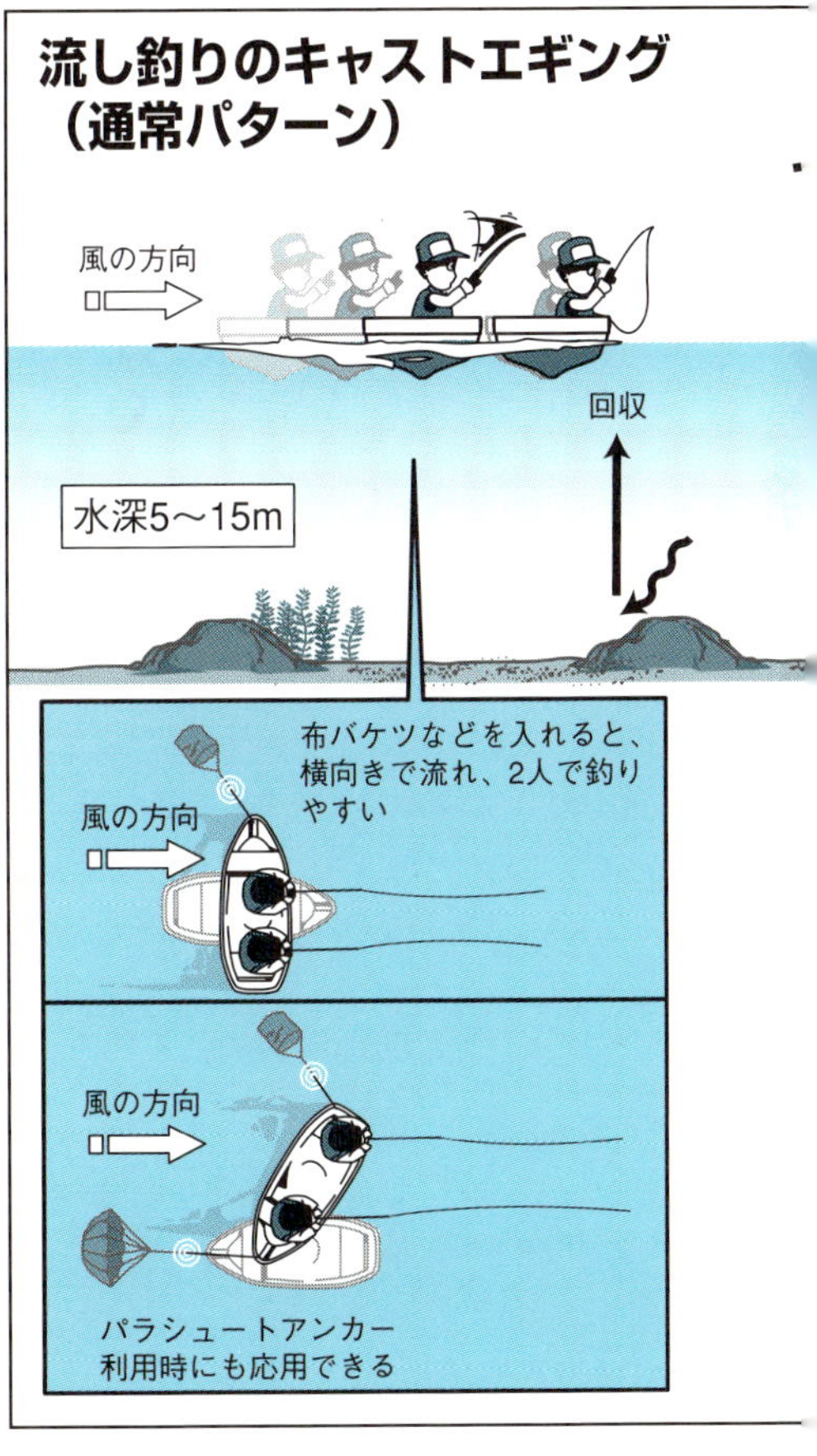
流し釣りのキャストエギング
（通常パターン）
風の方向
回収
水深5～15m
布バケツなどを入れると、横向きで流れ、2人で釣りやすい
風の方向
風の方向
パラシュートアンカー
利用時にも応用できる

横向きで流すには

パラシュートアンカーを入れるとボートは舳先が風上、トモ（後部）を風下に

向けて縦の姿勢で流れていく。

1人で釣るならトモ方向へキャストすればいいのだが、2〜3人乗りとなると全員トモ側へキャストするわけにはいかない。少しでもボートの姿勢を横向きにしたいところだ。

そんなときは、ちょっと大きめの布バケツやバッカンなどをロープに結んで、トモ側から海中へ沈めてやる。いわば後部に「ミニ・パラシュートアンカー」を追加するわけで、前後2つのパラシュートに引かれる形でボートは横を向いて流れるようになる。

ボートを横に向ければ2人並んで快適に楽しめる

安定性のある船外機ボートは風の弱い日ならば、パラシュートアンカーを使わなくてもゆっくり流れて釣りやすい。だが、ボートは「重いほうが風上を向き、軽いほうが風下へ振れる」という特性があり、重いエンジンを積んだトモ側が風上を向けた「縦の姿勢」になりやすい。

これを横向きに修正するときも、前述のバケツ類を活用したい。今度は舳先から入れてやれば、少し横向きになる。

その他の釣り方とヒント

参考までに「曳《ひ》き釣り」という釣り方と、カカリ釣りでのんびり楽しみたい人のためのヒントも付記しておく。

曳き釣りという方法は、小船の漁師さんたちが古くから行ってきた流し釣りの1つ。本来はリールのない「手バネ」という短竿に道糸とエギをつないだだけの素朴な道具でシャクるが、キャストエギング用のタックルでも十分可能だ。

釣りやすい水深は、春と秋のアオリポ

参考・曳き釣り式

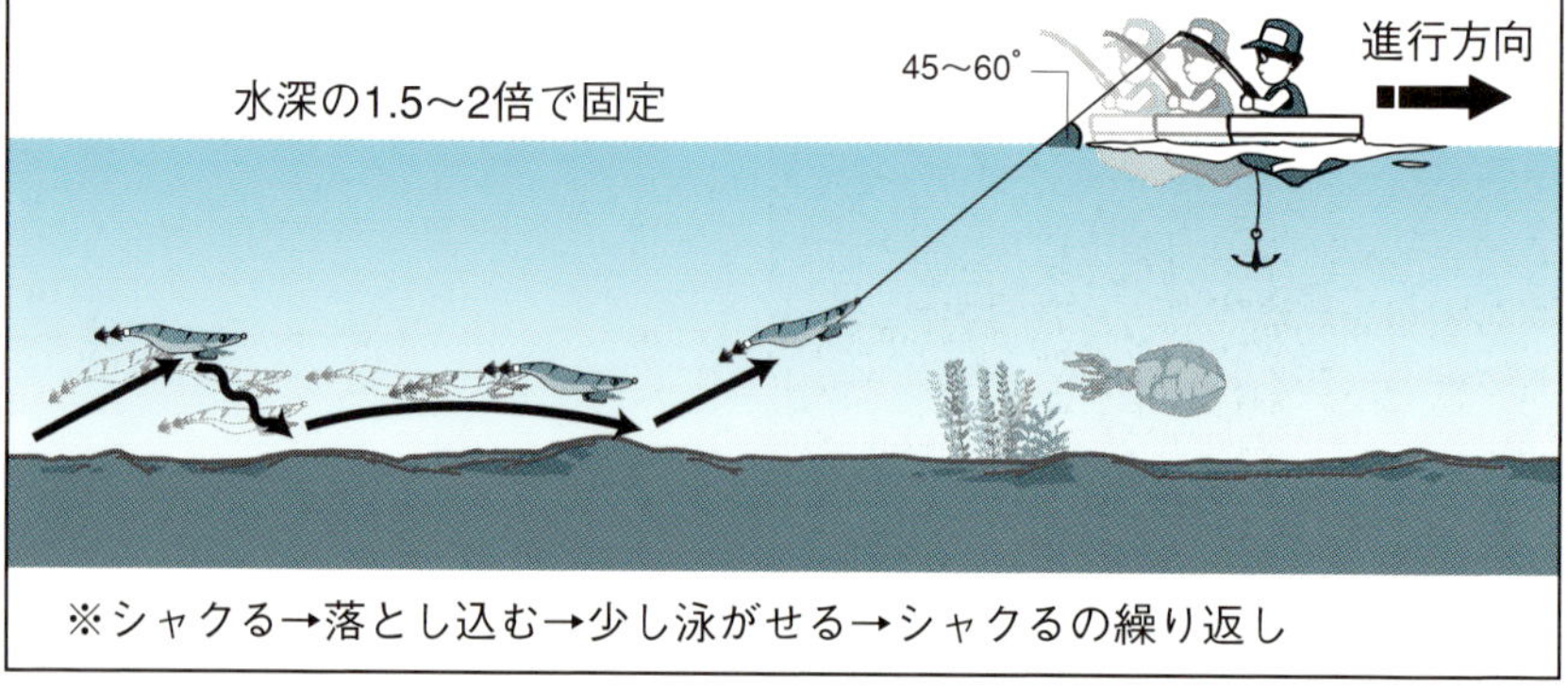

※シャクる→落とし込む→少し泳がせる→シャクるの繰り返し

イントの主軸になる8〜15メートル付近。ボートの縁からエギ（4号が基準）を沈め、水深の1.5〜2倍ほど道糸を出す。これで道糸の入水角度を45〜60度に保ちながらボートが流れていくナギの日が、まさに曳き釣り日和だ。

　ボートに曳かれたエギは底から1〜3メートル上方を泳ぎ続ける。つまりキャストを繰り返す必要はなく、8〜15秒に1回くらいシャクリを入れてアピールしてやればいい。道糸の入水角度がネックになるし、エギも根掛かりしやすい釣り方ではあるが、うまくいけばとてもラクな釣り方である。

　また、せっかくボートに乗るのならイカ以外に色いろと釣りたいもの。そんな方におすすめしたいのが、カカリ釣りでサビキ仕掛けを出しつつ、キャストエギングを楽しんでしまう方式だ。

　コマセを振ってボートの下にアジやイワシなどを寄せると、それを狙って色いろなフィッシュイーターが近づいてくる。もちろんアオリイカもその一つだ。

　コマセが流れていく潮下方向へエギをキャストし、手前へシャクってくるだけでいい。2人乗りなら、1人がサビキ釣り、もう1人がエギングという分担で遊べば一挙両得。とくにアオリイカが群れをなして回遊する秋は、立て続けに乗ることもある。

　エギングのほか、生きエサやヤエンなどで楽しんでもいい。場所取り争いのないボート釣りなら、釣り方は自由自在だ。

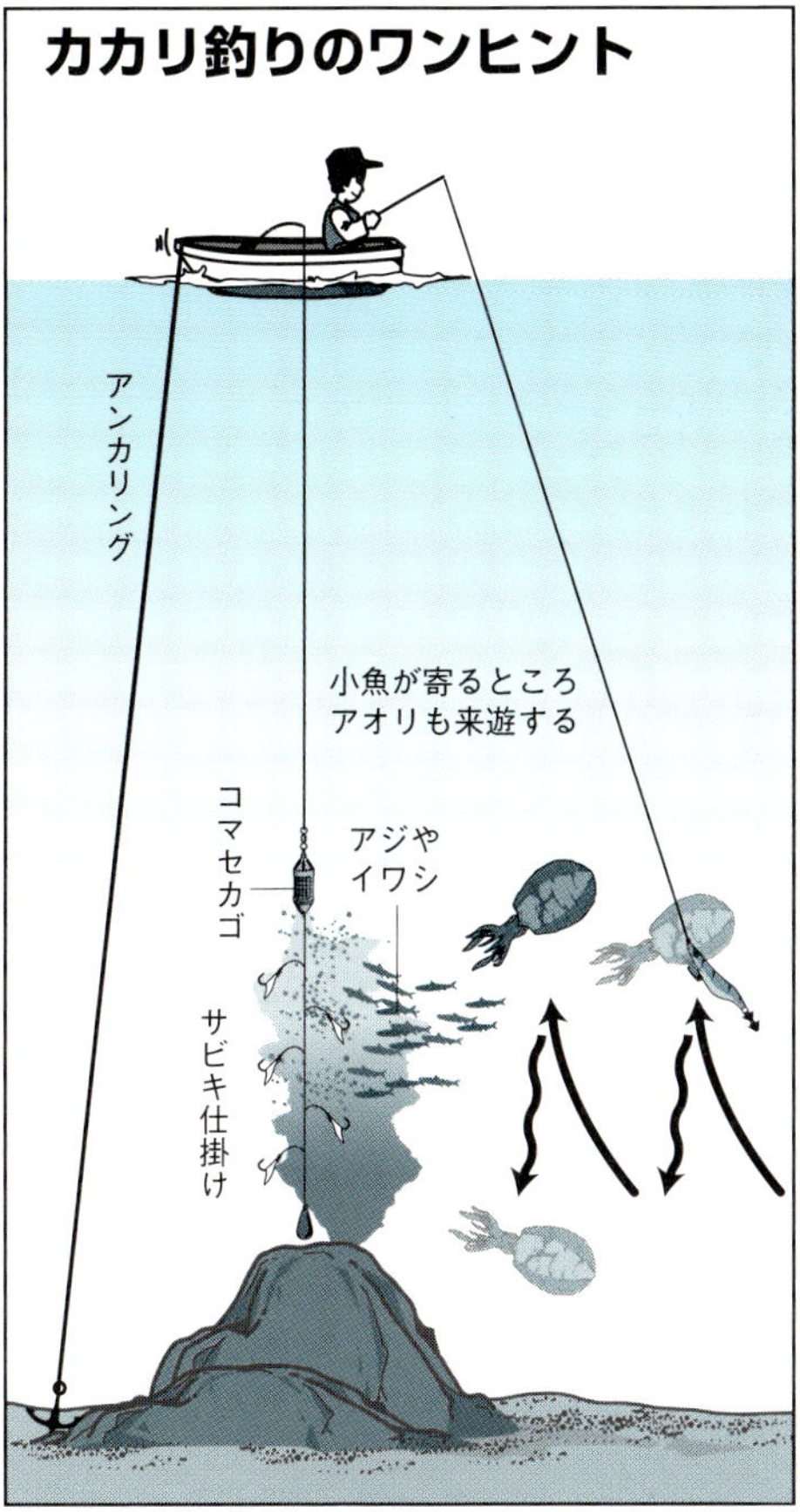
カカリ釣りのワンヒント
アンカリング
小魚が寄るところ
アオリも来遊する
コマセカゴ
アジや
イワシ
サビキ仕掛け

のんびり楽しみたいなら好ポイントにアンカリングしよう。陸っぱり同様のエギングスタイルでOKだ

ボートで深場釣り

ボート釣りなら、中オモリを介したシャクリ釣り仕掛けで深場を攻めることもできる。冬季のアオリイカを効率よくゲットしよう

深みに落ちたアオリイカは、けっこう肉厚でうまい

冬季、ボートで寒風さらす海上に出てまでアオリイカを狙おうとする人は、よほどのマニアだろう。浅場にもアオリイカは居残っているが、日によって釣果にムラが出やすいのは否めない。

コンスタントな釣果を望むなら、やはり水深20～40メートルの深みに落ちているアオリイカを狙ったほうが話は早い。冬の強い季節風には厳重な注意が必要だが、そうした深場が攻略できるのもボート釣りの魅力だ。

ボートのシャクリ釣り

こうした深場では、中オモリを介したシャクリ仕掛けが適することは前記した。狙った場所に素速く、的確にエギを降下させることが何よりも優先されるからだ。

パラシュートアンカーを使用した流し釣りで、ここぞと見当を付けたポイント周辺を小刻みに、根気よく探っていく。

好ポイントの風上でパラシュートアンカーを入れたら、まずは基本のタナを取る。中オモリを着底させ、エギが根掛かりしないうちに素速く、ハリス分＋1～2メートル底を切れば完了だ。

理想的な流し方は、道糸が少し斜めに入るイメージ。入水角度でいえば60度くらいだろう。

こうしてボートに軽く曳かせると中オモリにラインが絡まず、シャクリを入れたときのエギの動きもいい。さらに根掛かりの防止にもつながる。エギがボートの少し後方に曳かれることになるから

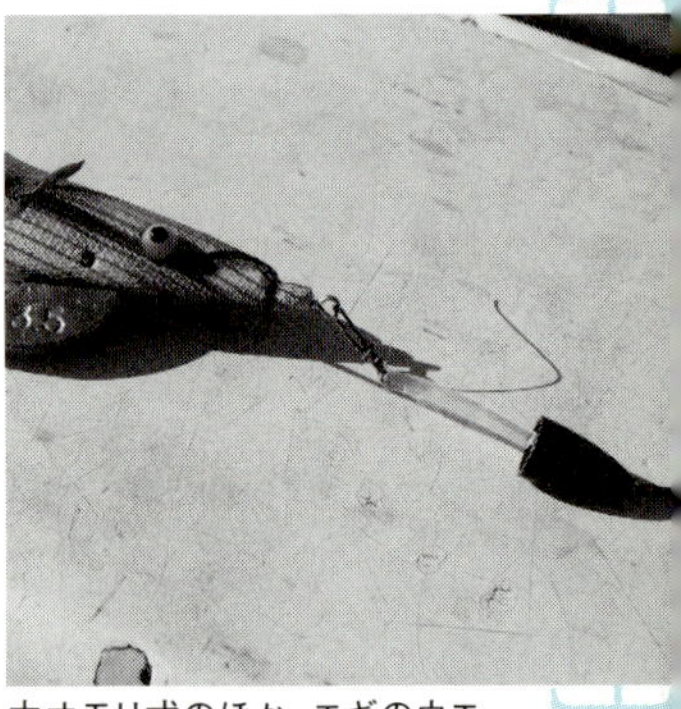

中オモリ式のほか、エギのウエイトを重くしたり、前方にシンカーをセットして沈める方法もある

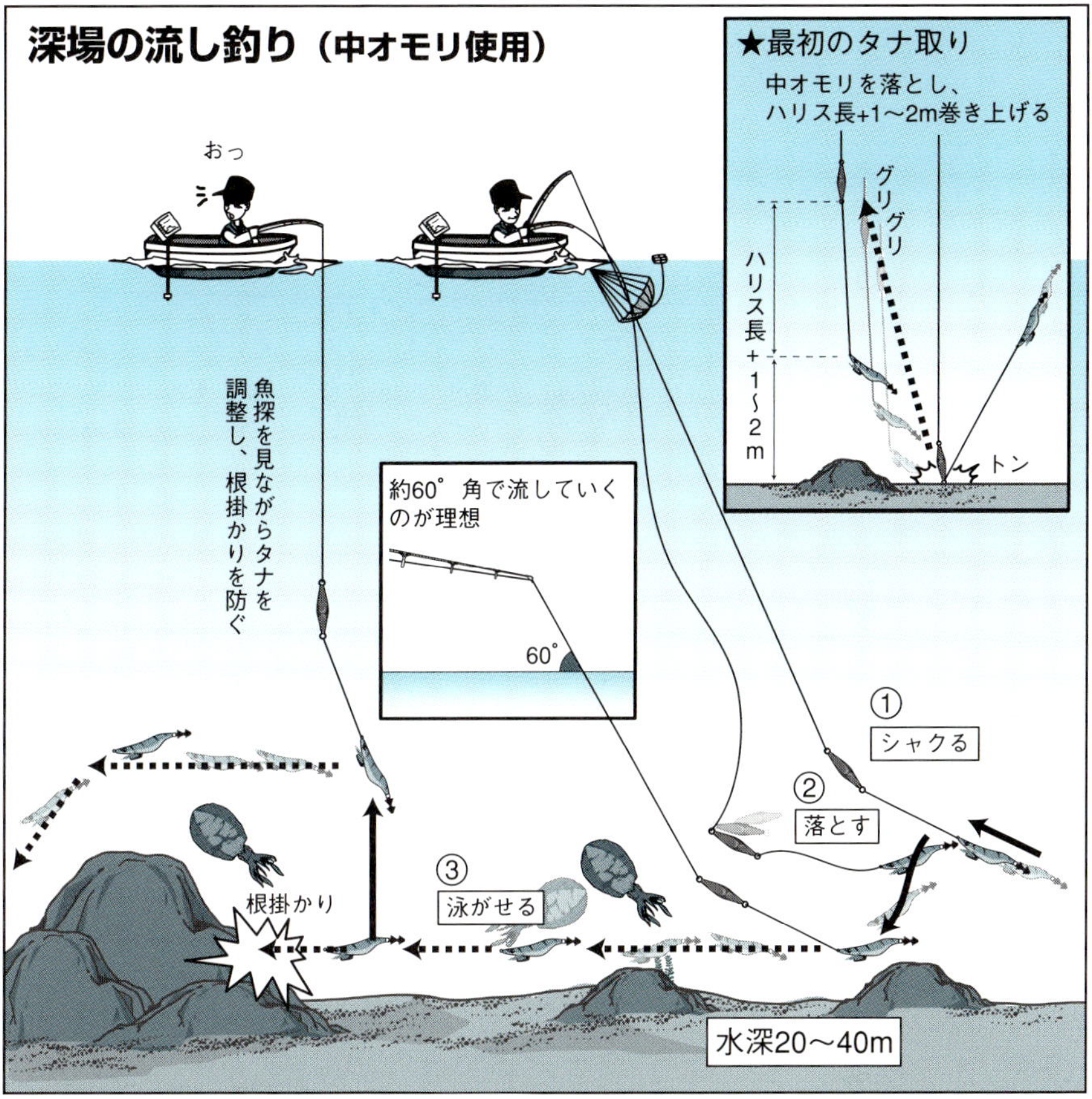
深場の流し釣り（中オモリ使用）
★最初のタナ取り
中オモリを落とし、
ハリス長+1〜2m巻き上げる
グリグリ
ハリス長＋1〜2m
トン
おっ
魚探を見ながらタナを調整し、根掛かりを防ぐ
約60°角で流していくのが理想
60°
①
シャクる
②
落とす
③
泳がせる
根掛かり
水深20〜40m

寒風の中で仕留めると、苦労が報われた独特な喜びがある

だ。魚探上に険しい高根が現れたら、起伏に合わせて道糸をゆっくり巻き上げてやれば、ほぼ根掛かりは避けられる。

この道糸の角度は、中オモリの重さを変えることで若干調整もできる。道糸が真下に入るようなら軽くし、斜めになるなら重くしてやればよい。

シャクリ方は「釣り船」の章に準ずるが、キュイッとシャクリを入れたら6〜8秒待って落とし込む……を繰り返すのが基本。ただ、乗り渋りのときはシャクリの回数を減らして、水平方向にゆっくりと泳ぎ続ける「間」を長めに取ったほうが効果的なこともある。

冬季、同水深の砂地にはコウイカ類も潜む。アオリイカが不調な日、タナを下げて狙ってみるのも一興だ。

風をなめると痛い目に！

穏やかなナギの日を選んでも、海の天候は一日でコロコロと変わるものだ。とくに「風の判断」を誤ると、強風にさらされて漂流、転覆など、最悪の事態を招くこともある。ビギナーほど早めに安全圏へ……と強調したいが、現実にはボート釣りに通い続けて経験を積まなければ自覚できないかもしれない。ただ、次の２点は頭に入れておこう。

●陸から吹けば、沖へ流される

経験上、最も怖いのが陸、山側から吹く風。この風が強まると岸へ戻れなくなる。とくに沖合ほど風当たりが強いので、強まる気配を感じたら素早く岸寄りの安全圏へ移動すること。

●沖から吹けば、波にもまれる

沖から強風と高波が近づいてくると、風に加え、大きな周期のウネリが出てくる。この前兆を察知したら、とにかく早めに沖揚がりしよう。もたついていると、大波にもまれて転覆する危険がある。

なお、ぜひ携帯電話に登録しておいてほしいのが海上保安庁の気象情報（MICS）で、当日の時々刻々と変化する風速、風向が確認できる。

釣り場の地形にもよるが、近場の観測地点の風速が強まり、6メートルを超したら危険信号と心得ていただきたい。

ケータイに登録!

【海上保安庁MICS】

携帯の検索サイト（公式ページ）で「海上保安庁MICS」で検索。最寄りの海域を選択していくと、各地の風速（現況と、過去数時間の推移）が分かる。よく通う海域は「お気に入り」に登録しておこう。

風はボートの大敵!!
岸から吹く風
風
Help!
進まない！
快適！
さざ波
陸からは波穏やかに
見えるからやっかい
岸近くの風裏で釣ろう！
沖から吹く風
ピュー
ピュー
風
風とウネリが出てきたら予兆。
早めに沖揚がり
こりゃ、
吹いてくる！
撤収！
沖がシケてきたら
危ない
この波風に呑まれたら
非常にキケン

釣りたてを
おいしく
いただく

アオリイカ料理

定番のお造りから、焼き物、揚げ物、中華風炒め物やパスタまで。
釣り上げたアオリイカをとことん
味わい尽くす特選料理を紹介しよう

特選レシピ

photo&text: 葛島一美 *Katsushima Kazumi*

おしながき

【1】刺身三種盛り
【2】変わり小鉢和え四種
【3】ゲソとセロリのぬた
【4】ナメロウ
【5】風味焼き三種盛り
【6】ゲソ入りかき揚げ
【7】中華風ひすい炒め
【8】地中海風オリーブソテー
【9】わさびドレッシングの海鮮サラダ
【10】アオリとアスパラのスパゲティ

AORI-IKA COOKING

【1】刺身三種盛り

最高級イカとなれば、まずはお造りで味わいたい。
ここでは磯辺巻き、鹿の子造り、
エンペラの糸造りを盛り合わせてみた

【材料】

アオリイカ、焼き海苔、ワサビ、しょう油、ダイコンのけんや芽タデ、穂ジソなどの添えづま

❶

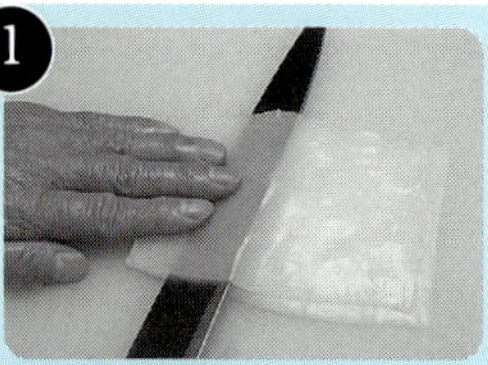

【磯辺巻きの作り方A】アオリイカは節取りし、型がよく身が厚すぎる場合は包丁でそいで二等分の厚さにする

❷

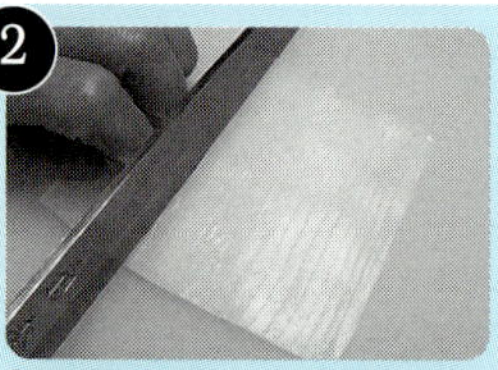

【磯辺巻きの作り方B】縦に3〜4ミリ間隔で切れ目を入れていく

❸

【磯辺巻きの作り方C】イカと同じ大きさの焼き海苔を乗せてロール状に巻き込み、厚さ1〜1.2ミリの小口切りにすると磯辺巻きのでき上がり

❹

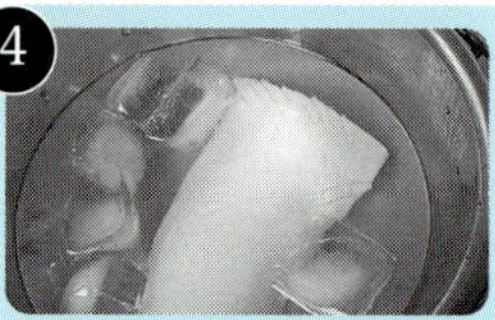

熱湯をくぐらせたあと、氷水に移した鹿の子造り。詳細は174ページの「わさびドレッシングの海鮮サラダ」の松かさイカの作り方を参照のこと

❺

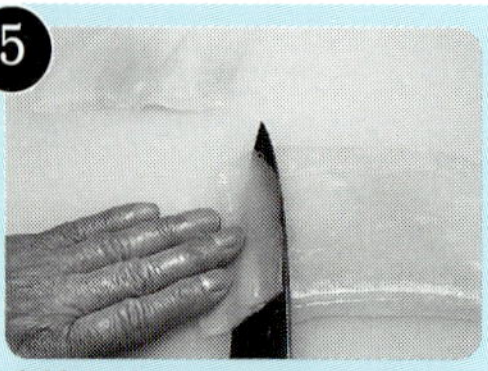

歯触りがおいしいエンペラだが、身が厚すぎる良型の場合はそぎ切りにしてから…

❻

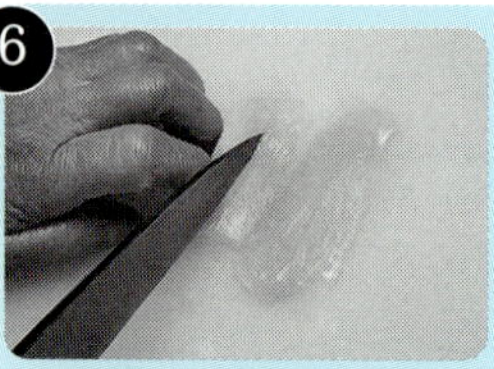

包丁の切っ先を使って引き切りで糸造りに仕立てる

ONE POINT ADVICE

磯辺巻きは作ってすぐ切り分けると形が崩れやすい。このため一度ラップフィルムで包み、冷蔵庫で数十分間寝かせておくとよい。アオリイカの美しさを引き立たせる色とりどりの添えづまを飾って、豪華な刺し身盛り合わせの一品に仕立ててみよう

【2】変わり小鉢和え四種

酒の肴は、味の変化で舌を喜ばせてくれる小鉢がなによりうれしい。
酒が旨くなること請け合いの小鉢四品

【材料】

アオリイカ、イクラ、タラコ(生食用)、オクラ、ひきわり納豆、焼き海苔、かつお節、塩、日本酒、しょう油

❶
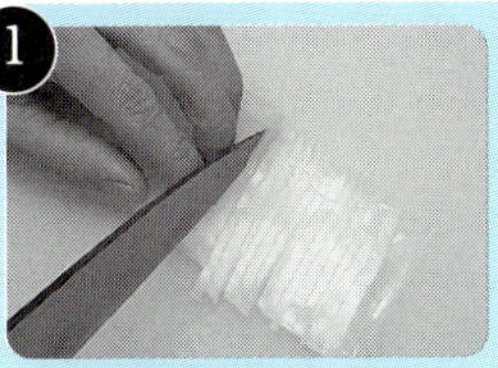
アオリイカを糸造りに切り分ける。身が厚すぎる場合は2等分の厚さにそぎ切りにする

❷

4種共通として、糸造りのイカ200グラムに対し塩小さじ1、日本酒大さじ1.5〜2を加えて下味を絡ませておく

❸
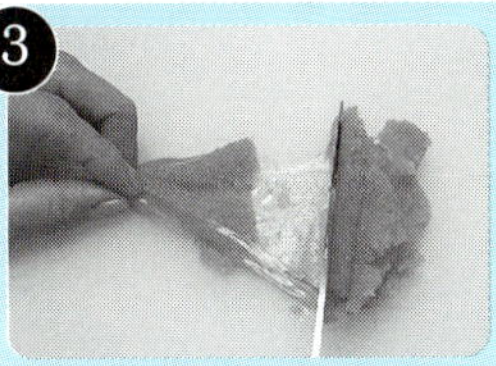
真砂(まさご)和え用のタラコは卵をこそげ取り…

❹

オクラはサッとゆでて小口切りにし、それぞれの材料とイカを和える。納豆和えは糸切りにした焼き海苔、オクラ和えにはかつお節少々を散らし、好みでしょう油をかけていただく

ほかにもこんな小鉢の和えものはいかが?

アオリイカの糸造りと和えておいしい食材はまだまだたくさんある。一例としては瓶詰めの塩ウニや生ウニ、ちょっと高価なものではカラスミ(ボラの卵の塩漬け)、また、酒盗(カツオの内臓の塩辛)とも相性がよい。酒盗のように塩辛い食材を合わせる場合は下味を加減すること。

ONE POINT ADVICE

調理時間がかからず、ごく簡単な小鉢和えは急な来客のもてなし料理にもピッタリだ。ここに紹介したもの以外にも、いろいろなものと合わせてみるといい。しゃれた小鉢になるはずだ。別項カコミで、合わせる材料の例を挙げたので参考にされたい

【3】ゲソとセロリのぬた

アオリ通はゲソから食するとか。とくに目の上に密着する塊がうまいらしい。この秘密の身やゲソをさっとゆがき、からし酢味噌と和えたぬた。セロリのしゃっきり感も新鮮！

【材料】

アオリイカのゲソや頭部の身、セロリ、木の芽
●からし酢味噌（白味噌大さじ4、砂糖大さじ1、酢大さじ2〜3、練りからし小さじ2）

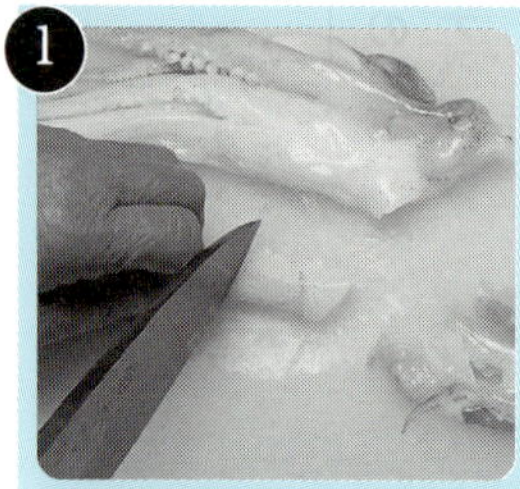

ゲソや頭部の身はひと口大に切り分ける

熱湯の中にくぐらせ、身の周りが白っぽくなったら引き上げて粗熱を冷ます

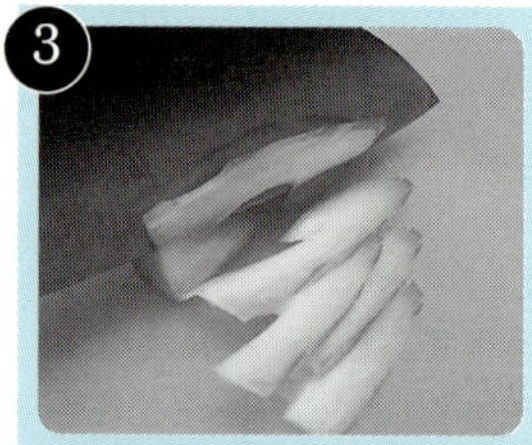

セロリは硬い筋を引き、斜めの薄切りにする。小鉢に体裁よく盛り付けてからし酢味噌を垂らし、木の芽を飾る。なお、からし酢味噌は市販品でもよい

冷蔵庫にある野菜を使って、手軽に酢味噌和え

からし酢味噌で和える小鉢のぬたは、セロリのほかにもキュウリやニラ、ウド、インゲンといったように、色いろな野菜類を組み合わせ、それぞれの食感や香りを味わうことができる。また、からし酢味噌は市販品があるので、常時冷蔵庫に置いておくと便利だ。

ONE POINT ADVICE

ぬたに合わせる副菜はセロリなどの野菜のほか、ワカメなどの海草類もおいしい。水気が出やすい料理なので、からし酢味噌と合わせるのは食べる直前がよい

【4】ナメロウ

味噌、ショウガ、ネギが加わって滋味深い漁師料理の筆頭がナメロウ。魚ばかりでなくアオリイカを叩くと独特のモチモチ感に加え、ねっとりと甘い舌触りがたまらない

【材料】

アオリイカ、アマエビ（なくても可）、万能ネギの小口切り、ショウガ・大葉の細切り、味噌、しょう油、芽タデ

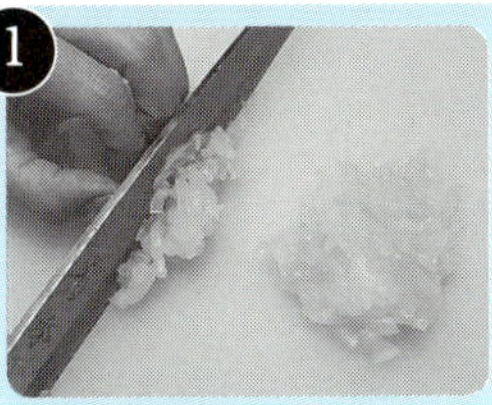

1 アオリイカを細く切った後、さらにみじん切りにする

2 みじん切りのイカに万能ネギ、大葉、ショウガ、アマエビを加え…

3 出刃包丁で根気よく叩く

4 好みの粒になるまで叩き終わったら、最後に味噌としょう油で味付けして芽タデを散らす。アオリイカ200グラムに対し味噌大さじ1〜1.5、しょう油小さじ0.5が目安

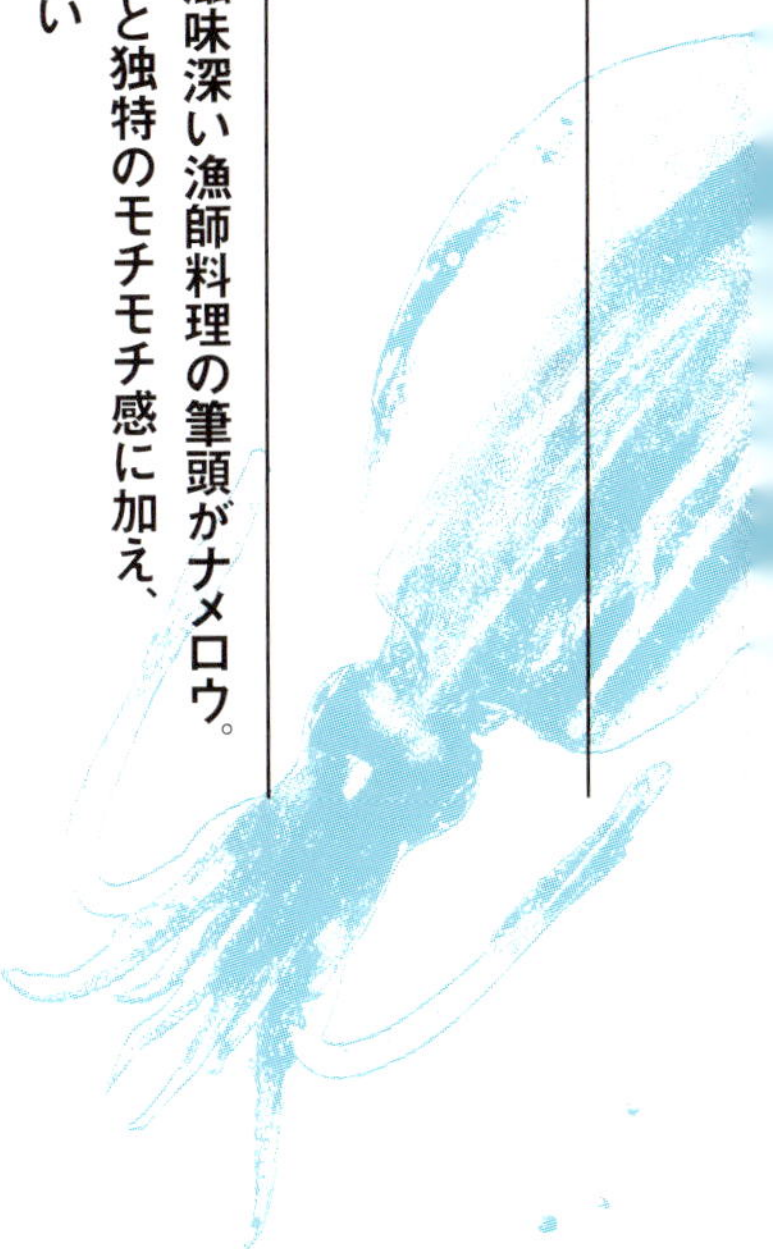

ONE POINT ADVICE

このナメロウを氷を浮かべた冷たい味噌汁に入れると“水ナマス”、さらに溶き卵を練り込んで焼けば“焼きサンガ”という三大漁師料理に。また、ナメロウを丸めて油で揚げると和風イカボールに変身する。

美味！ ナメロウ丼

ナメロウは左党に好まれる酒のつまみばかりでなく、ちびっ子やお母さんには丼ご飯が大受けだ。作り方は簡単で、丼に炊きたてのご飯を盛った上にもみ海苔を散らし、ナメロウを豪快に盛りつけ、ウズラの卵か鶏卵の卵黄を落とすだけ。

【5】風味焼き三種盛り

ウニ焼きにゴマ焼き、ゲソの串焼き……。
香ばしい風味が鼻をくすぐり、
分厚いアオリイカの身がサクッと噛み切れるこの贅沢さ

【材料】

アオリイカ、塩、日本酒、七味唐辛子

●ウニ焼きタレ
（粒または練りウニ大さじ2、卵黄小1個）

●ゴマ焼きたれ
（しょう油大さじ3、ミリン大さじ1、白ゴマ適宜）

1

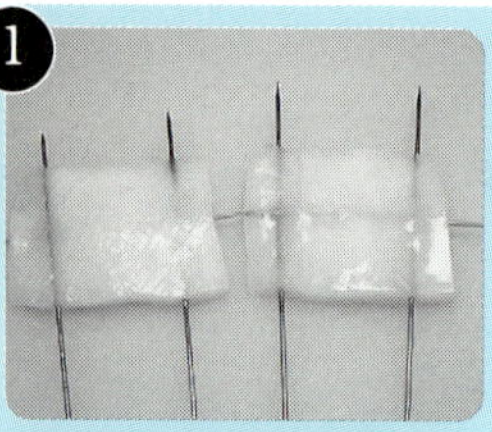

格子模様の飾り切りを施したアオリイカの身は塩と日本酒少々を振って下味を付け、約5分置く。串の打ち方は飾り切りの表身を下にして金串2本を打ち、次に身の反り返りを防ぐため竹串を横に打つ

2

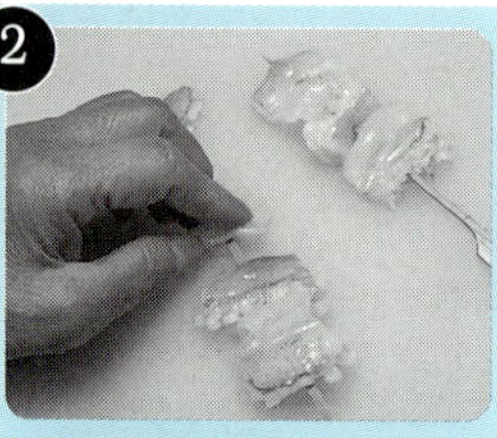

竹製の平串を用意したほうがゲソが回転せずに刺しやすい。ゲソには塩少々を振っておく

3

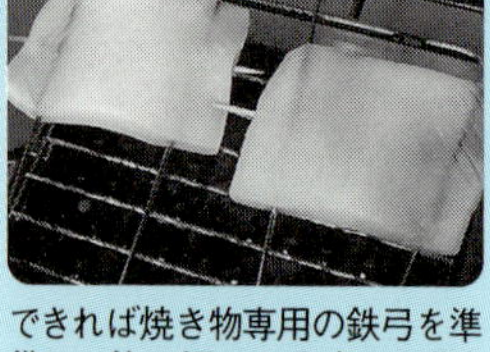

できれば焼き物専用の鉄弓を準備し、飾り切りの表身から“遠火の強火”で焼き始め、表面が白くなったら裏返し…

4

ウニ焼き、ゴマ焼きそれぞれのたれを薄く塗り、乾かしながら4〜5回塗り重ねて焼き上げ、ゴマ焼きは最後に白ゴマで化粧をする。ゲソの串焼きは焼き網でよく、こんがりと焼き上げたら七味唐辛子を振る

ONE POINT ADVICE

鉄弓がない場合は焼き網でもよく、中〜弱火に調節して焦がさないように注意したい。また、身に火が通ると串が動かなくなるので、焼いている途中で何回か串を回しておくこと。なお、格子模様の飾り切りは松かさイカ、鹿の子造りと同じでよい。

【6】ゲソ入りかき揚げ

ホクホクと湯気を立てる揚げたてに、
粗塩のひと振りとライムのひと絞り。
その味、その食感が脳裏に浮かぶ、珠玉のかき揚げ

【材料】

アオリイカ、ミツバ、シシトウ、小麦粉、揚げ油、粗塩、ライムなど柑橘類

●天ぷら衣

（小麦粉カップ0.5、卵半個を溶かした冷水カップ0.5の同量が目安）

1

アオリイカの身とゲソは1～1.5センチ角にカットし、ミツバは長さ3～4cmに切りそろえる

2

イカは水分が出やすく揚げ油が飛びやすいので、全体に小麦粉を絡ませて余分な粉ははたき落としておく

3

氷で冷やした冷水に卵を溶かし、小麦粉とざっくりと合わせて天ぷら衣を作る

4

揚げる直前、天ぷら衣とイカ、ミツバを合わせ…

5

170～180度に熱した揚げ油の中で、1回2回と返しながらカラリと揚げる

ONE POINT ADVICE

アオリイカのかき揚げをドカンと乗せた天丼も格別にうまい。天つゆはかつお節1つかみにしょう油・ミリン各1対水3の割合を目安にし、鍋でひと煮立ちさせてこすだけで作れる

市販の天ぷら粉で手軽においしい天ぷらを

ここ最近は、一般家庭用の天ぷら専用粉が市販されており、専用粉を水で溶くだけでよく、難しい天ぷら料理も手軽に楽しめるようになった。また、ゲソ入りのかき揚げ天丼も抜群においしいので、ぜひお試しあれ!

【7】中華風ひすい炒め

中華料理の炒菜（チャオツァイ）のバリエーションの豊かさは素晴らしい。
そのひとつ、大葉の緑も鮮やかな〃ひすい炒め〃は
さっぱりとした塩味が身上

【材料】

アオリイカの身400～500グラム、ニンニク・ショウガのみじん切り各1片、長ネギのみじん切り大さじ2、ギンナン20個、大葉のみじん切り10枚分、ワンタンの皮15～20枚、サラダ油

●下味用合わせ調味料（卵白半個、ゴマ油大さじ1、片栗粉大さじ1、塩＆コショウ・うま味調味料少々）

●絡み用合わせ調味料（鳥がらスープ大さじ4、日本酒大さじ1、塩小さじ0.5、砂糖小さじ1、片栗粉大さじ1、コショウ・うま味調味料少々）

1

【花イカの作り方A】幅4～5センチの節にしたアオリイカを用意し、縦に3～4ミリ間隔の切れ目を入れる

2

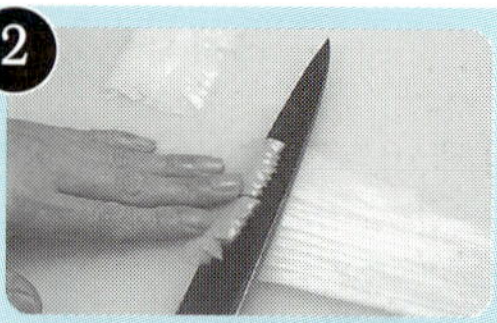

【花イカの作り方B】このイカを横に置き直し、包丁を斜めにして5～6ミリ幅で深めの切れ目を入れたら止め…

3

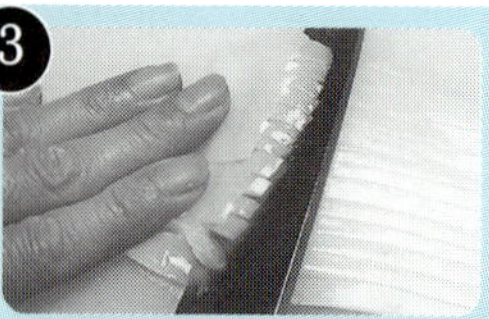

【花イカの作り方C】次に同じ包丁の角度、同じ幅で切り離すと花イカのでき上がり

4

飾り用のワンタンの皮は幅1センチ前後の細切りにし、170度くらいの揚げ油で素揚げにしておく

5

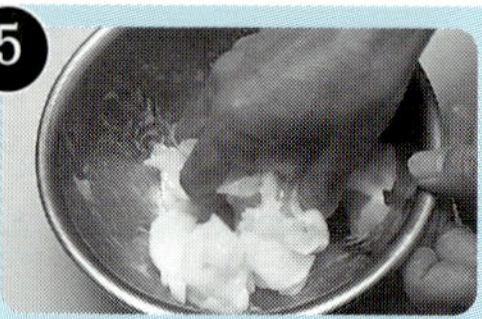

花イカは下味用合わせ調味料を混ぜ合わせ、まずはサラダ油でさっと炒めて色が白っぽく変わり、身が反ったら鍋から取り出す

6

次にサラダ油を足してニンニク、ショウガ、長ネギで香りが出たら、花イカを戻すとともにギンナン、大葉を加えて炒め、最後に絡み用の合わせ調味料を流し込んで、とろみが付いたら完成

ONE POINT ADVICE

中華料理は火の強さが勝負どころ、強火で素早く炒め上げるのが旨さの決め手。そのためには材料や合わせ調味料、さらに盛り付ける器まですべての下準備を整えておき、一気に仕上げることが鉄則だ

【8】地中海風オリーブソテー

ニンニクと赤唐辛子が効いたオリーブオイルに包み込まれ、アオリイカと空豆の甘さが一段と引き立つ一品。ワインとともに、どうぞ

【材料】

アオリイカ、ソラマメ、ニンニク、乾燥の赤唐辛子（鷹の爪）、塩＆コショウ、エクストラバージンオリーブオイル、イタリアンパセリ、ライムなどの柑橘類

1

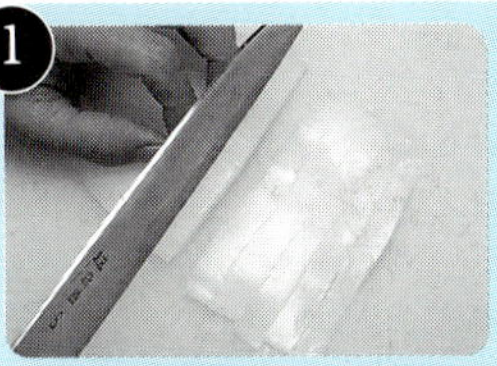

アオリイカは幅1センチ、長さ6～7センチ程度の細切りにそろえる。松かさイカなどの飾り切りにしてもよい

2

ニンニクはみじん切り、赤唐辛子は種を取り出して小口切り。ソラマメは固ゆでにして皮をむいておく

3

火を止めている段階でオリーブオイルの中へニンニクを入れ、弱火～中火で香りを出す

4

ここに赤唐辛子とソラマメを加えて炒め…

5

最後にアオリイカを加えて塩＆コショウで味を整え、イカがレアまたはミディアムレア状態に炒まったらOK。イタリアンパセリとライムを添えてどうぞ

ONE POINT ADVICE

イタリアンパセリが好きな方はみじん切りにして加えるとより香り高い。イタリアンパセリの代わりにバジル、ソラマメの代わりには枝豆というマッチングも素敵だ。

【9】わさびドレッシングの海鮮サラダ

ヘルシー志向の食卓にはサラダが一番。
赤貝のトッピングにワサビ、ディルの和洋ハーブが食欲を誘う

【材料】

アオリイカ、赤貝、アボカド、マッシュルーム、サニーレタス、カイワレダイコン、ラディッシュ、ディル

●わさびドレッシング

(サラダ油orオリーブオイル2分の1カップ、白ワインビネガー5分の1～4分の1カップ、塩＆コショウ適宜、ワサビ小さじ1)

1

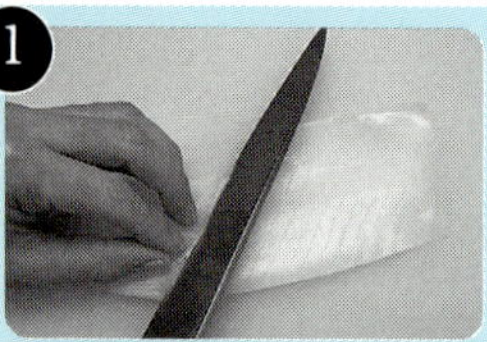

【松かさイカ(鹿の子造り)の作り方A】包丁を少し寝かせ、斜めに浅く等間隔で切れ込みを入れる

2

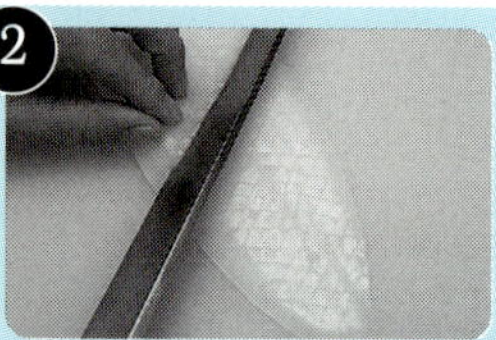

【松かさイカの作り方B】続いてAに対して直角になるよう、同じ要領で切り込む

3

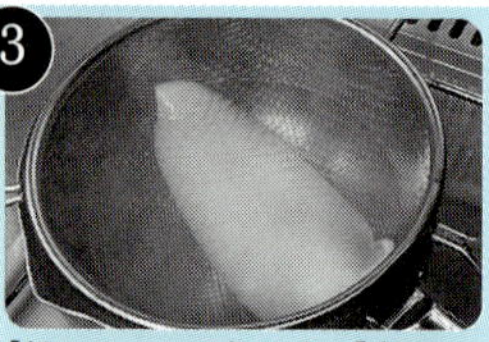

【松かさイカの作り方C】熱湯の中へさっとくぐらせ、表面だけが白っぽくなったら……

4

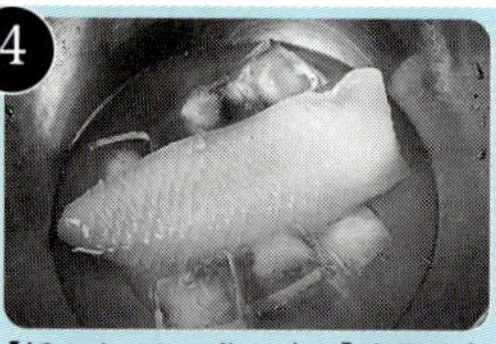

【松かさイカの作り方D】素早く氷水で冷やして、水気をふき取ればOK。格子模様ができる

5

フレンチドレッシングの中にわさび(チューブわさびでも可)をすりおろし、泡立て器でよく混ぜるとわさびドレッシングの完成

6

材料すべてを同じくらいの大きさにカットし、食べる直前にわさびドレッシングでざっくりと和えるだけ

ONE POINT ADVICE

松かさイカは、166ページの格子が細かな「鹿の子造り」と同じ手順。このような飾り切りにすると、味が絡みやすいとともに歯触りもいい。刺し身、焼き物、煮物、和え物などすべてのイカ料理に使える包丁さばきである。

【10】

アオリとアスパラのスパゲティ

アオリイカはトマトとの相性も抜群にいい。
そこで家族みんなが喜ぶスパゲティに仕立ててみよう。
グリーンアスパラの新鮮な食感とともにバジルの風味が生きる

【材料】

アオリイカ、缶詰めのトマト水煮、グリーンアスパラ、マッシュルーム、バジル、ニンニク、市販のアンチョビソース、スパゲティ、塩&コショウ、オリーブオイル、パルミジャーノ・チーズ（粉チーズでも可）

1

アオリイカは細切り、マッシュルームは薄切り。バジルはざっくりと刻んでニンニクはみじん切りにし、アスパラは固ゆでにしておく

2

粗塩を多めに入れた鍋でスパゲティをゆでる。指定時間よりも少し早めに切り上げ、わずかに芯が残るアル・デンテがベスト

3

スパゲティをゆでている間にトマトソースを作る。ニンニクで風味を出したオリーブオイルでアオリイカ、グリーンアスパラ、マッシュルームをさっと炒める

4

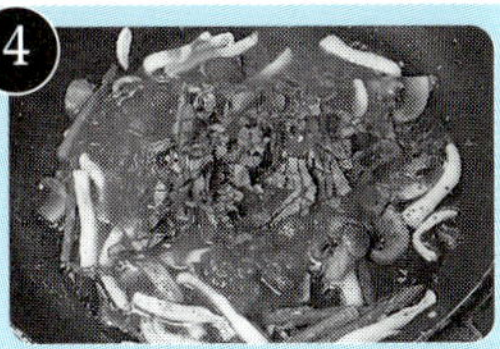

トマトの水煮とバジルを加えた後……

5

アンチョビソースを少量たらしてひと煮立ちしたら、塩&コショウで味を整える

6

ゆでたてのスパゲティをトマトソースと絡め、最後にすり下ろしたパルメジャーノ・チーズを振りかければでき上がり

ONE POINT ADVICE

さっぱりとしたスパゲティがお好みなら、トマトソースを加えずアンチョビソースとブラックペッパーだけの味付けで、バジル風味でいただくのもオツなものだ。ただし、アンチョビは塩気が強いので入れ過ぎに要注意。

Writer 村越正海、高木道郎、岡田 学、豊田直之、葛島一美
illustrator 堀口順一郎
photographer 豊田直之、葛島一美、井坂英樹
art associates TOPPAN DTP STUDIO TANC
cover design Cycle Design
planning 株式会社つり情報社
〒101-0021
東京都千代田区外神田5-2-3 6F
TEL.03(5818)4511
FAX.03(5818)4510

つり情報BOOKS
基礎から始める アオリイカ釣り入門
2009年6月1日 初版第1刷発行

編者●「堤防 磯 投げ つり情報」&「つり情報」編集部
発行者●穂谷竹俊
発行所●株式会社 日東書院本社
〒160-0022 東京都新宿区新宿2丁目15番14号 辰巳ビル
TEL●03-5360-7522(代表) FAX●03-5360-8951(販売部)
振替●00180-0-705733 URL●http://www.TG-NET.co.jp

印刷所・製本所●凸版印刷株式会社

※本書は、タツミムック「アオリイカ攻略マニュアル」、同「堤防・磯から狙う! アオリイカ釣り入門」、同「村越正海直伝 ゼロから始めるアオリイカ日中エギング」、同「イカ釣り攻略マニュアル」の内容を抜粋再編し、大幅に加筆訂正したものです。